给理想一点温暖

新闻评论七大领域的创作思路

徐汉雄 著

中国发展出版社

图书在版编目（CIP）数据

给理想一点温暖：新闻评论七大领域的创作思路/徐汉雄著 .—北京：中国发展出版社，2022.1
ISBN 978-7-5177-1213-8

Ⅰ.①给… Ⅱ.①徐… Ⅲ.①评论性新闻—新闻写作 Ⅳ.①G212.2

中国版本图书馆 CIP 数据核字（2021）第 024128 号

书　　　　名：	给理想一点温暖：新闻评论七大领域的创作思路
著作责任者：	徐汉雄
出 版 发 行：	中国发展出版社
联 系 地 址：	北京经济技术开发区荣华中路 22 号亦城财富中心 1 号楼 8 层（100176）
标 准 书 号：	ISBN 978-7-5177-1213-8
经 　销　 者：	各地新华书店
印　 刷　 者：	北京市密东印刷有限公司
开　　　　本：	710mm×1000mm　1/16
印　　　　张：	21
字　　　　数：	298 千字
版　　　　次：	2022 年 1 月第 1 版
印　　　　次：	2022 年 1 月第 1 次印刷
定　　　　价：	45.00 元
联 系 电 话：	（010）68990535　68990692
购 书 热 线：	（010）68990682　68990686
网 络 订 购：	http：//zgfzcbs.tmall.com
网 购 电 话：	（010）68990639　88333349
本 社 网 址：	http：//www.develpress.com
电 子 邮 件：	271799043@qq.com

版权所有·翻印必究

本社图书若有缺页、倒页，请向发行部调换

序一
问评论中的"情"为何物

胡印斌

湖北徐汉雄先生嘱为他的新书写点文字,我久久未能下笔。非自矜也,实在是想说的太多,不知从何说起。

5月12日这天下午,稍稍有点空闲,想到汶川地震,悲从中来。翻检旧文,居然找出近百篇与地震相关的文字,唐山大地震、汶川地震、玉树地震;周年祭、三周年祭、五周年祭、十周年祭、十二周年祭、三十周年祭……在这样一个平淡无奇的午后,在太行山前一个平淡无奇的城市,悲伤的文字铺满了整个屏幕。我看着白屏上的黑字,恍惚间,那些列队而来的文字幻化成一个个生命的精灵,在呐喊,在呻吟。

"即便是盛夏,来自渤海湾的风,也会咋咋呼呼穿过这座城市明显疏阔得多的街道,给人们带来阵阵清爽。街道开阔、高层稀疏、公共空间充足,与城市中心那座抗震纪念碑一样,都是与大地震有关的记忆密码。"(《风穿过疏阔的唐山街道,地震遥远吗》)

"该放下了。放下悲怆,放下伤恸,放下那些沉甸甸的难以放下的心情,继续我们的生活,延续我们的人生。烛光摇曳,心神摇曳,那一簇簇小火苗,就是一双双来自天国的凝视的眼睛。"(《汶川十年启示录:放下悲怆,回归庸常生活》)

"12年前的今天,川西高山深谷里的民众仍在仓皇之中。12年过去了,血迹已经凝固,长歌当哭也早已痛定,然而,惨痛的记忆不会磨灭,历史的书写依然清晰。唯有诚实地记取教训,一点点改变蠢笨的做法,严厉问责失职渎职者，才能不负死者，不负时代，不负历史，也才能更好地应对未来不可测的各种灾难与险情。"(《汶川地震祭：12年一个轮回，不一样了吗》)

当然，"只盼坟前有屏幕，看奥运，同欢呼"，我依然记得那首神奇的《江城子·废墟下的自述》。

这样的生命体验，或者说代入感，再一次印证了评论文字不仅关情，而且本来就是感情、情绪、情怀的衍生物。情动于中，才能形诸文字。如李贽所言："千言万语，滚滚立就，略无一毫乞怜之态，如诉如戏，若等闲日子。"

人非草木，文字缘情。好的文字都应该有直抵人的内心的力量。然而，不知从何时起，很多人开始诟病评论中的情绪、情怀等，甚至以"零度写作"自炫，特别强调摒弃评论中涉及"情"的内容。

客观而言，过度情绪化，排斥理性，或者干脆沦为"键盘侠"，以站队、谩骂和赞美来简单化置评，就像当下的微博一样，成为一个争吵、泄愤而非平等讨论的场域，显然是有问题的，并不足取。

特别是在互联网语境下，动辄就是抵制×货、组团出征、不惜一战，或者以集体狂欢取代个人思考、以多数人利益替代个人权益等行为，都值得我们警惕。

但拒绝情绪化，并不意味着就不要情怀了，更不意味着彻底转回到冰冷的逻辑语境。什么时候，我们才能走出非此即彼、水火不容的二元思维呢？

作为一种柔性呈现，情怀体现在评论从确定选题到文本传播的全过程，关系到价值判断、立场选择、思想维度、分寸把握等诸多方面。可以克制，可以内敛，可以浸润，但不可或缺。读那些有影响力的评论文字，哪一篇不是像捧着一团火？那是生命的光亮，时代的光亮，人性的光亮。

徐汉雄先生这部时评集就是一位写作者有心亦有情的实证记录。时评集从时代、责任、民生、个体、生命、人性、环境等多个切面，表达了作者悲天悯人的情怀，闪烁人文精神的光芒。他的努力，是一种践行，也是一种宣示。

他说："评论的情怀不是浅表地以情动人，实是贯穿全文的态度与主张，每字每句都为此而来。这个情怀是心怀良善，是对和谐社会与美好生活的追求。"这话说得实在。

时评集中的大多数篇目都充盈着饱满的情感，有对事实的细致辨析，有对人和事的深刻感怀，而几乎所有的文章中，均体现出温度、温暖、温情。给理想一点温暖，抚慰世道人心。

情怀是一种柔化剂，不仅不会妨害理性，反而会因为某种触及内心、诉诸情感的内容，而强化理性表达。从接受美学的层面讲，入口小一些、感受细致一些、边界柔和一些，可能更有人愿意听你讲道理，你的理性分析也更容易娓娓道来、入心入脑。

只是，情怀的体现，不是情绪缠绕，也不是一味煽情，而是有精准的针砭和批评，也正因此，评论才有了力度和丰富的意蕴。他写道：

"每一次灾难，都让我们为偏远乡村的困顿而流泪。这种困顿不仅是物质的匮乏，亦有精神层面与基层治理上的。村民为争水源打架、跪求修路……即使在地震灾区的重建中，也传出购买豪华车、斥巨资建地震博物馆、建别墅式的样板房等让人心疼的荒唐事。虽然这些不是主流，却反映出困顿的因素所在。"（《每次灾难都让国人忧心远方的困顿》）

"'葛宇路'被收入地图软件，虽是一起偶然的意外，却折射出城市道路命名滞后，跟不上居民生活需要的常见问题。'葛宇路'在被搞怪之前，已存在十年，没名没姓，却无人过问，本身就不正常。"（《道路命名

要走在"葛宇路"前面》）

"为什么会有'油泼面禁止泼油'这样的段子，也许与餐饮企业被勒令安装环保设施的急切性有关，背后折射的是一种环保焦虑。时间紧任务重的限期式整改，一阵风似的运动式执法，让餐饮企业感到不适，于是以某种幽默来表达情绪。"（《油泼面禁止泼油，段子背后是环保焦虑》）

毕竟是评论。哪怕情绪再澎湃，情怀再柔韧，最终依然要落到锋利、尖锐、硬朗的价值判断上。这是评论的使命，也是根本诉求。

比如对事件的评判顺序，仍应坚持先辨真伪，再论是非的原则。即便新闻事件击中了你的内心，也应该尽量动用专业知识、经验体验，并秉持公心介入事件。有情怀，但要克制情绪。

问评论中的"情"为何物？恐怕没有一个具体、精准的答案，但我们至少可以做到，这里的"情"是主观投诸外物的体验性感觉，可以是直觉，也即辨识善恶是非的"初心""赤子之心"；可以是悲悯，是对人世沧桑、悲惨境遇的本能共情、同情；可以是浸润了理性的普遍情感，即"同情之理解"……

评论何为？我们所有的努力都是为了公共生活更美好、个人生活更精彩。理性多一点，还是情怀多一点，其实都不是问题。问题是我们是不是依然在纷扰中葆有对这个世界的敏锐触感，并形诸同样敏锐的文字。

我的朋友媒体人高明勇曾说过一句话，让人喜欢，"不管环境如何变化，我们一如既往，关心粮食和蔬菜，关心教育与空气，关心交通和房价，关心民主与改革，关心我们应该关心的。关心我们能够关心的"。如今，我也把这句话送给徐汉雄先生。

(作者系资深媒体人、著名评论家，现供职于长城新媒体集团)

序二
有个人风格的时评写作

杨于泽

若干年前，报纸基本上开办了专门的时评版，有的每天还有两个甚至三个时评版面，写时评的如过江之鲫，各行各业的年轻人，比如媒体人、中学和大学教师、律师、医生、会计师、法官、检察官，也包括其他各类公务员，纷纷利用业余或上班时间撰写时评并向报纸、杂志投稿。我曾经做过时评编辑，部门邮箱每天收稿数百篇甚至上千篇，切身感受了一种可称为"时评热"的东西。

如此广泛的写作参与，原因大概在于大众传媒的开放性，这种开放性带来了时评写作的开放性。背后还有一个业界外有所不知的原因，那就是不少报纸不太想花大价钱请专家、名家撰写时评专栏，于是就选择在所谓自由投稿中选些观点、分析相对到位的自由投稿经修改刊出，如此就只需给作者开个几十块钱一篇的稿酬，从而为报社控制了稿酬成本。写时评由此成了一个门槛很低的行当，各种奇谈怪论打着"言之成理"的旗号充斥时评版面。时评很火，实际上泥沙俱下。

但现代社会是一个分工越来越细的社会，每一个行当都在强调专业化，而不是跨界执业。在 2009 年哈佛大学毕业典礼上，诺贝尔物理学奖获得者朱棣文演讲称："生命太短暂，所以不能空手走过，你必须对某样东西倾注你的深情。"做任何事情，都需要聚精会神、全神贯注，才能成为一个行家里手、高手。

在抖音上，有个老大爷能够用铁球将一二十米开外被砖块挡住视线的七八只铁球一一击中撞走，有个青年人能将自行车轮子打着旋套到更远处的一根高高竖起的木杆上，这都是一万次重复这个动作、长期训练的结果。只有写得多，才能写得好。文坛所谓倚马可待，展示的不是写作者的天才，而是表明作文者训练有素。这也应了朱棣文的那句话，你必须对写作包括时评写作，倾注你的深情。

虽然写时评的人多如过江之鲫，但在我看来，真正能够把事情看通透、切中肯綮、每每令人有心里话被讲出来的感觉的，虽以中国之大，却也并不能说是很多。时评写作的专业化要求将那些跨界写作者排除在好的作者队伍之外，即使是在报社评论部门供职的职业评论撰写人，很多也是半桶水，他们也许也读过一些书，但并没有读通，甚至连一些基本概念都没弄懂，也不具备逻辑推理、分析能力，就在那里乱发议论，导致各种奇谈怪论充斥舆论场。这看似很热闹，自己也觉得很理性、很"守规矩"，其实是在误导世道人心。

我和汉雄是同城媒体同行，是文友，平时读他的时评文章很多，很佩服他行云流水般的文采。他原来在报社担任评论部主任，后来辞"官"不做，专业写作时评。所以我认为他就是一位真正把写时评当成专业工作的人，有专业追求、有专业态度，锤炼出了专业能力和专业技巧，达到了专业高度。在媒体界，很少有人安心从事新闻采写这种专业工作，从业者通常热衷于沿着传统级别的阶梯往上爬，通过管理别人来获得成就感和满足感。专业上平淡无奇，却天赋"媒介管理"才能，你信吗？

互联网时代，不缺可读的文章，也不缺优质文章，这时候一个时评作者如果不能建立自己文章的社会信用，一般是很难被人点击打开的。一个优秀的时评作者，必须引起读者的阅读期待，并且要往往不负人们的期待，从而形成自己在阅读空间的品牌效应。能够得到社会认可，作为时评作者的写作热情就高，写得激情勃发，文章也会讲究越来越多、越写越好,作者、读者与文章之间形成一种良性循环。我觉得汉雄就是那种可以引起阅读期待而且不会辜负我的阅读期待的人,他是那种有社会信用的时评作者,点开文章不后悔。

这种社会信用,植根于他对各种社会现象的背后真相、实质及其隐秘根源的准确把握,经常能够看人所未见、言人所未言,不是叫人茅塞顿开也是于我心有戚戚焉。很多时候我读完一篇汉雄的时评,往往有一种话被他讲完了的"遗憾",而且有畅快淋漓之感。这使我想到著名画家傅抱石的一幅名作《大涤草堂图》,画面上几株樟木挺拔参天、枝繁叶茂,一团团青墨色块从树干间垂下来,墨色滋润览之若湿。徐悲鸿见之激赏,为题"元气淋漓,真宰上诉"八个大字。好的时评,认识的深度、思想的高度以及与时代精神的应和就是"元气",把"元气"较完美地表达出来、传达出去可谓"淋漓"矣。汉雄的时评,即是这种好的时评。

就我交往所知,汉雄是一个对自己的职业很专注的人。我们同处一城,住得也不算远,偶尔也因为有朋自远方来而聚在一起吃饭聊天,但不是那种酒肉之交。他身在江湖,对江湖看得很通透,但并不放浪形骸于流俗,不追求虚荣的满足,而是读书写文章以自适,自得其乐、乐在其中。至今他已出版作品多部,其中收入他平时所作时评颇多,仅此也可以看出他对写时评的认真态度。恐怕也正是这种认真态度,使他在时评写作上有他的专业追求。

有几年时间,我和汉雄都喜欢向《中国青年报》投稿,因此读他的时评就多,我也在揣摩其文章的好处,觉得他的文章既不是一味讲道理,更不会光讲大道理,而是常用散文一样的表达娓娓道来,善于用形象思维"夹带"理性,有时候又做到情理交融,可以说是情动于中而理形于外,又可以说发乎情止乎礼,不是滥情而是落脚在"评"上。《中国青年报》编委曹林赞赏汉雄的时评"最有情怀",我认为是很在理的。汉雄有个笔名叫"肖时候",我没有向任何人打听这个"肖时候"是谁,但我隐约感到应该是汉雄,后来证实我的直觉不诬。如此说来我也算是"读文识作者",但与其说这是我的直觉强大,毋宁说是汉雄的时评风格告成、辨识度高的缘故。

即便是作家和画家,要形成个人风格也不是一件容易的事,风格背后甘苦自知。汉雄时评那种"思接千载、神游万仞"的散文化表达,文与质、情与理的统一,是其个人风格给我的特别感受。鲜明的个人风格,也呼应了他的专业追求,可谓皇天不负有心人。

(作者系著名评论家、长江日报评论员)

自序
情怀是一种责任感的态度

时评人李方认为评论文章有四重境界：一是把众所周知的道理讲清楚；二是讲出别人想不到的道理；三是权威；四是有情怀。①

杂文家徐迅雷说，我在大学兼课，主要讲授新闻评论的写作，我的新闻评论实践课程的基本框架是认知、情怀、表达"三部曲"。②

评论要有情怀，常见于评论人之口。"情怀"这两个字，大家都不陌生，经常会用到、感受到，诸如家国情怀、爱国主义情怀，也经常会说，谁谁谁是个有情怀的人。

可什么又叫情怀？又似乎少有人认真来思考"情怀"二字的含义。根据百度词条，情怀可以理解为：（1）古汉语动宾结构的倒装词。情怀即"怀情"。其中，"怀"有"怀有""拥有"之意。（2）偏正词组。情怀，即"情之怀"。其中的"怀"有"心胸""胸怀"之意。

无论怀情，还是情怀，都离不开一个"情"字，有一种情绪或感情在其中。评论的情怀同样如此，有起码的情感诉求、情感倾向。

中国人写作，素来讲究一个"情"字。刘勰认为文学作品必然有一定的文采，但文和采是由情和质决定的，所谓为情造文，先有情怀，才有其他的辞藻表达。"故情者，文之经；辞者，理之纬。经正而后纬成，

---

① 李方：《评论的境界》，载《中国记者》2002年第5期。
② 徐迅雷：《只为苍生说人话——徐迅雷自述》，载微信公众号"只为苍生说人话"2016年6月6日。

理定而后辞畅：此立文之本源也。"又说："夫以草木之微，依情待实；况乎文章，述志为本。言与志反，文岂足征？"（《文心雕龙·情采篇》）

著名报人梁衡说，为文先要激动，不激动就莫为文。这个激动，就是先要有情的意思。

可见，未成曲调先有情，是文章写作中的硬核要求，这个"情"字决定文章的好坏与走向。没有情怀就写不好文章，有情方能成有源之水、有根之木。

情怀当然是要怀情，要有感情的诉求，但又不是简单的情感倾注，不是浅表的情绪表达，而是一种"述志为本"，即这个感情是有立场与倾向的，是为了表达某种思想。诸如杜甫的"安得广厦千万间，大庇天下寒士俱欢颜"，范仲淹的"先天下之忧而忧，后天下之乐而乐"，龚自珍的"我劝天公重抖擞，不拘一格降人才"，都体现出心系天下的大情怀，也是一种理想与意志，其情怀与述志是天然一体的。

因此，情怀就是一种态度与诉求。为什么要流露这样或那样的感情，是有原因的。正所谓没有无缘无故的爱，也没有无缘无故的恨。对评论来说，这个情怀的"述志"，就是评论的主张。文章所要表达的思想，是有出发点与倾向的，为了什么而下笔、支持什么、反对什么、有什么看法与建议，要表达一个怎样的态度与观点，就是情怀的立足点。这个让你表达的冲动与初衷，即评论的情怀，诸如对公共利益的守护、对个体命运的观照、对激浊扬清的诉求、对正义的伸张、对邪恶的谴责、对社会进步的推动、对人心的触动，等等，这些让你下笔的动因，就是朴素的情怀。这个情怀，也是出于社会责任感之下的情绪，因责任感而生发的立场。

这个情怀，也可以理解成评论的价值观。中国人民大学教授马少华认为，在好的作品中，作者贡献的认识价值与他们的情怀往往融为一体。

"新闻评论中的所谓亮点不是虚的。它们体现在评论者提供的认识价值和作者表达的情怀之中。"① 情怀与认知密不可分,不同的认识水平、不同的价值取向会导出不同的情怀诉求。同一个新闻事件,是同情张三还是李四,取决于作者的价值判断与立场。

评论的情怀不是浅表的以情动人,实是贯穿全文的态度与主张,每字每句都为此而来。这个情怀是心怀良善,是对和谐社会与美好生活的追求。作家三蛊说,凡书大悲悯写大情怀者,无不于唱尽沧桑声嘶处,摘一朵野花自珍。因此,情怀也可以理解为一种悲天悯人的柔软,凡对他人、对世界的牵挂与关心,对积极向上的人事物的鼓励,都可视作情怀的外溢。

情怀原不分大小轻重,所谓家国情怀本就一体,无论大至心系天下,小至忧怀个人,都是一样的浓烈,有着同等分量的责任感与使命感。我在评论写作中,基于所触及的题材,在此将情怀分为时代情怀、公共情怀、个体情怀,等等,只是为了梳理以往的作品。

梁衡说,写作就是一种感情和思想的喷发。你可能在学识、技巧各方面已有足够的准备,但是没有一个契机,它还是不能成文。这个契机,实则是外界所带来的触动,外部对内心的震颤与共鸣。有了这个催动与唤起,才有话语的倾吐。所以,为文第一要激动②。

一篇好的评论,一定是有激动在先,有话要说,不吐不快。硬挤出来的观点,打动不了自己,也打动不了别人。

评论是要表达观点的,有情怀的评论,就是一种情感和思想的喷发。为什么要喷发,因为有主张要申达。韩愈也认为,"大凡物不得其平则鸣""其歌也有思,其哭也有怀,及出乎口而为声音,其皆有弗平者乎?"

---

① 马少华:《从同一个事实出发,评论有着不同层次和色彩》,载"红网时刻"2019年5月6日。
② 梁衡:《为文第一要激动》,载《梁衡散文中学生读本》,北京联合出版公司2015年版。

(《送孟东野序》)

不平则鸣，跟为文要激动是同一个意思。激动者，情为所激，心为所动。徐迅雷也说，每每写作，皆因情之所至，情不知所起，一往而深。思发在花前，有情方著文。评论工作缘事而发，因新闻而起，这个激动与情怀，当然是要与时代脉搏、与公共利益、与个体命运同频共振的，这样的观点才不会脱离实际，才不会空洞无物，才能接地气，才能触摸时代脉搏与民生关切。

另外，对评论人来说，保持理性也是一种对苍生负责的悲悯之情。不煽动、不跟风，以证据的力量和对公共利益的深入思考为基础，守卫社会的价值底线，捍卫常识，同谣言和偏激保持距离，这本身也是一种负责任的态度与公共情怀。

因此，情怀不是煽情，不是为了迎合某种情绪的跟风站队，更不是去撩拨挑动读者的情绪，恰恰是出于责任感的意见伸张，站在公共立场上的公允表达，以不偏不倚的态度进行关切与观照、体察与体恤，实现促进社会和谐与生活美好的善良愿望。

可以说，情怀是一种情感与理念，是一种责任感之下的态度与主张。或者说，就是一种责任感的体现，为了担当社会责任而表达出的情绪与诉求。

这本评论集，是笔者个人关于评论情怀的一些浅显体会与探索。什么叫评论的情怀，也许我还远远没有悟到真谛，但愿以个人陋见，抛砖引玉，求教于方家。以期评论的情怀能得到更多倾注，能传递积极向上有激励作用的正确价值观，让人看到前行的希望、方向与力量，愿温和、温暖的文字能对世道人心多些抚慰。

目录
Contents

第一辑 时代大情
——以时代视野解读新闻

文章合为时而著，评论的情怀，首先是要有时代大情，与时代同行，把握时代脉搏，做时代风云的记录者，在聆听时代声音中，为时代而歌。

从家乡到他乡，奋斗改变了模样 / 9

"双十一"神话属于每个奋斗的平凡人 / 11

"双十一"是对社会进步的检阅 / 14

一生择一事，敦煌的女儿树丰碑 / 16

再登珠峰，依然为探索自然而来 / 19

告别人人网却别不了应变的主题 / 21

从容春运是时代进步的必然 / 24

拍火车的人留下了时代剪影 / 26

东湖人气赶上西湖，厚积者终将薄发 / 28

故宫之夜照亮管理创新的美好 / 31

去博物馆重拾国家宝藏的记忆 / 33

高考改变的不是哪一个人的命运 / 35

对博士当中学老师不妨乐观其成 / 38

开直升机上科学课不是炫富 / 40

家长晒成功资历与拼爹何干 / 43

奋进的中国人会捅破更多的窗户纸 / 46

砌墙冠军见证大国工匠崛起 / 48

武汉造走红彰显大国工程骄傲 / 50

"轻松哥"走红是挠动了时代的心窝 / 52

第二辑 公共责任
——唤醒权力的责任意识

评论有守护社会公平的天然使命，这种情怀能使评论在下笔时胸怀大局，为公义公理发声，而不是针对哪件事哪个人。批评不是目的，只为呼唤权力自省，履行对社会的公共责任。

总结会开成反思会更要看行动 / 59

赶工期的献礼是压垮工程质量的稻草 / 61

福州短命小学，又一个规划浪费"样板" / 64

高铁卧榻之下岂容隐患酣睡 / 66

告别苦旅的春运才可以奢谈文化 / 68

捐赠别墅分配难，可别指责乡贤 / 70

背人过河的义举也需社会接棒 / 72

让城市有路好走大有学问 / 74

道路命名要走在"葛宇路"前面 / 76

让路给"暴走团"不等于纵容违规 / 79

"一块屏幕"只是名校扩张的触角 / 82

校长推荐制遴不出千里马 / 85

净化行医环境不能只靠医生举报 / 88

没有电梯的高楼不该是风景 / 91

让梦想与飞机一起飞一会儿 / 93

第三辑　民生关切
——以民生角度思考问题

情为民所系。对评论来说，一事当前，须站在民生角度思考问题，表达关切，这样的评论才能接地气，有人间烟火气息，也给人温暖的力量。

油泼面禁止泼油，段子背后是环保焦虑 / 99

帮受困者想办法应优于行政执法 / 102

让贫困者不再蒙受灾难 / 105

"城里不买房，一切都白忙"意味什么 / 108

民生标准不能就低不就高 / 110

对神木免费医疗不妨多些期待 / 112

药价喊痛，计将安出 / 115

缺少廉价救命药比缺医更令人揪心 / 118

景区涨价潮下百姓只能学李白"梦游" / 121

雨天"各扫门前电"也当成为一项制度 / 124

对无狗社区不妨来点宽容 / 126

"戒烟入医保"未尝不可 / 129

反低俗与禁烟的共同纠结 / 132

苹果砸昏女婴，让谁抛物谁负责 / 134

西南大旱，揪心的不仅是那片土地更是民生 / 136

第四辑　个体观照
——关心人物命运与处境

人是一切社会关系的总和，个体的命运与他人息息相关，从细微处观照个体，也是对社会整体的触摸，倾注悲天悯人的大爱。

院士之乡的共同密码是教育 / 143

米粉店的送学喜悦激荡人心 / 145

"零分考生"再高考诠释读书真谛 / 148

接受平凡比考上状元更需要勇气 / 150

为最后一名颁奖体现尊重之道 / 152

每一份辞职信里的情怀都值得珍惜 / 154

通讯录与亲情之间隔着多少无奈 / 157

出租车载着大家共同的职业变迁 / 160

记者当官照不亮新闻人的前程 / 163

每种职业选择都有必然的承担 / 166

落实休假不能仰仗领导开恩 / 168

上班听音乐被辞退须依规行事 / 171

"小马云"的父亲才是生活的样本 / 174

"三轮车夫博士"应有复制的意义 / 177

"杜拉拉"可拉得起底层的困顿 / 180

范雨素让生活更坚强励志 / 183

"奖痴"何止是一个杜老师 / 185

第五辑　生命敬畏
——传递对生命的热爱之情

仁者爱人，人文精神的核心在于敬畏生命，唯有敬天爱人的文字，才能散发同理心的温暖。

"第一人"的脚步将永不会停歇 / 194

从"泰坦尼克号"到法航空难人类走了多远 / 196

人机大战的赢家永远是人 / 199

医学有禁区，科学有红线 / 201

川航迫降事件：查清原因是对机长的最好致敬 / 204

医生先人后己诠释了生命权平等 / 207

追思牺牲毕业生的传统令人起敬 / 209

有故事的毕业戒指才值得珍藏 / 211

站着吃饭的教育其实已经跪了 / 213

别把喝厕所水的荒诞当励志 / 215

救援队员遇难当警醒任性游客 / 217

野猪进校园别当网红看 / 219

敬畏生命就是在保护自己 / 221

生命教育不提倡捉蜗牛 / 223

待产孕妇跳楼身亡：保护产妇安全比分娩方式更重要 / 225

敬畏医学才是对生命的最好保护 / 227

读懂男助产士对母婴的关爱 / 229

治癌医生患癌去世验证医学不易 / 231

第六辑　人性体察
——彰显感动人心的力量

人性中的那些真善美，爱与温暖，奉献与付出，从来都有着感动人心的力量，需要评论的眼光来发现放大，让生活多些美好与向往。

临危惦记父母闪耀英雄的人性光芒 / 238

生命纸条透出的修养令人起敬 / 241

那位组织自救的女士才是灾难中的主角 / 243

用义工阿福的精神为国家造福 / 246

像田家炳那样诠释财富的意义 / 248

救摔倒老人就是最合格的答卷 / 250

那个唯一没参与调包的服务员是谁 / 252

"仙女寝室"闪亮生活的美好追求 / 255

爱心厨房生着人间友爱的烟火 / 257

"勿需让座"胸牌自带了一份善良 / 259

"7元公益餐"因尊重而温馨长久 / 261

"爱心冰柜"需要真爱来温暖人心 / 263

3.6 亿元成了揣进我们怀里的兔子？/ 265

火晶柿子红了，给树上留点诚信吧 / 267

第七辑　环境牵挂
——以环保视角关切人类命运

每一个人的生存，都离不开社会环境与生态环境，环境好我们才能生活得更好，评论对生存环境的深沉牵挂，就是对人类命运的深切关怀。

文化遗产遭劫是人类共同悲剧 / 274

节能概念，武汉也应有大作为 / 276

亮化的城市需要有处安静的暗夜 / 278

每次灾难都让国人忧心远方的困顿 / 281

一只蜱虫咬出的乡村公共卫生困境 / 283

猪流感的"定时炸弹"是怎样引爆的 / 286

"要钱不要命"要的是别人的命 / 289

请读懂"黄昏天"的烟火味 / 292

别辜负比大禹还早的治水奇迹 / 295

记住为保护丹顶鹤牺牲的姐弟 / 297

每一棵古树都是我们的乡愁 / 299

家里有矿还真不如家里有树 / 301

银杏雨预警晒着怎样的得意 / 303

神农架申遗成功后保护责任更大 / 306

江豚保护升级，更盼降级之日 / 309

"水怪"乌龙折射垃圾污染之痛 / 311

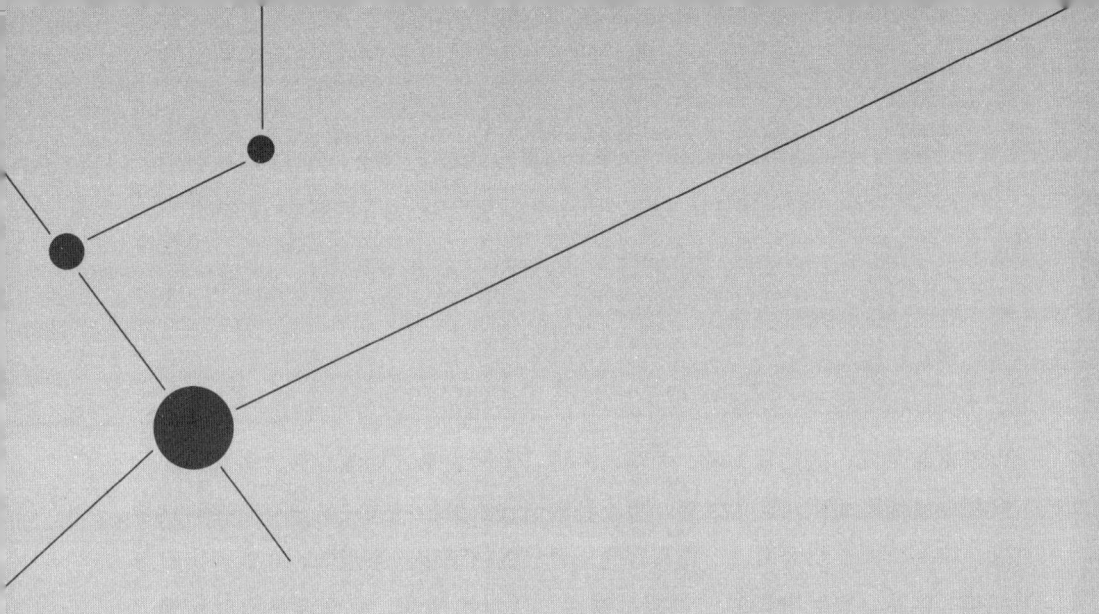

第一辑

时代大情
―― 以时代视野解读新闻

文章合为时而著,评论的情怀,首先是要有时代大情,与时代同行,把握时代脉搏,做时代风云的记录者,在聆听时代声音中,为时代而歌。

作家梁衡说，提倡写大事、大情、大理，只有大事才能激励最大多数人。

对评论作者而言，这个大事，离不开对时代大舞台的关注。只有站在时代高度，审视具体的新闻事件，将其置身于时代的洪流中观察走向，才能得出较为准确的判断，产生符合时代逻辑的观点。评论的情怀，必然要怀有时代情结，抒发为时代进步而歌的大情。

白居易说，文章合为时而著，诗歌合为事而作。时事评论，既为事而作，缘事而发，又当合为时而著，与时代同行，做时代风云的记录者、社会进步的推动者。

因此，评论的情怀，首先是评论作者要有时代大情，把握时代脉搏，对时代大势有着深刻的洞见，对时代足印有着敏锐的捕捉，为时代进步由衷高兴。所谓进一寸是一寸的欢喜，评论理当不放过任何为时代而歌的机会，要在聆听时代声音中，记录时代的变迁，前瞻时代的未来，为时代的进步发声。

梁衡说，为文第一要激动。在他看来，这个感情的激动点一般要找在时代和大多数人的共振点上，才能收大激动、大影响之效。

评论的时代情怀，就是要懂得以小见大，从具体的新闻事件中找到激动点，在引人入胜中揭示时代变革的普遍性意义，指引大众一个前行的方向。作为记者出身的梁衡，深知新闻人的社会责任之重，提倡写大事、大情、大理。这个大情，就是对政治大事、对时代潮流的共鸣。所谓唱响主旋律，也就是抒发时代大情。

没有什么比时代大势、国家大事，更关乎万千人的利益与命运，新闻评论天然地离不开对大事、大情、大理的记录。诸如"两个一百年"、改革开放四十周年、香港回归、北京奥运，这都是时代大事，汶川地震、"九八"抗洪，也是时代大事，评论要抒发大情怀，都可以找到让人共鸣的激动点来同频共振，哪怕以细小细微的人物事件切入，也是要以小见大，发黄钟大吕之声。

所以，评论的情怀，当以为时代而歌为大，再就是为公共利益发声，为个体命运心潮起伏。

时代大情如何表达，最基本的要求就是评论作者要与时代同行，踩准时代节点，饱含时代深情，充满热望。这样，评论作者才有时代敏感，才能发现时代题材。

文章合为时而著，评论讲好时代故事、抒发时代大情是应有的题中之义。时评的"时"，不仅是关注时事，讲究时效性，更要有时代的大局观，富有时代视角，展现时代风采，提炼时代主题。

躬逢盛世，我们有幸置身于一个伟大的时代中，"当这个时代到来的时候，锐不可当。万物肆意生长，尘埃与曙光升腾，江河汇聚成川，无名山丘崛起为峰，天地一时，无比开阔"。（吴晓波《激荡三十年》）

德国《时代》周报前任总编辑、国际问题专家提奥·索默赞叹说，短短几十年间，"中国已转变为一个发展动力十足的国家，这是人类历史上从未有过的先例"。（2017年10月23日央广网《精准扶贫，中国书写最伟大故事》）

置身于这样的一个时代，我们每天都在见证历史，总会让人心潮澎湃，豪情油然而生。奥地利作家茨威格说："历史是真正的诗人和戏剧家，任何一个作家都别想超过它。"我们所想表达的，时代早已发出了宣言。所有的诗篇都已被时代所写好，伟大的时代本身就是一篇大文章，我们每一个人，只要愿意，就能从中拾取锦言佳句，获得时代慷慨展开赐予的立意与主题。

因此，抒发时代大情，首先是热爱这个时代，置身于时代之中，以满腔热情捕捉时代的激动点，为时代的点点滴滴积极讴歌。诸如城市文明的进步、人们思想观念的提升、电商的发展、法治的进步、官风政风民风的好转，这些时代风云的侧影，都足以让人为时代的欣欣向荣而鼓舞。

具体来说，本辑中的评论文章有以下三个方面的特点，或者说，探索了三种表达时代大情的路径与方式。

一、捕捉时代亮点，弘扬时代精神

每个时代有每个时代的使命和要求，每个时代的情怀又有侧重点，诸如改革开放年代的敢闯敢试、先行先试、开放精神，就是时代的大情怀。大公无私、忠诚奉献、舍己为人、敬业爱岗，则是每个时代都值得点赞的崇高精神。

新时代强调奋斗精神，接力奋斗、共同奋斗、顽强奋斗、艰苦奋斗，这"四个奋斗"构成新时代奋斗精神的整体内容。奋斗既有关人生的意义，有关理想的实现，也有关社会的发展。

评论的时代大情，就不妨通过普通人的奋斗精神来展现时代的精神风貌。

本辑中《从家乡到他乡，奋斗改变了模样》《"双十一"神话属于每个奋斗的平凡人》，即讴歌时代奋斗精神的文章。

2020年国庆假期，电影《我和我的家乡》热播，在网上为家乡打卡也形成热潮。笔者敏锐地观察到这个积极现象，从大家对家乡的热爱之情切入，提出一个观点：家乡的变化来自奋斗，同时，仍需要靠奋斗去改变模样。

影片《我和我的家乡》以发生在东西南北中五个地方的五个故事，来呈现家乡之变、社会之变、国家之变，其打动人的除了时代巨变，也有影片中那些平凡人的坚守与奋斗。本人在提炼评论主题时，因势利导，将人们对家乡的热爱，引导到继续为家乡奋斗上来，这既符合影片彰显的时代主题，充满正能量，又很贴切普通生活，与广大读者紧密连接。

《从家乡到他乡，奋斗改变了模样》一文中还指出，每一个故乡，都是他人的他乡；每一个他乡，又是他人的故乡，二者是相互一体的关系，无论在哪奋斗，意义都是一样的，都是在建设故乡，建设美丽的家园。国家发展了，每个他乡变好了，就是每个故乡变好了。这个观点的提出，对所有奋斗者都是激励。其角度独到，立意高远，说服力强，洋溢着满满的时代情怀。

《"双十一"神话属于每个奋斗的平凡人》一文则关注到在电商高速发展的奇迹背后，普通人在参与这场时代盛宴中的辛勤耕耘。世上本无神话，只有普通人的不懈努力。马云与阿里巴巴正是抓住了时代机遇，在时代大潮中乘势而上，踏浪前行。因此，"双十一"神话属于每个奋斗的平凡人。这个观点的提出是符合时代逻辑的，同时彰显了时代的奋斗精神，也能激励普通人以努力奋斗来实现对美好生活的向往。

同样，《奋进的中国人会捅破更多的窗户纸》《砌墙冠军见证大国工匠崛起》两篇评论，都是从不同行业的优秀者身上，看到了其奋斗的成果。无论是屠呦呦这样的科研人员，还是莫言这样的作家，以及登上世界舞台的普通技能工人，他们在各自岗位上取得的傲人成绩都是奋斗得来的，是这个时代奋斗者的代表与缩影。因为这个时代属于千千万万的奋斗者，他们都有各自的闪光点，无论是耀眼还是不起眼，都有各自的光芒，也都将取得各自的成功。

《一生择一事，敦煌的女儿树丰碑》《再登珠峰，依然为探索自然而来》

两篇评论则是通过对普通人顽强求索的肯定,展现了开拓进取、踏实奉献的时代精神。两篇评论涉及的人物都具有典型意义,所体现的时代精神也很典型,他们身上既有接力奋斗的精神,也有共同奋斗、顽强奋斗、艰苦奋斗的精神,可以说,攀登珠峰与文物考古工作都是"四个奋斗"的集中体现与最好诠释。因为这项工作不是哪一个人哪一个时期就能完成的,是需要一代代人的接力前行、携手前行才能完成。奋斗精神的精髓,在这两篇评论中有很好的体现。

评论写的是个人或群体,却是为时代记录,因为个人的精神风貌即时代的精神风貌,关注他们所体现的情怀就是时代大情。如此,评论也写出了应有的高度。

二、聚焦时代巨变,展现时代风貌

个人命运与时代命运息息相关,时代的风貌即落脚在具体的社会成员或事件上。

抒发时代大情,可从"大处"着眼、"小处"落笔,通过对寻常事件或普通人物的聚焦,来彰显时代主题。

本辑中的《砌墙冠军见证大国工匠崛起》《武汉造走红彰显大国工程骄傲》就是这样的例子,从一条新闻中以点见面,写出了新闻背后的时代大事件。

2017年10月19日晚,在阿联酋阿布扎比举办的第44届世界技能大赛闭幕式上,来自中国建筑第五工程局长沙建筑工程学校集训基地的梁智滨凭借砌筑的"高颜值"墙,夺得砌筑项目第一名,为中国队捧回世界技能大赛砌筑项目的第一枚金牌。这块金牌的意义不亚于奥运会上中国金牌的突破。奥运会是一个国家体育实力与全民健身水平的折射,而世界技能大赛则是一个国家职业发展与经济水平的体现。世界技能大赛被誉为"世界技能奥林匹克",其竞技水平代表了世界职业技能领域的最高水平。技能大赛是实用性的竞技,与生产力的提高、经济的发展息息相关。

笔者从新闻中注意到,这是中国第三次参加技能大赛,却取得了历史性的突破。在2013年的首次参赛上,中国还与金牌无缘;2015年的大赛上即以五金排名第五位;这次即一举领先。成绩的突飞猛进不是偶然的,中国是制造业大国,也是"智造"大国,有着培养创新型技能人才的沃土,近年来大力弘扬工匠精神,营造劳动光荣的社会风尚和精益求精的敬业风气,一大批工匠正在迅速成长，势不可当。因此，这个比赛成绩，与中国经济规模跃居世界第二的现实是对应的，每块金牌的上面都是时代之光在闪耀。

同样，2016年12月29日，横跨贵州与云南两省的北盘江大桥建成通车。这座世界最高的大桥，震惊了英美网友。这座桥由武汉建桥"国家队"中交第二航务工程局承建。笔者从新闻获悉，全世界大跨桥梁有一半是"武汉造"，其中赫赫有名的有杭州湾跨海大桥、青岛海湾大桥、深圳湾大桥以及港珠澳大桥。除此之外，建高铁、建高楼，都有武汉人的大手笔。

由此想到，武汉人之所以会建造，同样不是偶然的，其背后是大国崛起的舞台：中国经济的几十年飞速发展，各类工程建设的需要，为"武汉造"提供了千载难逢的秀场，使其得以在实践中攻坚克难，不断磨砺，技艺日精。这些大国工程，是时代的标记、国力强盛的符号，有此大国工程，方有湖北制造，才有武汉工匠。时势造英雄，此之谓也。

小新闻背后有时代大主题，从国产马桶盖到圆珠笔尖，从建桥到盖房，"中国制造2025"正在书写技能强国新篇章。评论由此生发，时代大情跃然于纸，既可引起共鸣，也具有说服力。

而《拍火车的人留下了时代剪影》《"轻松哥"走红是挠动了时代的心窝》两篇评论，则是从两个人物入手，以个人的"小"折射时代变迁的"大"，写出了时代进步的大主题。

2021年3月13日，著名摄影家王福春去世，享年79岁。这是一个特别的普通人，王福春在铁路部门工作，跑遍了全国铁路各线。难得的是，他并没有浪费掉这样的机会，而是做了一名生活的有心人，顺手开启了拍摄"火车上的中国人"系列，而且一拍就是40多年。从绿皮火车拍到高铁动车，他将火车作为载体，让普通百姓成为火车故事中的主角，用照片构筑起了一条中国铁路发展的影像轨迹，用摄影见证了火车上的人生百态。

这40多年，正是中国改革开放取得辉煌成就的伟大历程。40多年的沧桑巨变，就定格在王福春拍下的20多万张胶片、40多万张数码照片里。

评论通过对王福春事迹的聚焦，联想到与他有类似经历的摄影创作者，诸如新华社记者周科用10年时间，拍下"肩上扛着生活，怀里搂着希望"的"春运母亲"，见证了四川大凉山的巴木玉布用双手脱贫的奋斗历程；摄影师解海龙跟踪拍摄农村学童30余年，尤其是拍下安徽金寨一名"我想上学"的大眼睛女孩苏明娟，引发了全社会对乡村孩子的关注，为记录并推动农村基础教育留下了浓墨重彩的一笔。评论对上述摄影师的人生进行归纳总结，展现了时代巨变的历程，视角与摄影师一样，独特又有意义。

《"轻松哥"走红是挠动了时代的心窝》一文则从一位运动医学科医生的平易作风，见到时代进步的大精彩：如今生活变好，运动与休闲成为必不可少的一部分，但相应的损伤与诊断也应运而生。新科室、新医生、新风尚是社会新风貌的见证。一名网红医生的时代意义，让评论有了时代主题与大情怀。

所谓大主题小切口，就是这般从寻常事件以小见大，发现并展现时代主题的内容。

三、站在时代高度，眼观时代万象

任何人物事件都离不开所处的时代舞台。抒发时代大情，可将人物命运与事件置身于时代大潮和背景中审视，从中提炼升华主题。

《从容春运是时代进步的必然》一文就是这样的评论，都是准确地看到了时代大势，从时代发展的必然中来看待"此一时彼一时"的不同，对社会现象进行解读，既从现实中看到光荣的过去，更看到美好的未来，给人以激励与鼓舞。

曾经的春运，排长队，人挤人，一票难求。如今，春运可供选择的出行方式多了，长途班车都不主流了，要退出历史舞台了。一切化作平淡与从容，这是时代发展的必然，供给多了，物以稀为贵的局面就不复存在。评论站在时代高度来眼观这类时代万象，让人有云雾顿开之感，一下子就释疑解惑了。这也是评论应该起到的作用，即引导舆论正确看待社会现象。

《对博士当中学老师不妨乐观其成》一文则是将新闻放在时代背景下思考个人命运的变迁，让评论展现了应有的高度。时代发展了，高学历人才层出不穷，学历因此贬值。人才的高消费与"大材小用"现象，对个人来说，可能是屈就了，但对社会而言，也许是幸事，因为高层次人才进入各个行业各个岗位，有助于提升全社会的文化层次，也是人才丰富的表现。《对博士当中学老师不妨乐观其成》一文就是从这一高度来看待"大材小用"的问题。

《开直升机上科学课不是炫富》一文同样是从时代高度来解读新闻事件。有家长开直升机来上科学课，引来侧目与议论，这是不是在炫富？这样的行为乍看有高调之嫌，却是很自然的事。因为经济的发展，一部分人先富起来了，有家长有这样的实力，也有助于丰富教学手段，这是时代进步的花絮。类似的还有，河南商丘夏邑县实验中学的一位家长孟女士，在学校门口修了一座过街天桥，加上另一座修建在夏邑县第一初级中学门口的桥，这位孟妈妈在修桥上花了100万元，新修的这座桥被网友亲切地称为"孟母桥"。对这类出手大方"阔绰"的家长，以时代的高度来解读，就可引导读者走出眼红富人的泥沼，避免好事变了味。

  本辑中另一篇评论《家长晒成功资历与拼爹何干》，也是从时代高度来看待高学历家长积极展现自己的行为。视角站位高，看问题就能看得客观公正。

从家乡到他乡，奋斗改变了模样

在刚刚结束的国庆假期，抖音上为"最美家乡"话题打卡的热度居高不下。线上话题短片《我和我的家乡》总播放量超过 31 亿次，线下电影总票房突破 20 亿元。(据 2020 年 10 月 10 日央广网)

影片《我和我的家乡》受到热捧，只因家乡是大家共同的精神眷恋，是每个游子的根与家。家乡这些年的飞速发展，让人感同身受，备感振奋与亲切。

电影以发生在东西南北中五个地方的五个故事，来呈现家乡之变、社会之变、国家之变。这本是一部喜剧片，不少观众看着看着，却由笑变哭，因为影片中那些平凡人的坚守与奋斗让人泪目。

导演宁浩谈拍片的初衷时说，两年前，一位乡下亲戚来北京看病，非常担心要花很多钱，一直愁眉不展，突然有一天，他又变得非常开心。原来，农村医保全覆盖了，看病支出的百分之八九十都能报销了。这件事让宁浩感触颇深。家乡的变化就在这点滴的民生福祉中。

电影第三个单元《最后一课》中，患有阿尔茨海默病的老教师老范认知出现偏差，他的时间认知停留在了支教生涯的"最后一课"。当年，整个村子只有他一个教师，只要下雨教室的房顶就会漏水。现实中，正是乡村教师的默默坚守，燃烧自己照亮了孩子们的求学路与前程，通过教育改变了孩子们的命运。正是那些农民发明家、治沙人、基层村干部等平凡的人们通过不懈努力，改变了家乡的模样。

每次回到家乡咸宁，我也常举目感慨，乡间公路铺上了柏油，装上了护栏；山洞开发成了热门景区；继柑橘、枇杷之后，引进的葡萄、梨子又成了名优特产；父亲生前工作过的地方成为旅游明星村；县城的新建小区搬来了乡下的亲友。每年都有新变化，这是那些坚守在家乡的人们，用双手奋斗出来的新气象。

我身在他乡武汉，见证了这座城市每天的变化。2020年国庆期间，黄鹤楼位列国内景区热度第一名，武汉人度过了一个震撼世界的长假；家门口的梨园广场综合体开放试运营，"东湖画卷"又添精彩一笔；节间传来消息，要推进六环线及放射线建设……武汉的发展环环相扣，惊喜不断。

他乡也是家乡。无论家乡还是他乡，每个站立的地方，都是日新月异的模样，都是一样的可歌可泣。那些激动与感动，自豪与骄傲，来自无数平凡人的忠诚与奉献。电影《我和我的家乡》让人共鸣，只因大家都是建设者，都在用奋斗让家乡与他乡变得更加美好动人。

（2020年10月12日《楚天都市报》）

本文以电影《我和我的家乡》受热捧入题，引出一个观点：家乡模样的改变，民生福祉的提高，是大家共同努力奋斗的结果。每一个家乡都是游子的他乡，每一个他乡也是本地人的家乡，无论大家在哪工作，都是在为共同的家园而努力奋斗。因此，每一处的发展，都是我们的家乡在日新月异，在不断地变得更美好。这个观点的提炼，升华了影片的主题，让所有人的奋斗都彰显出了时代风采。

《我和我的家乡》是一部主题影片，反映了基层干群的艰苦奋斗。评论颂扬奋斗者的精神，是对影片主题的解读，而进一步诠释了影片的时代意义，评论就具有了时代视角与时代情怀。

▢ "双十一"神话属于每个奋斗的平凡人

2018年天猫"双十一"购物节再次刷新了纪录：11日凌晨，仅用2分05秒，完成100亿元的交易额，而突破1000亿元，仅用时1时47分26秒，比去年快了7个多小时。（据2018年11月11日新华社客户端）

一同刷屏的还有另外一组数字：在天猫"双十一"晚会上，马云挑战达人连败五场。这些达人是：8秒绑一只大闸蟹的天猫蟹农，涂口红涂出吉尼斯世界纪录的淘宝主播，月均打包4万件包裹的"打包女王"……"今天输得很开心。"马云有理由开心，正是这些努力奋斗的人们，成就了天猫的强大。

这些达人只是"双十一"的一个缩影，"双十一"一路茁壮成长的神话，背后是无数平凡人共同努力成就的大业。今年"双十一"，仅是杭州的"纸箱哥"王佳荣，就准备了1亿多个快递箱。而2018年，全国电商的包裹数量预计将达到500亿个。（据2018年11月7日浙江新闻客户端）王佳荣的成长史，正是快递经济爆发式增长的见证。2008年淘宝店兴起，读大二的王佳荣却从中看到商机：他人卖货，我何不提供纸箱？他换了个思路，居然成就了自己的事业。

新兴的快递经济中，各个链条环节都有着王佳荣这样的创富奇迹。那些年交易额达千万元级的淘宝村，2013年仅为20个，一年后，这一数据就被刷新到了211个；而由"四通一达"构成的快递"桐庐帮"，同样是一群来自乡村百姓创造的奇迹。正如马云所言,是大家创造了奇迹,包括在线上的消费者,同样是奇迹的创造者。

"双十一"交易额的连年刷新,是中国内需旺盛与消费活力的见证,那些上榜的消费"大户",多来自经济比较发达的地区。可以说,有能力消费也是一种光荣,今天的消费者,明天也是一个创业者与生产者,从中同样会诞生出马云式的传奇人物。就是马云本身,也是从一个普通人打拼到现在的模样,也不过是借了中国新经济的东风。站在风口上,每一个平凡而努力的人们,都会有奇迹的明天。

阿里巴巴首席执行官(CEO)张勇曾说:"商业世界和消费生活经历的新高度,在未来都会习以为常。"时代不会辜负每一个为梦想而奋斗的人,"双十一"的奇迹与欢乐,属于商业中国的巨变,也属于每一个努力的平凡人。

(2018年11月12日《楚天都市报》)

"双十一"源于淘宝商城(天猫)2009年11月11日举办的网络促销活动。选在这个日子,是考虑到国庆节与元旦之间有个消费空档,没想到还真是填补了大家对消费狂欢的情感诉求,取得了意想不到的成功,销售额连年攀升,不断跨越式地刷新纪录,成为中国电子商务行业的年度盛事。"双十一"的赢家不仅是淘宝,而是所有电商都沾光,相关的快递包装、快递业,也都迎来井喷式发展。

"双十一"的意义是深远的,其被认为是中国经济转型的一个信号,线上交易形式成为拉动中国内需的主流形式。本文没有陶醉于"双十一"的销售数字,也没有将马云与达人的挑战当作花边新闻了事,而是以此为由头切入时代主题,指出这台晚会并不是属于阿里公司的,它跟春晚一样,是属于全社会的节目。晚会上展现拿手好戏的达人们,是快递经济大潮中应运而生的新工匠,这是时代发展的见证。这个荣耀,不属于哪个公司,也不属于哪个个人，而是属于新经济时代。

　　本文由"双十一"晚会上的几个人、几个数据，说到时代大势，站位高，有大局观，又有群众视角，给人豁然开朗之感，也符合新时代对奋斗精神的要求。只有奋斗才能实现理想，只要奋斗了，无论是马云这样的精英还是其他普罗大众，都能得到想要的结果，实现人生的理想。

　　时代大潮对每一个敢于弄潮的人都不会吝啬奖赏。本篇评论以事实说法，用数据作证，入情入理、说服力强，也富有感召力、鼓舞人心，这就是为时代发声，抒时代豪情。

■ "双十一"是对社会进步的检阅

这两天,"双十一"还没到,电商的促销活动早已开始,"睡前下单,醒来就送到了","光速"快递让网购者震惊。(据2020年11月4日"央视新闻"官微)

前一分钟还是"尾款人",后一分钟已是收货人。今年"双十一",快递为什么这么快?原因是智能分拣机器、大数据人工智能调度等科技的运用,让分拣效率大大提升;各快递公司自动化设备猛增,让快递出库速度大幅提升……今年,铁路部门更是首次试点复兴号动车组整列装运快件。科技与时代的进步,让快递行业"快马加鞭",更上一层楼了。

快递行业从来不是单独存在的,它与其他行业紧密关联。近年来,物联网、大数据、人工智能等新技术与快递行业融合,推动快递业从规模驱动转向技术驱动。针对往年容易出现的末端拥堵,今年又做好了软服务的储备。10月21日商家就开启了预售,根据规则,支付尾款前定金不退,催生了"尾款人"这一新名词。同时,定金制度让商家有时间去准备物流,将已付定金的预售商品提前配送到社区,待买家付完尾款后即可就近发货。这样,可大大减缓末端派送压力。

技术方面,硬件更硬;服务方面,"软件"更软。一年胜过一年的快递经济可以看作中国经济的晴雨表,仅以天猫商城为例,从2009年"双十一"的0.5亿元销售额,到2019年"双十一"的2684亿元销售额,可谓指数级的增长。这一切,也是中国经济活力与魅力的投射。

电商的生逢其时,与时代提供的优越条件与发展机遇密不可分。拿复兴号投入快递运输来说,这正是中国高铁与铁路运输事业近年来蓬勃发展的写照。据中国交通运输部部长表示,预计到2020年底,全国铁路营业总里程将达14.6万千米,覆盖约99%的20万人口及以上城市。其中,高铁(含城际铁路)营业总里程大约3.9万千米,继续领跑世界。条条大路通高铁,让快递也能搭上高铁运输的顺风车,进一步提高了物流效率。包括村村通公路、通网络的推进,这些基础设施的提升,都是在为快递大厦打下牢固的桩基。

日前,据国家邮政局预测,"双十一"日均快递业务量将达4.9亿件。每年热闹的"双十一",可以看作对社会进步的一次大检阅,年年都有新气象、新体验。正是社会进步的日新月异,让快递行业好风凭借力,变得越来越快,越来越好。在"双十一"体验网购的快感,也分享社会进步的喜悦吧!

(2020年11月4日《楚天都市报》)

复盘手记

这篇评论同样是从"双十一"的数据来看社会进步。上一篇侧重于展现人的精神风貌,这一篇从技术保障上展现时代风采。

2020年是个特别的年份,新冠肺炎疫情冲击下的世界经济显现疲态,但中国经济率先复苏,成为带动全球增长的重要力量,"双十一"也成为经济运行的一支"温度计"。旺盛的内需动能和数字化力量的结合,让"双十一"再创辉煌。"23.21亿单!"这是11月11日24时,2020年天猫"双十一"物流订单的总量定格。数百万商家的努力,数千万快递小哥的付出,亿万"剁手党"对美好生活的追求,汇聚成一场中国内需的大爆发,这是中国经济新力量的展现。这个特别的"双十一"值得书写一番。

□一生择一事，敦煌的女儿树丰碑

日前，北京大学3000多名新生在训练营倾听了一位80多岁的老人樊锦诗讲述其一生扎根敦煌的故事。樊锦诗于北京大学毕业后就一头埋进敦煌莫高窟的保护工作。半个多世纪以来她不离不弃，被称为敦煌的"女儿"，并入选了国家荣誉称号建议人选名单。（据2019年9月8日央视网）

樊锦诗成长于上海，本是一名江南女子，1962年在大学毕业前的考古实习中来到敦煌，因表现出色被敦煌文物研究所点名录用。敦煌的艺术瑰宝是美丽的，但生活没有诗意，这里黄沙漫天，冬冷夏热，日子十分清苦。

半个多世纪以来，樊锦诗在这样的条件下，潜心于石窟考古研究，从最初的普通研究人员，一路成长为副所长、副院长、院长、名誉院长。她的默默付出，得到的并非这些职位，而是对敦煌文化的保护、传承与弘扬。游客到敦煌莫不惊叹于那绚烂的艺术世界，却不知道背后是敦煌人的不懈努力。从壁画病害防治到崖体加固，从环境监测到风沙治理，都是要久久为功的甘于奉献。

樊锦诗在任上时，面对全国各地"打造旅游上市公司"热潮，她顶住了诱惑与压力，拒绝了捆绑上市，没有让莫高窟沦为商业工具。面对游客的激增，她又在国内首创旅游预约制，控制游客人数。别人骂她傻，有钱不赚，但保护文物还真要有点傻子精神，不能被眼前的经济利益迷住了眼睛。

樊锦诗获得了"吕志和奖"，奖项创办人致辞时表示，获奖者以让世界更美好为信念,用勇气、智慧和大爱克服困难,在各自领域树立典范,贡献世界的同时呼吁更多人参与,共同缔造人类未来。樊锦诗得这个奖可谓名副其实,她正如颁奖辞所说的那样,树起了一生择一事的风范。

樊锦诗的事迹在她那一代人身上并不少见,许多老科学家、老院士们就是干一岗爱一岗,择一事忠一事,不计个人得失,不讲条件报酬,但行好事,莫问前程。他们终究在饱经风霜的面孔上,绽放出岁月赐予的美丽笑容。

樊锦诗作为一名老北大人,给年轻一代讲述了自己艰苦奋斗的一生,这种人生经历对所有人都是宝贵财富,启示着每一个人正确对待择业。世上没有不出彩的岗位,只有不肯付出的人,任何工作只要做到极致,自有实至名归的成功,自是树立了典范,为世界贡献美好。

(2019年9月10日《楚天都市报》)

半个多世纪以来,江南女子樊锦诗一直扎根于西北的甘肃敦煌莫高窟,不顾自然条件的艰苦,也不为名利所惑,坚持于文物研究与保护工作。她的事迹被媒体报道后,她由一个冷门行业的工作人员,成了热门的网红级人物,说明了社会对她奉献精神的认可。这种认可本身就体现了一种时代精神,即社会价值观是崇尚先进、见贤思齐,奋斗与奉献是大家共同的精神追求。

樊锦诗的走红,也让冷门的文物研究工作被推到前台,加深了社会对这个行业的理解。2020年,留守女孩钟芳蓉以湖南高考文科第四名的成绩报考了北京大学考古学专业,再次吸引了社会的目光投向考古行业。大家奇怪于女学霸为什么没有读一个有"钱途"的专业,而是选择了坐冷板凳的考古。这时,考古行业的大咖们纷纷站出来发声,为钟芳蓉也为考古行业打气,说考古行业不是普通民众所想象的那样没出息,而是很有意义与前途的工作。钟芳蓉在上学之前,收到了来自考古圈寄送的50斤礼物,这些来自全国各地的9家考古所、博物馆所赠送的礼物，堆满了整个桌子，包括湖北省博物馆赠送的方勤馆长签名的《曾侯乙》图录一本，河南省文物考古研究院赠送的《考古河南》以及定制标尺1套、手铲1把……全国政协委员、"敦煌女儿"樊锦诗也写信、赠书鼓励她。

  从樊锦诗到钟芳蓉，可见江山代有人才出。一代人有一代人的使命，一代人有一代人的奋斗，守护文脉薪火，离不开青年才俊接棒，这也需要他们耐得住寂寞。因此，樊锦诗一生择一事的精神难能可贵。评论诠释了这种艰苦奋斗与接力奋斗的精神，也是为时代召唤人才，体现了心系时代使命的大情怀。

□ 再登珠峰，依然为探索自然而来

5月27日，珠穆朗玛峰高程测量登山队成功登顶世界第一高峰珠穆朗玛峰。他们在峰顶竖立觇标，开展各项峰顶测量工作。（据2020年5月28日《楚天都市报》）

新中国成立以来，中国曾对珠穆朗玛峰进行过6次测绘和科考。60年前，中国人首次从北坡登顶珠穆朗玛峰，也是人类历史上第一次从北坡登顶。这次，登山队员在峰顶停留了150分钟，创造了停留时长新纪录，再次彰显中国人不懈探索和笃定前行的坚韧。

60年前，年轻的登山队员几乎付出了生命的代价：有的在无氧状态下挨过了一夜，有的体重从160斤掉到了101斤，有的十趾和脚后跟因冻伤被全部切除。不畏艰险、顽强拼搏、团结协作、勇攀高峰的登山精神，成为中华民族精神财富的重要组成部分，至今仍是催人向上的强大动力。

如今，装备与保障手段大不一样，队员在山上运用5G信号通话，我国自行设计、生产的测量设备已达世界顶尖水平。助力中国人攀登世界高峰的，是自身到达的科技高峰。一次次攀登珠穆朗玛峰，迈开的是国家综合实力和科技发展水平不断向前的脚步。

60年来，登顶珠穆朗玛峰不再是专业运动员的使命，民间业余爱好者与商业登山兴起后，成为体育旅游的一部分，通往珠穆朗玛峰的路甚至会拥堵。但不管如何变迁，对珠穆朗玛峰的向往与攀登，仍体现了人类挑战自我的顽强向上精神。

"一开始谈到登山，我们更多讲的是征服。而在与山的接触中，人们意识到，人与自然不是征服与被征服的关系，而是一对朋友。"中国登山队队长王勇峰说，登山的真谛是让人认真对待生活。相比商业化登山的喧闹，中国登山队的科学探索精神，更凸显出其应有的意义。

60年后再登珠穆朗玛峰，不是简单的故地重游，这次是首次依托中国自主研发的北斗卫星导航系统登峰，也是人类首次在珠穆朗玛峰峰顶开展重力测量。"珠穆朗玛峰的任何显著变化都对全球地学、生态等领域研究有重要的指示意义，并影响人类的生产生活。"（据2020年5月27日新华社新媒体）而精确的峰顶雪深、气象、风速等数据，将为冰川监测、生态环境保护等方面的研究提供第一手资料。

因此，登山不仅是"人登山顶我为峰"的豪迈，更是为了守护山峰，保护自然，依然是为了科学探索而来。在大自然面前，人类是渺小的，所有的英雄壮举，最终是为了探索自然的奥妙，找到人与自然的和谐相处之道，让自然为人类造福。

（2020年5月28日《楚天都市报》）

复盘手记

60年后，中国人再登珠穆朗玛峰，时空环境已大不一样，无论是技术装备，还是后勤保障，都已今非昔比。但登珠穆朗玛峰的使命与精神并没有改变，依然是为了探索自然，找到人与自然的和谐相处之道，让自然为人类造福。而且，这种攀登是一脉相承的，是几代人在接力奋斗，是一群人在共同奋斗，同时，攀登珠穆朗玛峰的过程，也是艰苦奋斗、顽强奋斗的过程。聚焦再登珠穆朗玛峰，就是彰显"四个奋斗"的意义，弘扬了时代的奋斗精神。

评论中有比较，有总结与归纳，都是为了诠释登珠穆朗玛峰的意义，为这划时代的壮举，留下浓墨重彩的一笔。评论所肯定的科学探索精神，同样也彰显了时代精神风貌。

告别人人网却别不了应变的主题

近日,曾经号称"中国脸书"的社交网络人人网以"2000万美元现金+4000万美元股票"出售,却似乎并没引起多大的关注,除了一些怀旧,网络上显得很平静……(据2018年11月19日《长春晚报》)

曾经市值高达94亿美元的人人网,如今沦落到市值仅为1.05亿美元,再到以低价出售。(据2018年11月15日千龙网)甚至掀不起一点波澜,自是令人唏嘘。正所谓时代抛离你时,都不会说声再见。然而,在互联网的江湖上,这并不算太残酷的事,网络本身是一个高度嬗变的世界,竞争也很惨烈,抓取不到用户、留不住用户,被淘汰是家常便饭。互联网行业飞速发展,在市场洗牌与大浪淘沙中,也见惯了一些企业的其兴也勃焉、其亡也忽焉。

人人网人比黄花瘦,雅虎早已虎落平阳。20世纪90年代雅虎笑傲江湖的时候,还没张朝阳、马云、马化腾他们什么事,而雅虎从1000亿美元的市值,到48亿美元出售,最后连名字都没保住。(据2016年7月26日《新京报》)这就像当年的诺基亚、摩托罗拉一样,沉没的时候,泡都没冒一个。人事有代谢,往来有古今,各领风骚若干年,乃互联网行业的常事。对此,也就不必诧异了。

每个企业是不同的,起落或又是相同的,有外部环境变迁,也有内部应变不力的因素。姑且不论那些详情,只能说,这世界变化太快,不进则退,企业如此，个体也是如此。雅虎的杨致远面对采访时曾感慨："那个时候，最让人感觉良好的不是金钱，是你每天都在改变着世界。"这个改变世界的人与公司，终究被世界所改变。

潮起潮落中，别了雅虎，那个安放过"70后"青春的网络；别了人人网，这个安放了"80后""90后"青春的平台。无论我们是否还登录它们，是否还从中找寻当年的同学，它们的辉煌已属过去，我们的青春已属过去，但它们仍有值得纪念的地方：这些网络，见证了杨致远、陈一舟等一代人的青春奋斗，也见证了我们一代人的青春时光。

无论事业成败，这些公司的创立者都是勇于弄潮的强者，机遇也只青睐于有准备的头脑。他们的洞察力、技术与才智，引领了一代风骚，也启迪了众多跟风者。他们谢幕的背影或有些沧桑，却依然值得我们去致以敬意，感谢他们所烘托过的互联网繁荣与带给大家的用户体验，陪伴了我们的时光，也激励过后来者居上。

可以告别人人网，却告别不了一个命题：面对时代大潮，如何永立潮头，保持领跑或跟随的身姿，不致掉队或被时代抛离。这值得每一个公司与个人去思考。人人网有我们谈笑其中的过去，也警醒着我们的未来，只有永远保持青春的热烈与昂扬，保持青春的自强与努力，不断充实、强大自身，才能应对这个不断变化的世界。

（2018年11月19日红网）

互联网公司的淘汰率是比较高的，一些公司其兴也勃焉，其亡也忽焉，这与互联网行业的快速发展有关。市场风云变幻，稍有差池，没跟上节拍，互联网公司就会被甩到身后。曾经号称"中国脸书"的社交网络人人网被贱卖了，除了一些怀旧，网络上显得很平静……此种情形正是互联网行业的写照。互联网是注意力经济，当你衰落时，早已没有谁在关注了，大家根本就留不出时间来给你告别与感伤，遗忘就是忘了，不会有谁记得了。

人人网的结局虽然悲凉,但在互联网行业中并没有什么特别之处。本文之所以仍要写上几句,只因人人网见证过陈一舟等一代人的青春奋斗,对他人仍有一定的样本意义:时代大潮中,不进则退。既要努力改变世界,也须防止被世界所改变、所抛离。

此文哀而不伤,在怀旧中仍表现出积极上进的基调,提醒大家只有永立潮头,保持领跑或跟随的身姿,才能应对这个不断变化的世界。这种情怀,充满了善意与温暖。

□从容春运是时代进步的必然

"刷脸"进站,"导航"上车,便捷换乘……从来没有哪一个春运像这次如此从容。3月12日,为期40天的春运悄然落幕。

春运40年,走到如今,真是换了人间。如果不是媒体的报道,很多人也许已渐渐淡化春运这个概念,因为春运的热闹与平常节假日已差不多了,曾经的拥挤与焦虑的确少了许多,也被时光冲走了许多。

是如今的客流量减少了吗?非也。2018年仅仅春节期间,就有超过4亿人次出行。而在春运全部40天时间里,全国将有近30亿人次出行。春运从容,得益于运力的大提升与服务的人性化,让旅客"走得了",也"走得好"。

春运成为社会现象和民生焦点始于20世纪70年代末。随着改革开放的伟大进程开启,进城务工流与返乡流拉开了春运的大幕。1984年,春运从广东一地的忙碌升级为全国性的"大交通变奏曲",客流量猛增到5亿多人次。1994年,春运旅客发送量突破10亿人次,2006年达到20亿人次。

而曾经,1978年,我国民航能使用的机场只有78个;1988年前,我国甚至没有一条高速公路;直到20世纪90年代,我国列车平均时速仅62公里。如今,我国高铁运营里程已经突破2.5万公里,居世界第一,高速公路运营里程达到13.6万公里,航空运输规模则稳居世界第二位。

地理距离没有变,家却更"近"了。尤其是高铁与地铁在大城市的无缝对接,让回家的路缩短了许多,农村也基本实现了"村村通"。再便捷的运输,也是为了抵达人心。曾经"高高在上"的"铁老大",在从善如流中变得日益贴心。网站和移动端购票系统不断升级,自助取票机大量投放,智慧春运有效地疏解了购票难,火车站通宵排长队买票已成为历史。

40年来,春运客流一直在增长,见证着我国经济社会的飞速发展,是一切活力在喷涌的投射,而春运的路途越来越从容,同样是国家日益强大的写照。这是时代进步的必然;随着基础设施的提档升级、社会服务水平的日臻完美、发展新动能的加快切换,舒适与便捷只会成为新常态。

春运的变迁是中国翻天覆地变化的一个缩影,正如高铁的蓬勃发展,总有一条康庄大道与致富之路,会通向每家每户的门前。每个人的生活都注定越来越好,前行的脚步越来越轻快、从容。

(2018年3月14日红网)

春运40年,无论是运输硬件还是服务软件都发生了翻天覆地的变化,从前的绿皮车与拥挤已成记忆,旅客"走得了""走得好"变为现实。而且,随着高铁的发展,长途班车也退出了春运市场。

有网友说,春运看不到长途班车了,是一种伤感。长途班车曾经承载着一两代人的记忆,伴随着众多南来北往的出行,无数聚散两依依在长途班车前定格,已化作对岁月、对亲人的永远怀念。长途班车已是一种情怀的符号,时代车轮滚滚向前,来不及伤感,又会有新的出发。随着长途班车淡出,远去的是那个时代的拥挤与喧闹。

春运从容是时代进步的必然,经济发展了,交通运输方式大不一样了,服务观念也有了提升,所有的努力都是为了让生活变得更美好。春运40年历程,是所有中国人砥砺前行的见证,也是向未来梦想的再出发。

本文以从容春运为主题,热情讴歌了40年来国家的沧桑巨变,历数那些标志性的足迹,说服力强,振奋精神,充满对时代热爱的赤子情怀。

拍火车的人留下了时代剪影

3月13日,著名摄影家王福春去世,享年79岁。他拍摄了40多年的火车,为中国铁路变迁留下了记录,也为中国40多年的发展留下写照。(据2021年3月14日界面新闻)

王福春在铁路部门工作,跑遍了全国铁路各线。难得的是,他并没有浪费掉这样的机会,而是做了一名生活的有心人,顺手开启了拍摄"火车上的中国人"系列,并且一拍就是40多年。这份专注与坚持,让他从一名摄影业余爱好者,成长为有灵魂与思想的摄影家,出版了多部纪实作品。

王福春说:"我给中国铁路留下了一部历史。"从绿皮火车拍到高铁动车,他将火车作为载体,让普通百姓成为火车故事中的主角,用照片构筑起了一个中国铁路发展的影像轨迹,用摄影见证了火车上的人生百态。

翻开他的相册,那些镜头是如此有时代感,又富有代入感,很多人能从中找到自己的影子。因为40多年来,火车承载着人们的出行、流动、返乡与跃迁,挤春运、赶火车,在车内打扑克、聊天,是很多人的共同记忆。

40多年来,正是中国改革开放取得辉煌成就的伟大历程。车窗一次次掠过大江南北,视线从村庄摇曳到城市,火车内部从嘈杂切换到静音模式,40多年的沧桑巨变就定格在王福春拍下的20多万张胶片、40多万张数码照片里。

文章本天成,妙手偶得之。时代本身就是一篇大文章,只要愿意,谁都可以从中拾得佳言锦句与珍贵画面。时代给了王福春机遇，王福春没有辜负时代的恩赐，用镜头为时代留下宝贵财富。类似这样的有心人也不少，新华社记者周科用10年时间，拍下"肩上扛着生活，怀里搂着希望"的"春运母亲"，见证了四川大凉山的巴木玉布用双手脱贫的奋斗历程。摄影师解海龙跟踪拍摄农村学童30余年，尤其是拍下安徽金寨"大眼睛女孩"苏明娟，引发了全社会对乡村孩子的关注，为记录并推动农村基础教育留下浓墨重彩的一笔。湖北人占有兵在广东打工期间，用相机拍摄工友们的生活，20年来记录了流水线两侧的年轻女工逐渐被自动化机器替代的过程。

这都是很有意义的事情，时代的大画卷中，留给有心人的处处是壮美史诗。许许多多像王福春这样的有心者，用自己的爱好完成了时代赋予的使命，与时代相互成就。王福春走了，他所定格的历史，照见的是如诗远方。他身后是一个大时代在滚滚向前，火车依旧驰驶，将中国人带向更美好的前方。

（2021年3月14日《楚天都市报》极目新闻）

著名摄影家王福春生前专门拍火车，拍出了名堂，他是火车的记录者，也是时代的记录者。同时，王福春也是时代的产物，时代造就其个人的机遇与成功。王福春的离去让人缅怀，因为他做了一件有意义的事，为时代留下一张张宝贵的照片。

评论站在时代的高度，肯定了王福春的工作，指出个人命运与时代息息相关的联系，让人对时代心存感恩，同时又展现了时代变迁的画卷，鼓舞人心。因此，这篇评论也就跟时代一样，显得有情怀、有意义。

东湖人气赶上西湖，厚积者终将薄发

这个"五一"假期，黄鹤楼一天迎客近 5 万人次，东湖风景区单日游客接待量破 50 万人次……再次彰显武汉的火爆人气。（据 2021 年 5 月 5 日《湖北日报》）

有细心的网友发现，这个"五一"，武汉东湖的游客量超过了杭州西湖。2021 年 5 月 1 日，西湖景区接待客流量 41.01 万人次，比 2019 年下降 31.19%；东湖景区的客流量超过了 50 万人次，比 2019 年增长 80.10%，此消彼长，东湖人气超过了西湖。5 月 2 日，东湖游客再创新高，全域旅游人数约为 73 万人次。

说东湖人气超过西湖可能还为时过早。根据历史上的数据，近年来，杭州西湖在高峰期的日接待量通常在 60 多万人次，单日突破 70 万人次，甚至冲破 80 万人次的也有报道。武汉东湖在今年 3 月 13 日迎来了历史性的一天，实现了首次单日游客量达 50 万人次的突破，接待游客量约 51.3 万人次。"五一"假期，东湖延续了高人气的旺盛势头，并再创新高。这是可喜的，但不必沾沾自喜，因为还有更高更远的目标在前方招手。

如果东湖以后能保持这个高人气，节假日游客接待量能维持在单日六七十万人次的水平，人气起码是不输西湖了。

长期以来，游客喜欢将东湖与西湖作比，只因这两个景区都是有名的城中湖，都有引人入胜的风景，在游客心目中也各有口碑。论自然景色与人文景观，二者各有千秋；要论人气，东湖却稍逊风骚。这个差距在过去是客观存在的，"东湖暂让西湖好，今后将比西湖强"的说法也因此广为传播。

弹指一挥间，武汉在"每天不一样"中换了新颜，不说东湖将比西湖强，至少比自己的过去强是肯定的。拿东湖景区来说，从 4A 景区到 5A 景区，从一条世界级绿道到"东湖之眼"摩天轮，近年来一直在变得越来越养眼、越来越亲民。各项建设让景区"巧笑倩兮，美目盼兮"，将一方清静之地化静为动，将一方大美之景化美为媚，让楚山楚水楚文化显得楚楚动人，人气因此不断攀升，这才有了这个"五一"的爆棚客流。

东湖景区的火爆人气，是武汉这座城市长期埋头苦干、奋发向上的见证，也是水到渠成的结果。厚积者，必薄发。东湖也好，武汉也好，良好的发展势头有目共睹。"每天不一样"也不是为了跟谁比，是为了让自己变得更好，在不断提升中遇见更优秀的自己。也许永远不必去跟谁比，只要每天在敢为人先、追求卓越中做好自己，就一定今天能比昨天强，明天将比今天强；就一定"明年春色倍还人"，迎来更美好的未来、更旺的人气。

(2021 年 5 月 6 日《楚天都市报》极目新闻)

东湖人气超过西湖是网友的发帖。我从网上看到网友的发帖，专门找官方统计数字核对了一下，发现确实如此，2021 年"五一"期间，武汉东湖的客流量超过了杭州西湖。这对武汉东湖来说，是一个节点性的变化，可喜可贺。因为"东湖暂让西湖好，今后将比西湖强"的说法一直广为流传，东湖人气超过西湖是愿望，也是目标。如今真的实现了，可见"将比西湖强"也不是不可能。

我敏锐地观察到这个节点性的变化，写了这篇评论，为英雄之城武汉鼓与呼。因为这是东湖的进步、武汉的进步，也是时代发展带来的进步。国家富强，人民生活水平提高，就有了条件出门旅游，必然带来游客量的增加。评论透出的，依然是时代大情。

东湖景区的不断提升，武汉城市面貌的不断提升，吸引着四方游客，才有了这个超过杭州西湖的人气。哪怕只是暂时的超过，也是可喜可贺的事，也许是个转折点，也许是标志性的事件呢，也许并非偶然超过呢。评论完全可以对此进行肯定，鼓励东湖与武汉变得更加美好。

评论在写作中没有为东湖超过西湖而沾沾自喜，感情是喜悦的，却也是理性的。评论指出，东湖的高人气不是为了跟谁比，不是为了超过西湖，而是为了自己变得更好，给游客更舒适的体验。评论的克制与清醒也是一种高度：东湖与西湖各美其美，美美与共，是游客的幸事，不必争个谁高谁低。

事实上，东湖在2017年"十一"期间，单日游客量才首次超10万人次，同比增长2倍。2018年"十一"期间，东湖日均接待游客量首次突破20万人次，比上年又增长1倍。这时，西湖单日游客量早已达到六七十万人次的水准。武汉东湖人气的提升，与东湖绿道的修建有关，正是2017年底长达百公里的东湖绿道扣环成网以来，东湖游客与日俱增，呈直线上升趋势，乃至到了2021年"五一"期间，就赶上了西湖的客流量。这是武汉东湖的进步，也是时代的进步，理当为之高兴一回。

□ 故宫之夜照亮管理创新的美好

2月19日晚,故宫博物院的"紫禁城上元之夜"文化活动引起刷屏,这是故宫建院94年来第一次在晚间开放,也是第一次在晚间被较大规模点亮。(据2019年2月20日光明网)

"今年春色胜常年,此夜风光最可怜","紫禁城上元之夜"本为免费预约活动,门票却在网上被炒至每张数以千元计,可见这醉人的夜色是何以动人心魄。因为稀缺,所以珍贵,有舆论呼吁,以后这夜场能不能常态化?"金吾不禁夜,玉漏莫相催。"故宫的夜晚是迷幻魅惑的,有着很大的市场需求。元宵节的故宫之夜也算是迈出了可喜的一步。这一步,与院长单霁翔力推的以观众为中心的服务理念密不可分。

在刚刚过去的2018年,单霁翔获得了年度文化人物称号。"走遍9000多座房屋,踩破20双布鞋。"颁奖词里说的是单霁翔2012年在故宫博物院上任伊始的故事。凡是门都要推开看一看,1862690件(套)文物,他可以将文物数量精确到个位数。(据2019年2月17日《人民日报》官微)故宫馆址宏大,藏品多,观众多,但70%的区域竖起了"非开放区"的牌子;90%的藏品都沉睡在库房里;80%的观众就看看皇帝上朝、睡觉、结婚的地方。

故宫的世界之最不是用来炫的,是要奉献给观众触摸历史与文化的。"不以管理方便为中心,而以观众方便为中心",故宫开始了一场变革。首先多开放窗口,让观众能快速买到票,不排长队;再是努力增加开放区域,从过去的30%,增加到2017年的80%;然后又开放了城墙,增加了进出通道。

2015年9月,故宫建院90周年展览,为保证最后一个观众看完再闭馆,上百名员工加班到次日凌晨3点45分。

这就是以观众为中心的服务理念,故宫是古老的,其服务水平是现代的。19日晚的紫禁城灯光绚丽,正是守正创新的结果。故宫"系木结构古建筑群,不能通电,里面陈列的书画、丝织品不能长时间被灯光照射",这是以前解释得最多的理由,如今用科技手段突破了禁区,故宫展厅里不准拍照的牌子也改成不许使用闪光灯。

故宫之夜映照的是以创新走出的一片天地,有此精神,二十四节之夜开放、常态化开放都将不是问题。对其他博物馆与公共场所来说,同样如此。既然这些场所号称"城市的会客厅",当以热情大方为待客之道,要想方设法让客人满意,以充分展示一座城市的底蕴与魅力。

(2019年2月21日《楚天都市报》)

故宫重现"紫禁城上元之夜",借助现代的光电技术,照进的是时代进步的现实。元宵节的故宫之夜,是以观众为中心,步步创新,走出深宫大院神秘感的结果。

故宫的每一个与时俱进的改变,都离不开院长单霁翔的锐意进取。单霁翔于2012年出任故宫博物院院长一职,是故宫历史上第六任院长(已于2019年4月退休)。在其上任的近7年里,因其一系列推陈出新的做法,故宫屡屡刷屏,备受瞩目,形成当今互联网时代一道独特的文化现象,他在任期间被称为"网红院长"。"紫禁城上元之夜"算是单霁翔的告别之作,也在故宫留下了他的魅力身影。

博物馆不应是高冷的,而应是有亲和力的。放下身段,主动贴近公众,这也是当今的大势所趋。让文物"活"起来,才是最好的保护。故宫的一切,只有多方位地让观众感受历史与文化,才能实现其最大价值。本文对故宫守正创新的肯定,也是为时代迎来的所有进步而欢呼。

▢ 去博物馆重拾国家宝藏的记忆

央视文化类节目《国家宝藏》火爆荧屏，12月3日的首期节目一播出，就在豆瓣拿下9.4分，获得开门红。（据2017年12月6日《人民日报》官微）

不必说节目的形式创新，也不必说文化自信的宏大主题，且记住这台节目的初衷：以"博物馆+综艺"的方式展示国宝，让文物在观众心里"活"起来，让大家看完节目后，觉得"可以在周末，带着孩子去博物馆里转一转"。

这台节目确实能让观众从历史走进现实，因为那些宝藏离我们并不遥远。比如湖北省博物馆的外观图，以及越王勾践剑、曾侯乙编钟、云梦睡虎地秦简这三件宝贝，在我们看来是那么的熟悉与亲切。虽然看过一次又一次，当有关它们的故事被重新讲述，当这些物品在节目中重现时，你一定会有去重逢一次的冲动，在心中告诉自己：哦，原来它们一直在这里。

法国历史学家马克·布洛赫说："历史以人类的活动为特定的对象，它思接万载，视通万里，千姿百态，令人销魂，因此它比其他学科更能激发人们的想象力。"所以，世界那么大，也该到博物馆里看一看。博物馆里历史、文化、科技知识最丰富，也最稀缺独特。那些历史从来不是枯燥的，也不单调，都有着丰富的色彩，一个个鲜活的故事能让人知道，自己从哪里来，为何生活在这片土地上，有着哪些民风民俗。那些文物也不冰冷，也是有温度的,能让人热血沸腾,充满自豪感,从而塑造人性的魅力。

无论是《中国诗词大会》还是《国家宝藏》,都让人重温了传统文化中的那些经典与美好,它们告诉观众,除了每天街头的熙熙攘攘与生活庸常,那些滋养心灵的文化并不遥远,其实触手可及,就在哪个拐角处等你随风而来。一个个免费开放的博物馆,其实是一个个成本最小却最生动的文化教育学校。它是公共的,跟我们天天享用的道路、交通、水电这些公共资源一样,可自由自在地分享,只是我们常常忘记了它们。

感谢央视奉献的精品文化节目,让我们在一饱眼福之后,去博物馆重拾国家宝藏的记忆,以重温这片土地的文化精神,遇见更好的自己与未来吧!

(2017年12月8日《楚天都市报》)

每年的5月18日是国际博物馆日,博物馆是人类文明的承载与记忆,回望历史的意义在于照亮未来。正如国际博物馆协会所倡导的那样:博物馆不仅是旧遗产的投影机,还应成为新文化的发生器。央视文化类节目《国家宝藏》火爆荧屏,将沉睡的博物馆与那些历史搅活了,受到了社会好评。联想到近年来《中国诗词大会》之类的节目很是吸引眼球,起到了寓教于乐的作用,本文热情洋溢地肯定了这种创新,指出以群众喜闻乐见的形式传播传统文化,对普及知识、促进了解,增强大众的文化自信,很有好处。

仓廪实而知礼节,经济发展了,让文化来滋养心灵,也是时代进步的表现与必然,对传播形式创新引发的文化热潮,就是要及时肯定,大力弘扬,这也是媒体"举旗帜、聚民心、育新人、兴文化、展形象"的使命任务,责无旁贷。

高考改变的不是哪一个人的命运

100多年前,梁启超在《少年中国说》中写道,少年智则国智,少年强则国强,少年进步则国进步。一年又一年的高考,是一个又一个青春起舞、激扬文字的时刻,一个个中国少年在考场上挥洒聪明才智,接受国家选拔,走上成才之路。

据统计,40年高考,累计1亿多人考上了大学。40年来,中国发生的沧桑巨变举世瞩目,有1亿多人通过高考成才,毕业后在不同岗位上为国家作贡献。高考的为国选材,推动大学教育从精英化转向大众化,真正诠释了"少年智则国智,少年强则国强"的真谛。

高考是人生向上的阶梯,能改变一个人的命运,这是社会的共识。无论这个考生来自城市还是农村,出身如何,通过努力学习考上大学,都能影响一生的走向。正如一名在湖南农村长大,上大学时才第一次进城的中国小伙儿何江,在2016年哈佛大学研究生毕业典礼上所讲的那样:"教育能够改变一个人的生活轨迹,能够把一个人从一个世界带到另一个不同的世界。我希望我的成长经历能给那些还在路上的农村学生一点鼓励,让他们看到坚持的希望。"何江是一名留守少年,高考不仅让他从乡下的土坯房走进中国科技大学的殿堂,还远渡重洋,成为哈佛大学的优秀研究生。这样的故事有很多,40年来,每一名大学毕业生都是高考的受益者,都有着类似的通过高考跳板,跃上自己的理想青云,完成人生华丽蝶变的精彩。

高考改变的不仅仅是一个人的命运，更是一个国家与民族的命运，它让知识改变命运深入人心，高考制度设计的公平也让这种考试公平推广到各行各业。凡进必考，公务员录用、人才招聘等，都让考试说话，有效地堵住了灰色通道。高考的开大门走大路，让全社会都从这种规则公平受益。

近年来，读书无用论抬头，连普通职位都要研究生学历，看起来是学历贬值，但恰恰是全社会的学历水平有了跨越式的进步，才造成文凭的含金量下降。想当年，我们父辈那会儿，初中毕业就可以招工，中专生就算是人才，大学生更是稀有物。而如今不少地方的高考录取率已过七八成，上大学不再是新闻，有的院校甚至招不满学生，这说明大学从精英教育过渡到大众化教育后，上大学已如上小学、初中一样，成为一个人受教育履历中的标配。40年来，有1亿多人考上大学，使整个社会的受教育水平水涨船高，让学历变得"不值钱"了，实则是一种时代进步，不足以让人悲叹。

教育部数据显示，从1978年到2015年底的37年间，走出国门的留学生累计达404.21万人，累计回国人数达到221.86万人，尤其是近几年，毕业后回国发展比例为70%~80%。诸如海归变"海带"，花几十万元留学回来拿几千元的月薪，同样也谈不上失落或隐痛，恰恰是教育发展后的必然，也是国家强大后的表现。仅在2009年时，留学生的回国率才只达到28%，盼着他们学成归来振兴中华，仍是社会的普遍心愿。而到今天，我们已不再纠结于留学生们的去留，不再焦虑于人才的流失，这本身就是时代的进步。从1978年只有248名留学生回归，到2015年多达40.91万人学成归来，能送得出去，又可吸引得回来，这是国家综合实力今非昔比的表现。

高考40年，成才已过亿，助力中国各项事业取得长足进步，中国感动、中国震撼，比比皆是，举世瞩目。中国制造已转向中国"智造"，高铁、网购、支付宝和共享单车，被外国留学青年评为中国"新四大发明"，足见少年智则中国智的一朝梦圆。当然，中国的新发明远不止上述四项，一个生机勃勃的中国，一个创新发展的中国，一个正在实现伟大复兴的中国，永远离不开人才的培养，离不开智力支持，高考正是每一个少年通向人生梦想的途径，也是国家繁荣富强的人才选拔保障。

高考改变的不是哪一个人的命运，参不参加高考，都会从这种人才选拔的机制中受益。感谢高考，祝福高考，愿每一个少年在实现自己的人生梦想中，为实现中国梦而携手努力、共同奋斗。

（2017年6月8日"吐槽青年"微信公众号）

提起高考，经历者或许多感情复杂，千军万马挤独木桥、"跳龙门"所带来的竞争与压力，以及由此而生的应试教育，深刻影响着一代代学子的青春记忆。各种培优、补习与刷题，不能输在起跑线上的焦虑，送考的虔诚与庄严，以河北衡水中学、安徽毛坦厂中学为代表的流水线式生产高考大军，考上状元后的重奖与光环，失利后的沮丧与迷茫，等等，让高考就如同人生的一幕悲喜剧，各种滋味尽在其中。可以说，经历过高考洗礼的，以后面对任何竞争与艰难，都有了一定的心理基础与适应能力。

时至今日，高考依然是无可替代的选拔制度，代表着机会公平与规则公平，给了无数个体以向上提升的希望，偶或有以交白卷来抵触这种制度的，最终还是被现实所触痛醒悟，认识到高考的伟大作用，重新走进考场。

2017年高考，适逢恢复高考40周年，媒体有众多的纪念文章，这也是必需的题中之义。本文系为微信公众号"吐槽青年"所写的同题作文，以"高考改变的不是哪一个人的命运"入题，指出高考制度为国选人育才的重要意义，肯定了高考制度的积极作用。高考对每一个经历者都有不可磨灭的记忆，改变了无数学子的命运，同样也深刻影响着国家的命运，培养出的人才对国家的繁荣富强与各项建设，提供了强大的智力支持，其作出的贡献不可磨灭。

本文站在40年的历史纵深处，致敬高考的背影，以时代情怀与大局观写出了高考的高度。

对博士当中学老师不妨乐观其成

11月18日,华中师范大学第一附属中学公布了教师招聘拟录人员的公示名单,第一轮9名拟录人员中,清华大学、北京大学的毕业生就有6人,不是博士研究生,就是硕士研究生。(据2019年11月19日"看楚天"App)

传统观念认为培养一个博士不容易,应该去从事科研工作,给社会作出更大的贡献,才是好钢用到了刀刃上。

其实,博士的高学历与普通岗位的"低就",只有人尽其才、适才所用的问题,没有大材小用的问题。人各有志,每个人的兴趣爱好不一,专业也不等于专长,只要是合适的人放到合适的岗位上,就没有浪费。如果一名博士经过权衡比较,觉得自己不是做科研的料,在普通岗位能得心应手,从中感受到快乐,收获成就感与获得感,也是实现了人生的价值。如果硬拗着做科研,又弄不出成果,自己也干得不开心,那才是社会的损失、人才的浪费。这并不是没有例子。

目前我国的硕士、博士研究生培养规模与经济发展规模的比例关系,已达到发达国家平均水平。2018年我国博士研究生招生9.55万人,迄今已累计招收博士127万人。这么一个庞大的人才群体,不可能都去搞科研,外溢到其他岗位是很正常的。数据表明,博士生的就业已呈现多元化,43.9%进入了高等教育单位,10.8%进入了科研院所,10.1%进入了事业单位。(据2019年9月24日中国教育网)可以看到,大多数博士还是"高就"了,并没有"屈才",不必因个别事例就放大学历贬值的焦虑,也不必有人才浪费的担忧。

数据同样表明,经济发展水平较高的区域,女性就业观念更为开放,不局限于稳定的就业方向。这也能解释,为什么到中小学当老师,或在大学当辅导员的,有许多女博士。这也是就业观念的进步,岗位合适就行,不必盲目高攀。如果就此认为博士都只能做这些"低就"工作了,读书没有出路,则大可不必。从应用型人才的培养来看,我国学术型博士占比超过90%,专业型博士仅占比7.1%,这说明从事实践的博士还不够。

有博士愿意到基层岗位,从事应用型工作,充实基层岗位的智力,带动应用水平的提升,也是个好事,我们不妨乐观其成。而基层留不住高级人才,不少基层单位在人才引进后又流失了,才是需要重视的课题。

(2019年11月20日《楚天都市报》)

重点中学招聘老师,名校博士扎堆报考,这是近年常见的现象,也总是引起议论,认为大材小用了。此篇评论用数据说话,指出博士就业已呈多元化,到中学任教的只是少数,总体上并没有屈就的情形,多数是人尽其才,以此回应了大材小用论。同时指出,就业多元的背后,是观念的多元与进步,这也是好事,博士愿意走出书斋,投入实践应用,值得鼓励,不妨理性看待。

评论还提出,引进人才,还要留得下人才。这样,意思又进了一层。这篇评论以发展的眼光看问题,以时代的大视野来看博士进中学,没有就事论事,而是跳出事件本身,或者说是将事件置于时代大势中审视,就将一个小事件说出了人才培养与使用的大道理,体现了时代高度,给人豁然开朗之感。

开直升机上科学课不是炫富

近日,有网友爆料,一名北京学生家长把直升机开到了学校。家长对此回应,这是应校方的邀请配合完成科技节活动,性质是完全公益的,并非个人行为。而且在活动前一天,就已完成了航线和准飞的申请。(据2019年5月13日北青网)

把直升机开到学校,这是不是炫富?得知真相后,网友的评价基本是正面的,认为这样上课有代入感,家长也很硬核。这位家长本身从事直升机观光、培训工作,此举为应学校邀请,帮孩子们了解航空知识,手续合法,也就无可置疑。正如网友所言,谁能开架直升机来炫,那就开吧。

其实,这只是一次家长进课堂活动,跟交警家长带孩子体验指挥交通的活动是一回事。网上也有不少类似情形的报道。2018年5月14日,中国科学技术大学附属中学小二(5)班迎来了中国科学技术大学计算机学院的孙广中教授,为小朋友们带来了一堂生动的"人工智能"课;2018年9月29日,淮阴师范学院第一附属小学一(9)班,一位同学的妈妈带来了很多器皿和试剂,给大家上了一堂有趣的科学实验课……

无论开直升机,还是带来实验器皿,还是手拿航模,参与教学的形式与意义都是一样的,家长以自己所掌握的知识、所拥有的资源,与孩子们共享,初衷与效果都是美好的,我们不妨用平常心看待。说实在的,这跟我小时候上劳动课,附近的同学负责把家里的农具带来是一样的。想当年,我们乡下孩子要看个飞机或是火车,要搭车跑到大城市才可以圆梦,还要合影留念,如今城里家长能把飞机开到校园,这是时代进步了啊!

随着社会发展,不少家长事业有成,能提供给孩子的早已不再是农具,有些学校的家长甚至不乏拥有博士学位的。这些各行各业的能人,在家长进课堂活动中,能以自己的专长与行业背景带给孩子们课本之外的特别体验,有些新鲜感与刺激感带来的效果可能会超过常人的想象。对此,我们可以惊奇,但不必过度解读。

社会差别客观存在,有的学生骑车上学,有的学生坐车上学,我们对此都不妨理性看待,条件好的令人羡慕,条件差的也不必气馁。这位北京家长一事告诉我们,不是说开展科技节活动,就非要开一架直升机来,而是给学校教学提供了一个思路:不妨合理利用资源,结合实际,多给孩子开展他们喜闻乐见、多种多样的教学活动。

(2019年5月14日《楚天都市报》)

开直升机上课是不是炫富?单纯从一架直升机的价格来说,这阵势不小,价格不菲,难免给人显摆的嫌疑。如何论证这不是炫富?评论采用了迂回的办法,绕开了直升机教学的纠结点,而是以交警带孩子体验交通、教授进校园讲"人工智能"课来作比,指出这都是家长在发挥自己的特长,做到人尽其用。那么,家中有直升机的家长也是就地取材,尽一名家长的责任,为孩子们上一课,又有何不可呢?

评论进而从时代发展的轨迹来散发引申,以前乡下的学生要专门进城看火车,如今城里的家长却能直接将飞机开进校园,这是社会发展的产物,中国人富起来了,不用跑那么远看稀奇了,连高铁都通到了家门口呢!站在时代高度来看直升机实物教学,说服力强,又富有时代情怀。

类似的还有,河南商丘夏邑县实验中学的一位家长孟女士,在学校门口修了一座过街天桥,再加上另一座修建在夏邑县第一初级中学门口的桥,这位妈妈在修桥上已花了 100 万元，以方便学生过街，避免交通事故。新修的这座桥被网友亲切地称为"孟母桥"。也有网友议论，将来桥要垮了谁负责，学生走在桥上出了事谁负责。这类议论让做好事者陷入尴尬。对此，评论当正确引导舆论，要看到建桥的善意与公益的初衷，不可吹毛求疵，更要看到，家长能建桥是经济实力雄厚，更是精神富裕的表现。因为大义之举体现的是时代精神，富起来了不忘回报社会，理当对此肯定。

家长晒成功资历与拼爹何干

近日,上海浦东某外国语小学一年级某班的几位家长,为了能竞选进入家委会,纷纷在朋友圈里晒出"神履历""神学历"的微信截图。网友热议,这是选家委会,还是选CEO?名校家委会成"拼爹拼妈会"?(据2017年11月5日《新闻晨报》)

一些网友对此冷嘲热讽,认为家长们是在炫自己的成就、名誉和地位,将好端端的家委会组织变成了名利场,弄得乌烟瘴气。校方已对外表态,将不看家长身份,维持公平竞争。我以为,对此不必过于敏感。

孩子的家长属于比较年轻的一代,掐指算来,当多属于"80后"到"90后"之间,这一代人生长于改革开放与经济大发展的时期,有条件接受良好的教育,海归、博士之类的高学历较为常见。高学历让他们有资本有机会进入高大上的行业工作,过着优越的生活,这也是顺理成章的事。他们的人生经历比较高光耀眼,这是学而优则达的必然,也是知识改变命运的写照,我们不妨看到励志意义,而不是眼红。

家委会是一个联络学校与家长的服务组织,是要有一定的奉献精神的,正因如此,一些家长的热情并不高。上海市教育科学研究院普通教育研究所曾发布一项调查报告显示,六成家长居然不知有家委会。在这种背景下,有家长愿意站出来竞选是一件好事。这一代年轻人对参与社会公益的热情比较高,志愿者队伍中最常见的就是年轻人的身影,他们表达愿望直接热切,不像上一代人那么含蓄。既然是竞争上岗,当然要自我介绍一些傲人的资本,以获得信任。正如一位从事人力资源工作的网友所说,这跟求职简历中突出个人优势的自我推介是一回事,不必简单地认为是炫耀资本。

多元化的社会是丰富多彩的,对一些热心的"显摆",我们不妨多些宽容,对以个人努力获得的正当成功,对他们的高大上生活,不必都以炫富来鄙视。家长有资源且乐意拿出来共享,其他家长与孩子不妨以积极的心态乐观其成。如果有家长能提供免费活动的场地,接纳数十名孩子"轰趴",可以带全班免费参观某博物馆、某动物园等,其他家长跟着沾光又何尝不可呢?不要动不动就想到对方是在"嘚瑟"。在社会成员存在差异化的当下,无论对家长还是其他人,要有坦然接受落差的雅量。或者,将其当作一种激励也行,让自己努力奋斗,也能有个好的前途,这比消极情绪更有意义。

(2017年11月7日《楚天都市报》,原题:《用积极眼光看家委会的晒资历》)

这篇评论的视角与上一篇评论有异曲同工之妙,都是将新闻事件置于时代高度来评说,就如调解一样,以大道理来说服人,从大处着眼,使纠结于小处的"无理取闹"没有了立足之处。

近年来,社会上常有拼爹的说法,看不惯一些家长为孩子所做的努力。在这个名校的家委会选举中,家长们晒出简历,网友又认为是拼爹,这其实是一种仇富心理。我则从中看到积极的一面,他们晒出的简历厚实,是因为他们的人生本就出彩,不管其晒不晒都是如此。新一代的家长受过良好教育,用知识改变了命运,有着不错的工作,这乃家国之幸事也,我们不必眼红或用有色眼镜来看待。

我没有跟着舆论起哄批评,而是呼吁对其正确看待,这种理性的声音是站在客观立场上说公道话,也是站在时代高度来看问题,体现出时代情怀。因为时代发展了,家长的实力与行为模式都发生了变化,即便想低调,实力也不允许,现实就是这么回事。总说人家拼爹,可人家的爹也是自己一路打拼出来的，是奋斗过来的，我们理当致敬他们的努力，接受他们的奋斗成果，而不是对其说三道四。与其看不起他人拼爹，抱怨自己无爹可拼，不如自己努力，让自己的孩子有个好爹可以依靠，有个榜样可以学习。

  这篇评论的独到，不仅是对所谓的"坏事"换个角度看待，逆向思考，发现不一样的美好，更重要的是，这个逆向思维是从时代高度出发的，也就有了高屋建瓴之功效。居高声自远，看问题就能客观公正。

□奋进的中国人会捅破更多的窗户纸

这次终于不再只是猜测，传言终于变成了现实。

北京时间 2012 年 10 月 11 日，莫言喜获诺贝尔文学奖，终于捅破了中国作家在这个奖项的窗户纸。

这也是全体中国人的骄傲与自豪。虽然这几天微博上一直在热议这种可能，但也没多少人当真，以为不过又是一次八卦，只是一厢情愿而已。因为近年来，每到诺贝尔奖颁奖季节，这种想象与传言就没少过，久而久之，倒成了一项娱乐话题。

当消息真的传来，当夙愿成真时，一切却又显得那么自然平静，并不让人感到意外与突兀，也并没有做梦一样的惊喜。

不仅是因为这几天的铺垫让大家有了心理准备，更是因为崛起的中国不断创造着伟业奇迹。GDP 跃居世界第二、载人航天、水下深潜、航母出海、先进战机……不断的梦想成真，一直在昭告这样的事实：当今的中国，一切奇迹都有可能。一个个的惊喜揭示着这样的魔幻与现实。你能想到的或想不到的种种传奇，在中国波澜壮阔的征途上，已如平常一首歌，并不出人意料，并不令人吃惊。

厚积薄发的中国不断书写壮丽画卷，自会捅破更多的窗户纸。就拿诺贝尔奖来说，一次次的只差一步，已预示这一天早晚会来，发现青蒿素的屠呦呦去年就是医学奖大热门。

评论家、文化学者张颐武认为，莫言获奖也是诺贝尔奖委员会的一个大战略，可以看出诺贝尔奖委员是从全球格局和视角下考虑看待这个事情的，可以视作诺贝尔奖委员会对中国崛起的肯定，是对中华文明、中国成就的肯定。

这并不是说诺贝尔奖存在势利的因素。诚如所言，中国崛起举世瞩目，中国的种种成就正获得越来越多的正视与积极评价。

这是比诺贝尔奖更令人自豪欣喜的现实，中国的崛起势不可当，奋进的中国人会取得越来越多的成功，众多的美好都将水到渠成，实至名归。

（2012年10月12日《楚天都市报》）

每年的诺贝尔奖，大家猜来猜去，都难以猜到中国人的头上。虽然有华裔科学家不断获奖，但中国自己培养出来的诺贝尔奖得主，还是一个空白。莫言的获奖填补了这一空白，这是创纪录的事。

本文站在时代大势的高度，从时代发展的脉络梳理审视莫言的获奖意义，指出这是水到渠成的结果，有一定的纵深度与思想性。中国崛起举世瞩目，中国成就获得越来越多的正视与积极评价，这是客观现实，所谓时势造英雄，是时代成就了莫言。

正因为如此，评论又从时代大势远视前方，指出厚积薄发的中国会捅破更多的窗户纸，莫言获诺贝尔奖只是一个开端，中国将来会有越来越多的登峰造极之作。后来，屠呦呦又获奖了，就是一例明证，印证了这一判断。

此文热情洋溢，紧扣时代大势，有理有据的分析鼓舞人心，振奋精神。

□砌墙冠军见证大国工匠崛起

10月19日晚,在阿联酋阿布扎比举办的第44届世界技能大赛上,来自中国建筑第五工程局长沙建筑工程学校的梁智滨凭借砌筑的"高颜值"墙,夺得砌筑项目第一名,为中国队捧回该项目的第一枚金牌。(据2017年10月24日华声在线)

看多了体育竞技项目的夺冠,也见过知识项目的登顶,比如某项科技成果达到世界领先水平、莫言获得诺贝尔奖之类,但砌墙也能砌出世界冠军,这块金牌还真新鲜。没错,该生产技能型的比赛在世界上已进行到第44届了,以前很少听说中国夺金。这次19岁的在校男生梁智滨砌墙砌成第一名,是一次历史性的突破,代表了一个国家的工业水平与工艺高度,也是判断制造业高下的一个刻度与标尺。一项技能的你追我赶,正是催生大国工匠的温床。

世界技能大赛被誉为"世界技能奥林匹克",其竞技水平代表了世界职业技能领域的最高水平。技能大赛是实用性的竞技,与生产力的提高和经济发展息息相关。拿砌筑项目来说,精湛的技艺在园林绿化和古建筑修复领域大有发挥空间,尤其在欧洲国家备受追捧。本届大赛,中国不仅拿下砌墙冠军,还一共夺得了15枚金牌。诸如杭州小伙儿在汽车喷漆项目上蝉联冠军,重庆选手在烘焙项目夺金……在金牌数与总成绩上,中国都是世界第一!

这是中国第三次参加世界技能大赛,在2013年的首次参赛上,还与金牌无缘;2015年的大赛上即以5金排名第5位,这次即一举领先。外媒惊呼,中国在该项赛事中再也无法被打败了，未来的标准将由中国人确定。外媒送上这顶"高帽"，是因为他们看到了中国工匠厚积薄发的过硬实力与巨大潜力。中国是制造业大国，也是"智造"大国，有着培养创新型技能人才的沃土，近年来大力弘扬工匠精神，营造劳动光荣的社会风尚和精益求精的敬业风气，一大批工匠正在迅速成长，势不可当。

技能革新提供精湛的产品与服务，让生活变得更美好。从国产马桶盖到圆珠笔尖，从建桥到盖房，再到日常的居家出行与生活用品，都离不开技能手提供的保障。从传统的技术比武到世界技能大赛，反映的都是人类对物质创造又好又快的追求。中国在世界技能大赛上跃居第一，彰显的正是国家强大的经济实力与发展活力，也是强大的国际竞争力和创新能力的一个投射，我们理当为之自豪并点赞。

三次参赛，金牌从无到有再到世界第一，砌墙冠军之类见证大国工匠的崛起，必将垒起中国技术发展的新高地，砌出美好生活的新颜值。

（2017年10月26日《楚天都市报》）

中国的游客到日本去喜欢购买马桶盖背回来；中国有3000多家制笔企业、年产圆珠笔400多亿支，却造不出圆珠笔笔头的"球珠"。这两个例子，曾一度令中国制造隐隐作痛。世界技能大赛进行到第44届了，中国三次参赛，金牌从无到有再到世界第一，这是可喜可贺的事，其意义与奥运会金牌的突破一样，振奋人心。

体育金牌能唤起全民健身的热潮，推动全民体质的提升，"世界技能奥林匹克"的金牌能唤起中国制造的自豪感，助推中国制造水平的提升，推动中国制造从大国向强国的迈进。本文敏锐地捕捉到这一点，为中国制造鼓与呼，也是为弘扬工匠精神，营造劳动光荣的社会风尚和精益求精的敬业风气，尽自己的微薄之力。

武汉造走红彰显大国工程骄傲

近日在网上持续热传的喜人消息,题目都是这调调:武汉造世界第一高桥通车,英美网友看呆了。2016年12月29日,横跨贵州与云南两省的北盘江大桥建成通车。这是世界上最高的大桥,由武汉建桥"国家队"中交二航局承建。(据2011年1月3日《每日经济新闻》)

武汉人会建桥,地球人都知道,全世界大跨桥梁有一半是"武汉造",赫赫有名的就有杭州湾跨海大桥、青岛海湾大桥、深圳湾大桥及正在建设的港珠澳大桥,举世惊叹。至于家门口的11座长江大桥,那已不值一提。新中国成立至今,武汉的建桥者们已修建了2000多座大桥,创下各种之最,拿奖拿到手软,什么最高最长之类,不过是一次次的自我超越,刷新自己保持的纪录而已。

在此说建桥,也是因为年前12月28日,沪昆高铁通车,同样流淌着"武汉造"的血脉。昆明南站由中铁第四勘察设计院(铁四院)设计建设,至此,"武汉造"的全国高铁、城际铁路站房已达518座,包括武汉站、广州南站、南京站、西安北站、杭州东站等全国枢纽性火车站。此外,铁四院设计建成的高铁里程占全国投入运营数的60%以上,出品的高铁、动车检修基地数占到全国总量四分之三。

有趣的是,无论建桥还是建高铁,都有着双子之星的争辉夺目。中铁大桥局与中交二航局,铁四院与中南建筑设计院,各有千秋,各逞一时之秀,如笛如箫，如橹如桨，共奏佳音，共同前行，造诣皆达世界顶峰。同城双星拱耀，也是罕见。

武汉还有个中建三局，是建楼的高手。中国9座已建在建的500米以上超高层建筑中，武汉企业主承建了5座、参建了3座。厉害了，"武汉造"。网上惊叹："可怕"的武汉人！

"武汉造"走红彰显大国工程的自豪，武汉制造骄傲的背后是大国崛起的舞台：中国经济的几十年飞速发展，各类工程建设的需要，为武汉制造提供了千载难逢的秀场，使其得以在实践中攻坚克难，不断磨砺，技艺日精。这些大国工程是时代的标记、国力强盛的符号，有此大国工程，方有湖北制造，才有武汉工匠。时势造英雄，此之谓也。

同样在年前，国家存储器基地项目在武汉光谷开工，这是中国存储芯片产业规模化发展"零"的突破，"中国存储器航母"正式起航。"追芯"10年，武汉终成国家重点支持的集成电路四大产业集聚区之一。武汉"智造"必将续写武汉制造的辉煌。

时代风云际会，方显强者本色。我们为武汉制造的亮眼成绩单自豪，更为国家的日新月异自豪！感谢伟大的时代催生了武汉制造，愿彼此共繁荣，共强盛！

（2017年1月5日《楚天都市报》）

一座世界最高的桥引来外国网友赞叹，这原本是一条花絮类的新闻，评论敏锐地捕捉到背后的时代主题，看到中国制造的骄傲！于是，从武汉人会建桥，引出武汉人会建高铁、建高楼，还在发展集成电路产业，指出武汉制造的厉害，正是中国制造崛起的缩影，也是经济发展的见证。

评论以满腔豪情，热情洋溢地歌颂了武汉制造，也是歌颂了中国制造与大国崛起。评论的时代视角与站位，让观点有了穿越时空的力量，有了激荡人心的功能。所谓时代情怀，就是心中总有时代这根弦，不忘时代造就奇迹的根本。以时代视角入眼，处处都是春风浩荡。

☐ "轻松哥"走红是挠动了时代的心窝

整洁的白大褂,得体的领带与衬衣,与患者保持一个臂弯之内的朋友距离,阳光帅气的年轻男医生张青松总是给人如沐春风之感,人称"轻松哥"。张青松系武汉市第四医院运动医学科主任,他的相关查房视频传上网后,获得258多万次的点赞,使他成了一名网红。他的"轻松"不仅来自阳光外表,更有内在医者仁心透出的亲和力。

所谓相由心生,有些门难进、脸难看的背后,是高高在上的傲慢与对工作的敷衍。心中没有他人,缺乏服务意识,当然看不到好脸色。而张青松的"轻松"示人,在于他尽职尽责的职业操守,在于以患者为中心、把患者当朋友的服务情怀与理念。他和患者聊天时,和颜悦色,全然没有看病的紧张氛围;他创办"5PM俱乐部",每周三下午5时下班后,义务帮助手术出院患者;他自制牵引袖套,一年为患者节约10多万元;他坚持给每位患者体诊,选择伤害最小、性价比最高的治疗方式;他坚持在各类医生平台为患者答疑,已积累上百万粉丝……凡此种种,皆源自他医者仁心的知行合一与自觉担当。

"轻松哥"的出现不是偶然的,是新时代医生群体的一个必然缩影。这代医生出过国留过洋,见过世面,医术精湛,身上有先进的医学理念,有时尚现代的工作方式,同时又流淌有杏林仁医的传统血液。他们集传统和现代于一体,才有清新扑面的与众不同,打破了固化刻板的医生形象,让人眼前一亮。

"轻松哥"所在的运动医学科室也是新时代的一个投射。爱做家务的太祖母得了网球肘,打乒乓球甩脱了膀子……这些都是时代的元素啊。如今生活变好,运动与休闲成为必不可少的一部分,相应的损伤与诊断也应运而生,这是一种幸福的烦恼。运动医学作为一门与百姓日益接近的学科,本身是社会进步的标志。新科室,新医生,新风尚,是必然的社会新风貌。

"轻松哥"的所作所为显得潮与萌,将看病的累与沉重变得轻松愉快,本身是社会发展的必然,其走红正是因为挠动了时代的心窝。"轻松哥"说,医生就应该是让人感觉轻松、温暖的。医生不能只看到"病",更应看到"人"。这种以人为本,本身有着新时代的丰富内涵。轻松的生活方式,轻松的医患关系,"轻松哥"身上焕发着新时代医生的风采。社会在这种轻松愉悦中,自是更加美好。

(2018年10月19日《楚天都市报》)

"轻松哥"是一名网红医生,有着阳光帅气的外表,也有着如沐春风的亲和力,这种清新扑面,打破了固化刻板的医生形象。这位医生所在科室也有新鲜感,运动医学科是一个新的科室。由于城市进入慢生活时代,运动与休闲成为生活的一部分,相应的运动损伤与诊断也就有了不少需求,于是呼唤了新的医学分类。这样的一个科室,这样的一个医生,显然是时代发展的结果。

本文在写作时,没有聚焦于"轻松哥"这个人,而是放眼他所处的时代,从时代变化中审视"轻松哥"的角色,这就是胸怀时代,为时代而歌。赋予"轻松哥"以时代内涵的是时代本身,本文不过是揭示了"轻松哥"与时代的关系,如此以小见大,就有了思想性与启迪性。

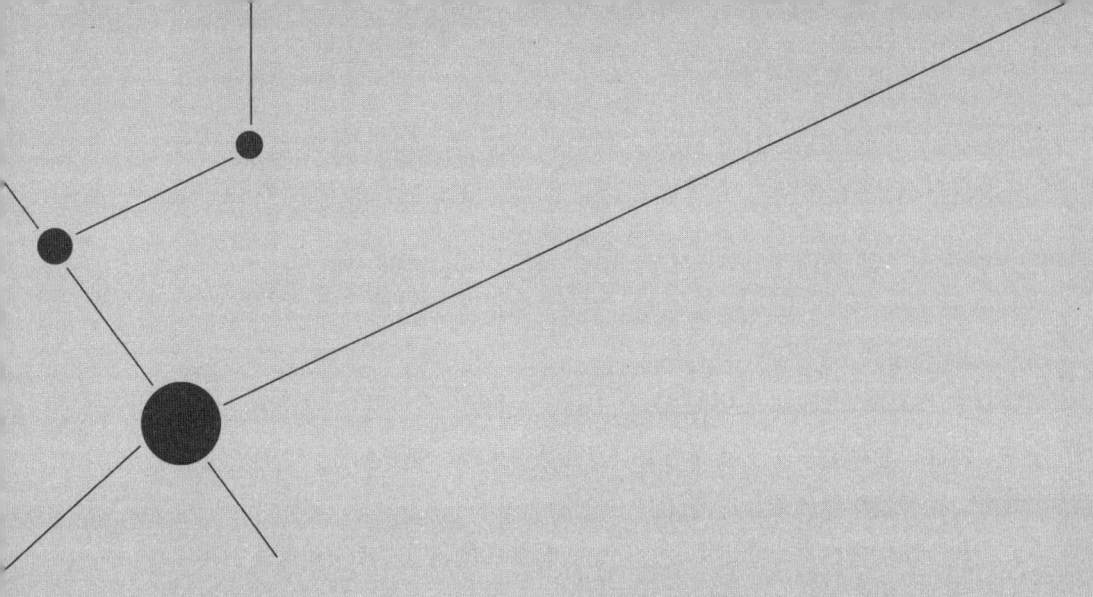

第二辑

公共责任

——唤醒权力的责任意识

评论有守护社会公平的天然使命,这种情怀能使评论在下笔时胸怀大局,为公义公理发声,而不是针对哪件事哪个人。批评不是目的,只为呼唤权力自省,履行对社会的公共责任。

新闻人要做公平正义的守望者，对评论员来说，更是如此，为社会公平鼓与呼，是评论天然的使命与情怀。

村上春树曾在一次演讲中说过一句颇有情怀的话："我来到这里，我选择亲身面对而非置身事外；我选择开口说话，而非沉默不语……在一堵坚硬的高墙和一只撞向它的蛋之间，我会永远站在蛋这一边。"

新闻从业者可以得到普通人可能很难拥有的话语权，而新闻评论很多时候正是为弱者发声而存在的。一个合格的评论者必须有基本的人文关怀，有站在鸡蛋那边的勇敢坚毅，笔下有情，关爱社会。

因此，评论要勇于批评。这个批评，是为了唤醒权力的自省、自律与自觉意识，即对权力的任性所导致的种种错愕之事，评论须以维护公共利益的使命，呼唤权力懂得节制，履行对社会的公共责任。

权力的本质就是责任，公权力和公共责任是相互且成正比的，权力越大，责任越大。公共责任又可以划分为法律责任、政治责任、行政责任、职业责任和道德责任。权力的公共性决定了政府公共服务的核心是公共责任，公共责任意味着能够积极地对社会公众的需求作出回应，并采取积极的措施，公正、有效率地实现公众的需求和利益。

权力要履行好公共责任，除了防止滥用权力与乱作为，也要防止消极渎职与不作为。对此，评论都要加以提醒劝诫。权力的拥有者当守土有责，保持克制与谨慎、节制与清醒，既不能肆意越位，也不能尸位素餐，唯有规范运行，在合适的时候出现在合适的场合，积极到位、补位，不缺位。情为民所系，利为民所谋，权为民所用，才是对得起手中的权力。对权力没有尽到责任的批评，是评论以站在鸡蛋那边的道义感，守护社会的公平正义。

心系社会美好的情怀，能使评论在下笔时胸怀大局，为公义公理发声，并找到问题的症结，而不是为了批评而批评。

具体来说，对评论中的责任意识，本人在写作中坚持以下几个原则。

一、对事不对人

批评从来就不是目的,只是达成美好愿望的手段。评论即便是批评,即便涉及具体的人,其目标也是为了激浊扬清,指出某个人所表现出的行为应该得到纠正,并不是为了跟哪个人过不去。因此,评论在形成表达时,着力点在剖析现象,以分析问题,指出问题的所在,提出解决之道。

本辑中《赶工期的献礼是压垮工程质量的稻草》《福州短命小学,又一个浪费规划的"样板"》,就体现了这样的评论初衷,重在分析现象,找到问题的症结:为什么会有工程事故?赶工期现象造成的粗放式施工,忽视了对质量的要求;为什么会有短命建筑?背后是规划的短期行为,没有长远的通盘考虑所致。

评论缘事而发,围绕事实本身进行原因探讨,不是为了针对哪个责任人。因为只有从根本原因上着手,从问题源头与症结上破解,才能避免类似的现象。所谓"治病救人",对社会问题而言,就是治乱象的病根,以避免其他责任人在工作中犯类似的错误。

二、站在公共立场

文以载道,评论是为公共利益发声,不是为了哪一方的私利。因此,评论在表达主张时,当力求客观,心存公道,不失偏颇,经全面思考与深思熟虑后,表达一个正确的观点。

诸如山东青岛暴走团占路事件、北京的葛宇路事件,评论都是从公共利益出发,没有简单地批评哪一方。暴走团占机动车道行走,以及一些广场舞团体占据篮球场、地下车库跳舞等行为,侵犯了其他群体的利益,这一点不能给予鼓励或提倡,该批评的要批评。

但同时也要客观地看到,这种"人地"矛盾,还是由于相关活动场所不够造成的,如果一座城市的绿道系统发达,休闲健身场所足够,就不会出现这种"鸠占鹊巢"的情形。这实际是政府部门要履行好公共责任的问题,需要相关部门来维护好、实现好事关群众的公共利益。

同样,北京一名叫"葛宇路"的美院学生,把一条没有标牌的小街巷竖上了以自己名字命名的路标,还"弄假成真",被导航软件采用,成了一处地名指引。这个行为艺术或者玩笑开大了,成了新闻事件。葛宇路的行为固然不对,背后却是政府职能部门的作为不够,让他有了可乘之机,能够"越俎代庖"。评论站在公共利益上，客观评价了这事，体现了公共立场的责任意识。

三、提出建设性意见

评论不是为了批评而批评，不是为了让事情变得更糟，不是破坏性的，而是出于建设性的初衷，让事情变得更好。因此，评论要指出方向，提出解决之道。

本辑中的《捐赠别墅分配难，可别指责乡贤》《背人过河的义举也需社会接棒》等评论都是这个思路，都为文中所涉及的问题提出解决之道，并没有单纯地批评谁。

企业家陈生斥资两亿多元回报乡亲，筹建129栋共258套别墅无偿捐赠，却遭遇分配难题，因村民种种的想法出现了矛盾，不能将别墅如期交付，以致这位乡贤连续两年不愿回乡过年。此事社会反响强烈，多数是指责村民们不懂感恩，得寸进尺。我在写这篇评论时，从另外一个角度提出了问题，也是给出一个思路，即当地政府部门不妨出面做好服务工作，别让企业家寒心。当乡亲们内部难以化解纷争时，外部力量的介入，可以做到旁观者清，以客观公正地引导并解决问题。

一个地方总是由某一个人或某一家人承担摆渡、修路的义务，这一直是被看作精神崇高的表现，被当好人好事的典型来报道。我却从中看到另一个问题：老是一个人在做好事，这力量有限，付出也太沉重，而其他人总是袖手旁观、理所当然地享受这一切，这很不正常，众人拾柴火焰高，由大家一起来出力才能将公益事业真正做好。因此，对这类现象，本人一再提出共同参与公益的观点，这为解决问题提供了一个方向。这也是评论的建设性与责任情怀。

□ 总结会开成反思会更要看行动

"一场大雨,我们问心有愧,应该反思,必须检讨。"台风"温比亚"刚过,安徽亳州市政府于20日晚召开排涝抢险工作总结分析会。会议伊始,市长杜延安就主动作出检讨。(据2018年8月22日《亳州晚报》)

亳州此次累计降雨量超过150毫米,系有气象记录以来的第二高位,道路积水严重,严重影响群众出行安全和财产安全。

暴雨过后,亳州市政府开会应对,会议的原主题为"总结分析会",市长杜延安要求修改为"检讨反思会"。"不说别的,就反思工作中存在哪些问题?怎么整改?"如此开会,虽然让相关部门感到紧张,却开得管用实在,避免了自我表功与开脱。

常有暴雨造成城市看海或乡村灾情的,却少有这样的检讨反思,我们见多了的套路是,将灾情归于天气因素,什么大雨多少年一遇之类,超过了防洪排涝能力,轻描淡写间,就甩锅了。至于是否防范不力,是否没能未雨绸缪,是否桥都坚固路都坚强,下水道是否对得起良心,河道疏浚了没有,防汛工程是否成面子工程等,通常都是避而不谈,只要说是天灾,就大事化小,小事化了。也有不谈问题专讲成绩的,不讲工作不足,只强调投入多少,将坏事说成好事,敷衍塞责,结果问题不断重复。

所谓天有不测风云,无论城市还是乡村,在防汛上都要考虑极端天气的情形,做到有备无患,不可懈怠轻慢。"百年一遇"的标准,气象学上的

"多少年一遇",系指出现概率,并非真的要间隔那么久才能遇到。所以杜延安发问,"我们能不能保证再次出现这样极端天气时,不再四处积水?"因为这种情形没准很快又能见到。

2007年7月18日的济南大暴雨,造成惨痛记忆,济南市政公用事业局有关负责人认为,"再完善的下水道也无法承受如此强度的降雨"。但一位市政城建人员透露,排水系统确有滞后,一些主干道的管线口径基本为300毫米,即使应付普通暴雨也应在500毫米以上。天灾从来就不是孤立的,我们也是可以防灾减灾的。

凡事预则立,不预则废,每一次灾害过后,都应是必然的反思,总结会开成检讨会就对了。当然,还要看行动,须将反思转化为整改实效才好。唯有查漏补缺、亡羊补牢,才能避免重蹈覆辙,这也是对雨情的最好应对。

(2018年8月24日《楚天都市报》)

暴雨过后,亳州市政府开会应对,将"总结分析会"改为"检讨反思会",这种态度值得肯定。评论的功能不仅是批评,赞扬也是分析问题的一种形式。本文借亳州市政府的暴雨反思会,指出城市的下水道应有良心,对暴雨应该是未雨绸缪,发生灾害不能归于老天了事。这也是为了唤醒相关政府部门的公共责任意识,透着媒体人的社会责任感。

☐ 赶工期的献礼是压垮工程质量的稻草

1月3日下午，昆明在建新机场立交桥在浇灌过程中垮塌，已造成7人死亡，8人重伤，26人轻伤。（据2010年1月3日新华社电）

据报道，昆明新机场定位为中国面向东南亚、南亚的国家门户枢纽机场，规划总投资230亿元，是国家"十一五"重点建设项目，计划于2010年转场使用。

"桥下支撑体系突然失稳，8米高的桥面随即垮塌下来。"重点项目发生事故，具体情况和原因仍在调查了解中，目前所知的只有当时的现场描写。

媒体在此前报道时，对昆明新机场的建设成就津津乐道。"航站楼可抗8级地震。""承受20厘米的位移变形而不至于倒塌。""主体钢结构工程已全面吊装完成，比计划提前了50天。""2009年12月，昆明新机场全场区的工程建设质量和安全管理在受控状况。"（据2010年1月3日新华网）

这次不知为何失控了。水泥浇灌时发生意外，2008年深圳市地铁3号线荷坳段工地也有过，据称与加固立柱模板的螺杆承受力有关，"螺杆力量太小，浇筑到8米后承重受不了"。深圳市建设局有关人士认为，深层次的原因在于为大运会赶进度，"工程进度实在太快了，接近于当初4倍的工程量"。情急之中，没有采取足够的安全措施。

这次，同样是在8米的高度垮了下来，悲剧如此异曲同工，令人深思。联想到赶工期是建筑工程的通病，这座今年就要交付的新机场，有没有存在赶工期的状况呢？从"比计划提前50天"来看，这样的喜讯恰恰让人担忧。

因赶工期而出事的例子屡见不鲜。2007年11月，山西侯马市西客站两层候车大厅刚举行封顶仪式后就坍塌，造成3人死亡。据相关人士透露，工程质量没有问题，主要是为了赶工期，刚浇注的主体支柱在没有晾干的情况下就使用了。2008年11月18日，杭州萧山地铁坍塌事故造成21人死亡，原因就是三年的工期缩短为不到两年。施工方为了赶工期，很多细节没做到位。"单位分段拉得太长，钢管支撑力不足。"

赶工期是建筑安全的大忌，被称为"带血的速度"，既有长官意志，为搞"献礼"工程、搞政绩的冲动所致，也有施工方不按科学规律出牌，想早日完事所酿成。早在2004年，建设部办公厅就下发了《关于加强大型公共建筑质量安全管理的通知》，要求合理确定设计周期和施工工期，任何单位和个人不得强行抢进度。甚至指出对盲目赶工期的地区和项目要通报批评，并不予拨付超出进度计划外的工程款。但严加落实的并不多，只要好大喜功存在，究责的板子总是高高举起、轻轻放下。如此，赶工期就如幽灵一样，是缠绕安全生产的噩梦，驱之不散。

昆明新机场的桥垮了，表面上看是"桥下支撑体系突然失稳"导致，这背后有没有赶工期造成的施工人员心理压力大、施工节奏失衡、施工流程失衡的原因？不妨严加追查问责，看看到底是什么原因导致支撑体系失稳。弄清问题，比"提前50天"更有意义。

（2010年1月5日红网）

赶工期被称为"带血的速度"，往往是长官意志的产物。有些长官为在任期内完成政绩秀，不顾科学规律与建设周期，拍脑袋定下竣工日期，没有条件创造条件也要上，以提前完工为荣。这种倒逼出来的施工效率，看起来创造了奇迹，其实很可怕，也很脆弱。这意味着施工质量与生产安全得不到保障，一旦出事，影响的还是工期。

本文以昆明在建新机场立交桥的浇灌垮塌事故为切入点，追问事故原因，发现诸多工程事故的背后均存在赶工期的影子，由此对赶工期的危害进行剖析，呼吁正视这种赶工期的政绩冲动，因为人命关天，科学施工比什么都重要。

福州短命小学，又一个规划浪费"样板"

福州市台江区内，投资1500多万元，经政府规划批准重修的祥坂小学刚刚全部完工，就面临拆迁，因为要在那里建商务中心。据说1500万元足以在山区建十几甚至几十个希望小学，而这所有着现代化建设的小学却被网友称为"史上最短命小学"。（据2010年1月26日中国广播网）

耗资1500多万元重修的福州祥坂小学，使用不过一年多，全部工程刚刚结束就要拆掉，让人傻眼了。

这回可不是豆腐渣工程惹的祸，新校园有中央空调、有塑胶跑道，"不管硬件软件都是顶级的"。

祥坂小学好不容易旧貌换新颜，变为漂亮的白天鹅。但不知是地方生产总值，还是开发商利益惹的祸，反正因为经济上的冲动，美丽的闽江北岸不再是白天鹅栖息的港湾，商务"航母"溅起的小小水花，足以泼醒孩子们安定求学的梦。

诸多城市都有过将政府机关迁出商业中心，服务于经济建设的先例，也有办公楼让位给学校、医院的，而将学校拆作商业用途的倒比较少见，因为百年大计，教育为本，中小学的布局本应以离居民区较近、方便学生上学为好，岂能舍近求远，让教育给金钱让路。

别说什么浪费不浪费。镇江"巨蛋"都成了一堆废铁，重庆"三峡明珠塔"早就轰然倒地，建了拆又不是头一遭。

别说什么朝令夕改。有些官员一觉醒来一个梦，拍了脑袋再拍屁股，在有些地方也是常事。

别说什么百年大计，教育为本。有着100多年历史的祥坂小学，也须舍小家为大家。

别说什么孩子需要稳定的环境。破破烂烂那么多年，条件好起来了却说拆就拆，皆因金窝银窝都是权力的窝，让你挪窝就挪窝。

在一些地方，发展规划没有听证环节，也不会让公众参与。有的即便有听证也只是走走形式而已。

"短命"的祥坂小学不过是又一次树起规划浪费的样板，除此，还有多大的意义呢？

只要规划打出发展的大旗，就堂而皇之师出有名，如果乱规划继续无责，祥坂小学不会是最后的"短命"工程，只不过是众多建筑漫漫"短命"长路上的一座碑记而已。

（2010年1月27日《海峡导报》）

这又是一起工程的倒掉，不过，不是因为建筑的质量问题，不是因为豆腐渣工程而倒掉，而是因为短命的规划，领导的决策成了经不起时间检验的豆腐渣。由于朝令夕改，一所耗资1500多万元重修的福州祥坂小学，在使用不过一年多后，全部工程刚刚结束就要被拆掉。

祥坂小学成了短命规划的样板工程，如此"黑色幽默"，造成的浪费让人只有痛心疾首，一点也笑不起来，就如一块板子，打在所有拍脑袋思维者的脸上。谁有权任性，谁如此随意，谁视公共财产如粪土，谁的脸当为此发热发痛，当从中警醒。

□高铁卧榻之下岂容隐患酣睡

11月29日,济南市美里湖街道范庄村一处工厂起火爆炸,导致相距约百米的京沪高铁供电设备故障,多趟京沪高铁列车晚点运行,部分列车停运。(据2016年11月30日《新京报》)

虽然对此次事故仅是造成交通中断,没有导致更严重的后果,仍不免令人心惊。根据《2016年铁路运输安全保护条例》规定,铁路线路两侧应当设立安全保护区,从铁路线向外的距离通常不少于8米到15米。专家称,爆炸工厂距离高铁线路约百米,不在铁路线保护区范围内,符合建厂规定。但这并非表明,高铁卧榻之下,就能容忍安全隐患酣睡。城门失火,殃及池鱼,铁路沿线的生产活动与高铁运行息息相关,岂可漠然视之。

铁路运输存在诸多影响安全的"车外"因素,仅就京沪高铁安全的运行环境,原铁道部副部长胡亚东曾指出九大隐患,其中就有:高铁线路两侧200米范围内,还存在易燃易爆等危险品生产、经营场所;高铁线路两侧1000米范围内,还存在采矿、采石及爆破作业场所;部分地段存在挖砂取土、打井取水现象,损坏线路基础……每一项环境因素,都有可能危及高铁运行。2011年7月25日,京沪高铁就因一处供电设施上方的铁皮被风刮落,砸断动车供电线,造成20余趟列车晚点。

虽然对受外部因素造成的事故,铁道部门可以问心无愧,但事故的后果还得共同承担。这次济南的工厂爆炸导致高铁停摆,正应对了胡亚东曾忧心的问题，高铁线路200米范围内还存在着危险作业场所。因为事发工厂是生产甲醛材料的企业，爆炸导致铁路桥上接触网损伤。在京沪高铁开通运营之前，有关方面曾专门排查和整治沿线安全隐患，严打各种危及高铁的生产经营建设行为。从这次事故来看，对高铁的沿线管理仍任重道远。

高铁除自身的安全风险外，还涉及车站、气象地质灾害、沿线治安和铁路公路互跨等一系列风险。这次工厂爆炸逼停高铁，为高铁的安全运行再敲警钟，值得各方引以为戒，须切实加强综合排险，以避免此类的"飞来横祸"。

（2016年12月2日《楚天都市报》）

这篇评论写于2016年，提出的问题至今仍有现实意义。2021年5月1日，京广高铁河北定州市境内因大风天气吹扬地膜，导致接触网故障，造成部分列车晚点。北京西站5月1日及5月2日始发的10余次列车停运，不少旅客因此滞留，并被迫取消行程。有的人抢了十几天才抢到的火车票成了废票，有的人早就规划好的五一假期变成了"北京西站半日游"。乘客吐槽北京西站应急能力欠缺，没有做好这一突发事件的应对工作，北京西站为此致歉。

这起事件，因大风吹地膜，导致接触网故障，造成部分列车晚点，正是本文提到的那些隐患因素。铁路沿线的安全保障，宁愿百密也不能有一疏，否则，这一系列的后果与连锁反应是我们不可承受之重。供电设施上方的铁皮被风刮落、下方的地膜被风吹起，都会影响列车安全运行。北京西站因没有做好通知、解释与服务工作，造成乘客不满。源头却在意外导致的列车晚点与停运。可见，铁路沿线的安全隐患排查，要将功夫在平时做足，不能等大风大雨等自然灾害来检验。

告别苦旅的春运才可以奢谈文化

一年一度的春运于昨日展开,首趟实名制临客列车也在同日启程,铁道部部长的道歉与东莞东站站长、书记双双被免成为春运开幕式的两大看点。

部长的歉意是针对实名制衍生的不便有感而发,东莞东站临阵换帅则因列车员帮旅客爬车窗引起,一新一老两个问题同时纠结,预示着进入高铁时代的春运仍将是任重道远,难把新桃换旧符。

有人从春运中看到文化,为年味的顽强、为民俗的向心力而欣然,有人则从路途的艰辛看到民众的痛楚,哀民返乡之不易。平心而论,"春运"二字,"运"的紧张成分多,"春"的欢欣意味少,一票难求、涨价、黄牛党、拥挤等诸多要素让春运形如畏途,叫"冬运"倒是名副其实。春运作为一种现象,值得探讨研究,说是文化,得首先告别了苦旅才可以奢谈。

不过,痛也好,恨也好,大家心愿都一样,希望春运的枝头诗意闹,多一点温暖轻松,少一点混乱悲情。铁路部门挨板砖多,无非运力大,被寄托的希望大,一举一动有关观瞻而已。

"实名制之所以试点,就是因为有相当一部分旅客同意,也有相当一部分旅客不同意。"(据2010年1月30日《广州日报》)众口难调下,试一试也算是对民意的尊重。至于列车员帮旅客爬车窗,不过陈年痼疾,有的说是爱心之手在助力,体现人性关怀,有的认为违规,制造危险。于两种不同的看法中,作出处理也算是顺应部分民意,往好的方面靠拢。电话订票,实名制购票,高铁开通……面对现实与民意的呼吁,种种回应与改变终究都在与时俱进中推进兑现,无论是快是慢,力度是大是小,该来的一定会来。

从近年来一些地方对中小学的撤并可以看出,随着人口峰值的下降、资源供给的增加,总有一天,春运会由运力不足趋向平衡甚至富余。随着路网的不断发展完善,运输方式的相互促进,春运的春天还会远吗?

春运的诗意当从点滴的亲民试验开始,有尝试就有希望。对公众的一些期待也就不妨多试试,比如打破逢春运必涨票价的惯例,甚至可以跟商家一样来个逢节打折薄利多销的营销方式;再比如对车票的信息及发售环节实施公开透明化,以杜绝一切暗箱操作与内部票的可能。

把乘客所想的事,能试的就试,纵然效果不彰,也会得到理解,春运的诗意也会盎然起来。最怕民意汹汹,我自"岿然不动",铁打的春运流水的乘客,任汝东南西北,来来往往关我何事。

所以,既然能尝试实名制,好歹有点从善如流的意思。只要尊重民意,将民意纳入决策,春运的诗意就会盎然起来。

(2010年2月2日中国网)

2010年春运伊始,因试行实名制购票,引发不便与争议,铁道部部长为此道歉。回头再看此事,不由得感慨春运的每一次进步,铁路运输的每一次前行,铁老大服务的每一次接地气,都是多么的不易。如今实名制已深入人心,高铁已告别纸质票,刷身份证就能进站,电话订票已变为网上抢票……曾经紧张的春运有了一些从容,正应了本文中提到的期望:面对现实与民意的呼吁,种种回应与改变终究都在与时俱进中推进兑现,无论是快是慢,力度是大是小,该来的一定会来。

该来的便利都来了,也说明本文当时的呼吁——告别苦旅的春运才有诗意,才有资格来谈春运文化,是多么的用心良苦。春运的春天不会远,这种预见与美好期待,也是有情怀的。

▢ 捐赠别墅分配难，可别指责乡贤

广东湛江遂溪县官湖村，企业家陈生斥资 2 亿多元回报乡亲，筹建 129 栋共 258 套别墅无偿捐赠，却遭遇分配难题，因村民种种的想法出现了矛盾，不能如期将别墅交付，以致这位乡贤连续两年不愿回乡过年。（据 2018 年 3 月 27 日《南方都市报》）

拿 258 套别墅的捐建来说，事先是有规则的，即针对村里的常住村民，有 190 多户拿户口本进行了登记。建设中还预留了一定的变动，最终规划了 258 套别墅。别墅建好要分配时，有户口迁出的回来要房子的，有以孩子结婚成家了为由多要房子的……明显是有了唐僧肉都想来吃几口，有好处不要白不要的思想。

陈生系天地壹号创始人，致富后在官湖村开设生态养猪场，为村民提供就业机会；又出钱将村里的山地统一种植好荔枝树，分配到户；2011 年动念为村民修建别墅。这是一位心系乡梓的热心企业家，有着中国人传统的发达后不忘乡亲的游子情怀，是一种可贵的品德，也有着新乡贤先富带后富的时代风范。

对他好心难办好事的尴尬，外界不应该风言风语。有人说这种给钱给物的扶贫方式太老土了，扶贫不如扶志。也有的认为，扶贫不能光凭一腔热情，要事先考虑周全，以免遇到矛盾不好解决。村民有利益诉求，这很正常，假如因为众口难调，就归罪于做好事的不该剃头挑子一头热，这也有失公允。

有人说，不患寡而患不公，但这不是予取予求的借口。任何慈善行为都是有特定捐赠对象的，不是谁都能从中受益，如果所有的利益诉求都要得到满足，再多的善心也填补不了缺口。对慈善最好的尊重，就是"客随主便"，丰俭由人，不可索捐，一切随缘。能得到他人的爱心是幸运，就该心怀感恩，没能得到，也不必眼红他人。

做好事要从实际出发，这倒没错，而事先要集思广益，听取意见，也是应该。企业家捐赠别墅这事，并非仅是拍脑袋就可以决定的，村民在得到利益的同时，不妨识大体、顾大局，即便这一期的房子没赶上，留得好心人，还怕以后没好事？更重要的是，当地政府部门应该介入，落实乡贤捐赠的真实意愿，将好事办好。

(2018年3月29日《楚天都市报》)

知名企业家陈生斥资2亿多元回报乡亲，筹建129栋共258套别墅无偿捐赠，却遭遇分配难题。此事在网上引起讨论，多数舆论认为好事难做，怪村民贪得无厌。

本文则从另外一个角度提出，基层政府部门不妨出面，做好对接工作，以免乡贤的善意落空，这也是为好人撑腰。说实在的，企业家回报乡亲的赤子之心难能可贵，富贵不忘故里也是中国人知恩图报的优秀传统。虽然现实世情总是呈现出复杂的一面，众口难调，但也不是不能调，只要理顺好乡亲们的诉求，好事虽多磨也终能磨圆满。

面对网络舆论的一片嘘声，本文对乡亲们温情喊话，动之以情，晓之以理，好言相劝，没有批评任何人，对乡情的诉求与乡贤的善举都表示了设身处地的理解。这是一种负责任的态度，可为公益事业创造一个好的氛围，促进社会和谐。

□背人过河的义举也需社会接棒

重庆涪陵区白涛街道崇山村，陆忠余一家祖孙三代接力背路人过河，用自己厚实的脊背筑起了一座跨越半个多世纪的爱心桥。（据2018年5月25日《重庆日报》）

一条麻溪河，将白涛街道和焦石镇分隔开来。"要过河，找陆家"是当地妇孺皆知的话。陆忠余只知道从爷爷那一辈起这就成了一种常态，助人为乐的家风传承了一代又一代。半个多世纪以来，陆家祖孙三代那厚实的脊背，成了大家过河的"桥"。

这种代代相承的善举，确实很感人。类似的有，恩施土家族苗族自治州建始县三里乡大沙河渡口，艄公万其真家族三代人接力义渡，方便过无数村民和行旅；黄冈市黄梅县柳林乡望江村村民吴国民，从15岁开始为来往大别山的路人送茶，至今55年不断，而吴家这一传统，已沿袭151年之久。

这样的家风在民间随处可见，修桥补路、送茶供饭是最普遍、最自觉的慈善与公益行动。这种淳朴的家风没有任何功利色彩，不为图名，也不怕闲话，只为做点力所能及的好事。"积善之家有余庆"，以助人为乐，以行善为念，是众多中国人的传统家训与行动指南。

祖孙三代接力背路人过河，以举手之劳书写着民间纯朴醇厚的小善大爱。在感动之余，社会更应珍惜这样的好人。陆家以身为桥助大家，社会也当考虑减轻陆家的负担，诸如早就该修便民桥以代替背人过河。麻溪河水流并不急,河宽不过二三十米,修桥并不太难。陆家背人过河,一背就是三代,这可敬的背后,也有社会力量缺位的因素。如果及时修通便民桥,陆家也不用再这么辛苦。欣慰的是,据报道,当地有座桥终于要建成了,陆家以后可以不用再背人过河了。

陆忠余说,即便不背人过河了,同样还会做其他好事。这真是一个古道热肠的好人。生活中总是不乏这样的好人,而大家往往习惯了一个好人的存在与付出。其实,越是让人感动的人,越不能让他付出太多。对他们,我们在致敬与尊重的同时,也不妨思考社会的责任,来为好人减负。

正如陆家那条河上的桥,来得也许晚了一些,却是必须建成的。那些感动人心的佳话固然很温暖,也不可或缺,但众人拾柴的热量会更大,所以更需要见贤思齐,聚合社会的力量来砥砺前行。

(2018年5月29日《楚天都市报》)

陆家祖孙三代接力背路人过河,其义举很可敬。但我并没有顺着这样的思路去一味地正面肯定,而是反过来思考,为什么会有这种现象存在,为什么一背这么多年?这起好人好事的背后,总感觉有"不正常"的因素,那就是大家习惯了接受这份好心,而没有想过替代方案,比如修便桥之类。如此逆向思考,并非否定背人义举的价值,也没有批评他人麻木不仁的意思,而是真心觉得,一些善举的背后,社会力量是缺位的,当为此感到惭愧。

如此表达观点,也许显得另类,却不是为了造噱头。大家若是静下心来一想,会认同我所说的,其中是有合理成分的。一个人长期做好事是高尚的,没有错,但如果长期只能由某一个人来做好事,其他人没有动员起来,则是可惜的。集众人之力,才能走得更远。

本文角度同上一篇评论类似,有人愿意做好事,这是他风格高尚,可敬可佩,但不等于这就是理所当然的,他就该承担义务。社会也当履行自己的公共责任,当为好人减负,这也是出于对好人的保护与爱惜之情。

让城市有路好走大有学问

5月14日,国际公益环保组织自然资源保护协会与清华大学建筑学院发布了最新报告《中国城市步行友好性评价》,北京市中关村的步行环境指数最高。(据2019年5月15日澎湃新闻)

这是自2014年以来,该组织发布的第四期报告,旨在从安全性、舒适性、便捷性考量,推出城市步行评价体系。报告给城市规划与管理者提了个醒:城市里的道路是否好走,事关市民的宜居与幸福指数,值得城市规划与管理者高度重视。

一个不争的事实是,自从汽车多了起来,行人的路就越来越不好走了。车辆造成的拥堵、人行空间丧失等现状,在一些城市不同程度地存在,以致城市建设的规模越来越大,人行道却相对显得越来越逼仄。

果壳网上曾有篇文章《一座城市,怎样才能让我们爱上压马路》引起不少网友共鸣。作者说,运动本身并不难,但你走的地方可能"举步维艰",城市随处可见各种"阻碍"行走的例子:凹凸不平的路面、多出一截的梯坎、突然被挤窄的人行道……类似的事情不过暴露了城市建设中的痛点,即城市的空间布局"重物轻人",行人没有合适的路段能畅快行走。

因此,在城市步行友好性评价中,"是否有路可走"为最基本的一条,即过街设施、步道宽度和有无占道是衡量的标准要素。赋予城市生命的是人流,一条街道的活力在于能把人们吸引到街上来。诚如网友所言,一条人们爱走的街道能养活许多小店铺、提供不少工作岗位。近年来，不少城市开始鼓励"绿色出行"，大力建设休闲绿道与步行街，倡导让生活慢下来，可谓回到以人为本的正道上来。

"什么是真正的好走？好走并不等于宽，重要的是人们想要的是什么。"发改委专家邱爱军说。确实如此，让城市"有路可走"，离不开合理的规划设计。曾经，杭州教工路上架起一座天桥，原本是要便于两边的师生往来，结果受到冷落，因为设计不符合出行者的习惯。另一则故事是，一位园林师在设计一处园林道路时，先看人们如何行路，然后把人们习惯走的路线稍加修饰，就成了最便捷的路。

有路好走，不仅是要有条路走得畅通，还要让人走得安全、有趣、舒适、方便，这还真是大有学问，值得城市建设者认真对待。

（2019年5月16日《楚天都市报》）

城市是一个不缺道路的地方，处处是街道，或宽或窄，四通八达，构成庞大的路网，但城市又常让人感到有路难行，开车堵车，骑行磕磕碰碰，步行过个斑马线还要赶紧快跑通过，人行道上也常停满了车。

城里有路，却缺少畅行的好路，"有路好走"成了一个问题，这不是一个笑话，现实就是如此。这有城市规划的问题，也有道路设计、交通指挥以及行人与司机的素质问题，这是一项系统工程。评论关注这个问题很有必要，因为事关民生与幸福指数。这篇评论站在公共利益上，体现了责任意识，提出城市的道路不仅是要有条路走得畅通，还要让人走得安全、有趣、舒适、方便，具有心系民生的浓浓情怀。

☐ 道路命名要走在"葛宇路"前面

这是一件富有谈资的事,北京一名叫葛宇路的学生从2013年起寻找地图上的空白路段,并贴上自制的"葛宇路"路牌。随后,他命名的一条道路被多家地图软件收录,这条本来无名的道路竟以"葛宇路"被广为人知,快递、外卖、导航、市政标示均可正常使用"葛宇路"进行定位。(据2017年7月12日《北京青年报》)

葛宇路系中央美术学院的一名学生,他表示最初以自己的名字命名一条道路只是源于艺术设计,并没有想到会被地图软件收录。其对"葛宇路"的走红也比较忐忑,担心关注度上升的同时会引来争议。

这条路位于北京苹果社区内,实际叫"百子湾南一路",后来社区一分为二,这条路也就从中断掉了,中间那条待征路还没有打通,另半边也就还没有正式命名。按规定,任何单位和个人不得擅自决定路名,一般也不以人名作地名。"葛宇路"当然是违规的产物,其命名也是无效的。

葛宇路是个顽皮的学生,就读于湖北美术学院期间,就曾把"葛宇路"喷在了校门口的墙上和地上,并用其他工具写在了海报栏、厕所、黑板等地方。到了北京,他仍是积习不改。这种行为已脱离艺术创意的本身,有不文明行为之嫌,应予批评。苹果社区的那条"葛宇路"之所以假能乱真,只因居民的实际生活中需要"有名称"的路标来提供方便,无名路段的存在给"葛宇路"的命名钻了空子。

"葛宇路"被收入地图软件,虽是一起偶然的意外,却折射出城市道路命名滞后,跟不上居民生活需要的常见问题。"葛宇路"在被搞怪之前,已存在十年,一直没名没姓,却无人过问,这本身就不正常。道路命名的最大功能就在于标注方位,不但事关群众生活和交往,而且对邮政通信、户籍、房产管理等都具有重要作用。在城市化的热潮中,各地城市建设日新月异,普遍存在路名跟不上市政的情况,有路无名等问题较为突出。2007 年,西安市普查发现,城区有 84 条道路没有正式命名;2009 年,桂林市发现市区有近百条道路存在"无名"的尴尬。这种新闻比比皆是,路名的缺失对公众生活造成的负面影响是显而易见的。

有网友觉得以自己名字命名道路的做法很有趣,在网上还热传着《如何在北京拥有一条以自己命名的路?》。这个想法当然是不现实的,因为市民不可以私自命名道路,个人不能随意制作并悬挂路牌。"葛宇路"的存在注定是昙花一现,这个小插曲倒是提醒官方的道路命名机构,要及时负起应有的责任,别让居民生活陷于无名路的迷途中。解决这样的问题并不难,就是让道路命名与规划同步提交。将道路的民意征集、政府审批等程序置于道路施工之前,如此又岂会造成有路无名的困境,又岂会给"葛宇路"以机会。

(2017 年 7 月 13 日红网)

葛宇路在贴自制的"葛宇路"路牌时,并非真的想为这条没有命名的道路来"名正言顺"一下,他不是学雷锋做好事,只是一次行为艺术。这个学生曾多次尝试各种行为艺术,就读于湖北美术学院期间,就曾把"葛宇路"喷在了校门口的墙上和地上,到了北京读书深造时,仍是积习难改。搞艺术的,就是要有活跃的思维,要脑洞大开一些,葛宇路这次搞怪,却无心插柳柳成荫。那么,这个闹剧即便要追责,除了对葛宇路乱设路牌的乱作为问责,对该设置路牌的没有设置、该做好道路命名工作的没有做好的不作为更应问责。

在众人讨论"葛宇路"现象时,本文以逆向思维,提出道路命名的规范问题,实是理性与建设性的声音,为的是从根本上防范这种乱象,维护民生利益。

□让路给"暴走团"不等于纵容违规

青岛市八大峡广场东侧的几条马路,最近被进行分时段封闭,禁止机动车行驶,从而供市民和几个"暴走团"步行。此举推出后,引发社会激烈讨论。(据 2017 年 8 月 27 日《北京青年报》)

反对者认为,因为有"暴走团"活动,就应该让道路上行驶的机动车让出自己的路权吗?交警部门解释,这是经过了多次调研后决定的,这几条路是临海的断头路,机动车车主的使用率不大,夜间的车辆稀少,限行后供人行走,对交通的影响很小,这也是对公共资源的合理利用。

交警的说法应该是站得住脚的,此举之所以引发质疑,与个别"暴走团"占道导致的舆论风波有关。不久前,山东临沂因"暴走团"上路锻炼而酿发车祸、江苏南通公交司机因未给近百人"暴走团"及时让路而遭暴打等负面事例引发社会关注。民众普遍认为"暴走团"违规占道的行为不对,仗着人多势众横行无阻更无法治精神,少了对规则的敬畏,不应纵容迁就他们的简单粗暴,呼吁交警部门要加强执法,对违规上路行走的要进行教育处罚才是,岂能放任自流。

如今,青岛方面不仅不制止"暴走团"上路,反限行机动车,将道路拱手相让给"暴走团",给人感觉是谁力量大就谁占上风,交警部门为了回避矛盾以退让路权来息事宁人。此例一破,会助长"暴走团"侵占其他道路,引发新的矛盾。

这个问题不妨理性看待，具体问题具体分析。城市的中老年群体有健身的需求，而休闲场地缺乏，这是客观事实；同时，不少城市在公共空间建设上是有欠账的，在城市规划中也是"重物轻人"，重机动车道而轻非机动车道，自行车道缺失、人行道被停车位挤占、人车混行成了常态。"暴走团"上路有其无奈的一面，当然，他们在路上大摇大摆，无视道路安全法的规定，也是不对的。

城市管理者正视这个问题，并想办法加以解决，是职责所系，谈不上纵容迁就。据了解，青岛市很多健身队伍是在体育场等地进行活动，八大峡广场附近的"暴走团"是受条件限制，才会在马路上"暴走"的。因此，不必把其他"暴走团"的无礼算到青岛的"暴走团"身上。也不能说，将部分路段划给"暴走团"，就是无原则的让步。这是一个问题的两个方面，一码归一码。一方面，政府部门要重视群众的健身需求，提供场地来疏导分流健身者；另一方面，对违规上路的也要果断加以劝导制止，让路与劝止上路并不冲突。如此双管齐下，才是解决问题之道，光堵不疏，或光疏不堵，都有失偏颇。

当今之世，一些城市的绿道建设方兴未艾，让城市生活慢下来，以满足群众的休闲健身需求，这是大势所趋。杭州自 2011 年启动"三江两岸"绿道建设，从钱塘江沿富春江、新安江一直到上游的千岛湖，规划总长约 716 公里……而浙江更是雄心勃勃，到 2020 年将建成省域"万里绿道网"。正如步行街的设立一样，青岛将几条临海路限行让给"暴走团"，还路于民，让城市变得更宜居，并没有错。如果条件许可，干脆将其还原成只供行人通行的城市绿道也未尝不可。

(2017 年 8 月 29 日红网)

"暴走团"上路行走，几乎成了不守规则、不讲理的代名词。网络上对"暴走团"一面倒的批评也是一种思维惯性使然，即对"大妈""大爷"群

体的焦虑。一段时间以来,"大妈""大爷"成了一个具有特定含义的微妙词语,与蛮横任性联系在一起,不按常理出牌,不遵守公共秩序。诸如"大妈""大爷"霸占场地跳广场舞、在公交上逼人让座、跌倒后讹人之类,虽然是个案,但经媒体报道后,造成负面影响,引发"老人变坏"与"坏人变老"的揶揄。

由于社会舆论有这样的标签式看法,在青岛方面将部分路权让给行人时,即被认为是纵容了违规,向"大妈""大爷"群体迁就,被他们的人多势众所裹挟。我则独持己见,通过特殊情况特殊分析,发现此处让路是符合当地实际的,那条路晚上本来就少有机动车,让给行人并不影响车辆通行。现实中,一些城市建设存在"重物轻人"的倾向与弊病,人行道是缺乏的,也该考虑群众的休闲出行需求。

"世人皆曰杀,我意独怜才",表达不同于常人的观点需要勇气。本文以换位思考说公道话,并非为了偏向"暴走团",而是以实事求是的思维,寻找社会的最大公约数。这种无私无我的公心,是观点阐发的底气所在。对社会上的不同利益诉求与歧见,需要的是维护共识,而不是撕裂或火上加油,这才是建设性与负责任的评论态度。

□ "一块屏幕"只是名校扩张的触角

这两天,一篇《这块屏幕可能改变命运》的报道引发舆论关注。据成都市教育局介绍,现在,每天有近8万名远端学校学生通过直播跟随成都七中同步上课。开设直播班的成都七中东方闻道网校称,16年来,有72000名学生通过这种方式完成高中课程,其中88人考上清华大学、北京大学,大多数人成功考取本科院校。(据2018年12月16日澎湃新闻)

成都七中是成都市重点中学,去年有70多人考进清华大学、北京大学,一本院校升学率超九成。而引进直播的学校通常是贫困地区的普通高中,师生是周边大城市"挑剩的"。通过直播发生交集后,这些学校的学生们跟着成都七中一起上课、作业、考试,有的学校出了省状元,有的本科院校升学率涨了几倍、十几倍。

这听起来很魔幻,报道得绘声绘色,勾勒出一个网校的美好伊甸园。有人对此叫好,认为这块远程直播的屏幕通过技术手段填补了城乡教育差距的鸿沟,值得大力推广;也有人质疑,248所对接的高中,16年来7万多人中有88个考上清华大学、北京大学不稀奇,何况其中还有近年来扶贫降分的优惠因素。

如果要细究,这个直播神话并不完美,一个直播班一年要交6万元至7万元的资源使用费,学校装卫星锅等配套设施花费在30万元左右,进入直播班的学生要选拔掐尖。说白了,直播班好比普通学校的重点班,分数高、多交钱才能进入，同时又是成都七中的教学延伸，相当于一个分支班级。这并非普惠制的教育扶贫，无关教育资源的均衡分配与教育质量的普遍提升，跟衡水一中到外地办分校类似，就是通过自身品牌的扩张，抢占教育市场，实现名利双收。只是网校的模式与实体学校不同，其以单纯的出售教学资源换取利益，不与当地学校抢生源，不扰乱当地的教学与招生秩序，升学率提高后受益的是当地学校，属于合作办学办班的模式，所以能令人接受。

这个直播有其积极的一面，进入直播班的老师与学生均开阔了视野，实现了教学相长。这并非一根网线或一块屏幕带来的必然改变，而是远端学生从中看到自身与名校在知识储备、学习方法与态度上的巨大差距后，急起直追所带来的提升。同龄人之间差距的震撼，对他们是触动，而同步学习的机会让他们看到了弥补差距的希望。报道说，这些远端学生比成都七中的学生更刻苦了，暗地与城里孩子较劲，一点一点追了上来。老师的付出也多了几倍，除了课前准备、课间讲授，对学生没有跟上和理解的，课后还需要一起查缺补漏。

教育就是一场等价交换，有多少付出就有多少回报，并没有捷径可走。说实在的，网校带来的变化，还是类似衡水一中与毛坦厂模式，经过三年苦读实现了低进高出。诚如当地人士所言，直播班只是激发了学生本有的潜能，是催化剂。也如成都七中的老师所说，改变远端学生的不只是屏幕，更是屏幕那头展现出来的希望。每个学生心中都有求知之火，网校只是打开了交流与进步的窗口。因此，真正要通过直播改变的，是贫困地区的师资与教学方法，而不是哪个学生的命运。

一块屏幕所能改变的是有限的，这种商业加盟的模式，跟择校的性质类似，即以金钱来获取高质量的教育机会，这种门槛带来的仍是一种不公平，给了一部分学生向上提升的机会，同时又让另一部分没进直播班的学生加大了差距，造成新的不平衡。唯有加大对偏远地区师资的培训，加大对贫困地区的教育投入，让孩子们在学习内容与方式上都在一个起跑线上，才能改变更多孩子的命运。

(2018年12月17日红网)

对于成都七中的远程直播教学，新闻报道是当创举来肯定的，舆论也被带节奏，不乏欢呼之声，认为这种教学方式给偏远地区的孩子带来了希望，通过技术力量可弥补落后地区在师资方面的短板。丁磊也表示愿出资1亿元推广助学。

笔者查阅资料发现，成都七中的远程教学行之有年，网上有公开的招商加盟推广，商业化运作色彩明显。其主观上出售教学资源创收，客观上服务了偏远地区学生，有其积极性，也有局限性，因为这不是普惠制共享，而是谁出钱谁受益。丁磊应该也是看到这点，要以资金投入来扩大受惠面。这个模式跟常见的重点中学、重点班类似，看分数也看钱，成绩好的交钱享受优质教学资源，谈不上教育扶贫。

表达不同观点需要勇气，《新京报》对此也有一篇来自高校学者的评论《别让那块屏幕给了"超级中学"洗白的机会》，指出这种模式利用技术扩张，让商家与超级中学获利，难言教育公平的实现。

本文这一观点在红辣椒评论2018年度佳作大赛上得到多位评委专家的肯定，认为角度独到，直击要害。知名评论家童大焕也认为，成都七中的远程直播教学就是通过视频掐尖而已。本文坚持自己的表达，说出不同于他人的声音，体现了社会责任感，以引导舆论理性思考远程直播教学，不被一些商业表象给迷惑，从而在根本上寻求提高偏远地区教学水平的方法，改变更多孩子的命运。

□校长推荐制遛不出千里马

北京大学自主招生试点中学校长推荐制,话音方落,江苏、湖北就出炉了人选。

江苏南京师范附属中学的匡超"进校时成绩第一,现在还是成绩第一",湖北的4名推荐生"成绩突出且非常均衡"。由于被推荐的都是各学校数一数二的牛人,可谓众望所归,不会引起任何争议。对如此出类拔萃的学生,等着挑刺者左看右看横看竖看,都看不出任何跟背景、权钱交易之类有关的腐败嫌疑。

公示制的推荐,打破了以往的保送暗箱,众目睽睽之下,谁也不敢造次。"选拔试点第一年以稳为主",南京师范附属中学的说法代表了众多中学的心声,也许就是北京大学的授意——宁稳勿乱。把好事办好,不给舆论见缝插针的机会。

然而,大家还是有话要说:"走了以成绩论英雄的老路""有违推荐制给不会考试者以机会的初衷",认为推荐优生是浪费名额。

不错,大家都期待着不拘一格降人才,也念念不忘老北京大学、清华大学破格录取罗家伦、钱钟书、吴晗、钱伟长诸多奇人异士的佳话,但揆诸今日的教育现实与北京大学推荐的前提,就当知这样的理想只是基于怀旧下的一厢情愿。

其一,推荐的学生只是获得面试资格,并非免试入学,只是可以在北京大学的分数线内降30分录取。北京大学的录取线都是高出各地划定的重点线数10分的，就是降30分也意味着该生的高考分数必然过了重点线。而能考过重点线的学生，再偏科也偏不到哪去。

其二，数学零分而作文满分，那是旧社会特定历史条件下的产物。中国士大夫式的传统教育历来重文轻理，以饱读经史子集为治学，不是罗家伦他们学不好数学，估计是没重视。现代教育从幼儿园开始就讲究均衡发展，正规化的教育下，某一科考零分的基本不会出现，除非是没条件学习这些科目的偏远地区学生。而获推荐权的省城名牌中学，招收的都是优秀生源，严重偏科的学生根本就进不了校门。

时易势移，指望面向重点中学降30分的推荐制能网罗到让人眼睛一亮的钱钟书式学生，本身就不现实。拿70多年前的例子来观照现今的大众化普及教育，无异于骑驴找马。

况且，偏才怪才也没有一个标准，蒋方舟引起争议就是一例。谁能保证不会以"偏才"之名去塞庸才之实呢？推荐优生至少保证了公平。

对偏才怪才，应是积极发现引导，以不拘一格的宽容给以一席之地，体现的是伯乐一样的见识，而不是按图索骥，抱着"梅以曲为美"的病态思维去做畸形的培养。如果以为偏科的就是偏才怪才，就可以上北京大学、清华大学，这只会起到东施效颦一样的误导；若"指挥"社会按这个标准来育人，只攻其一点不及其余，反与全面发展的素质教育背道而驰。

"北京大学所说的偏和怪绝不是一般的突出，如果一个学生仅一门特别强，其他都相当弱，这个人才首先就是不健全的，在如今各种知识互相交汇融合的时代，今后的发展肯定会遇到问题。"南京师范附属中学副校长周俊的这番话很有道理。

再说了，北京大学是一所综合性大学，某一科特别强的学生其实都有相应的专门学校可选，如美院、艺术学院、外语学院等，反倒是不必非上北京大学不可。

有限度的推荐制注定了难以遛出千里马，如果真是不拘一格，就面向全体中学生，也不要那降 30 分的恩惠，这样的大开大放之下，或许能带来惊喜。

(2009 年 11 月 22 日红网)

北京大学自主招生试点中学校长推荐制，大家原本是期待这种授权能推荐出真正的优秀学生，即不是以分数论英雄，而是给如钱钟书、钱伟长这类奇人一个机会。但现实中这种理想很难实现，众目睽睽之下，为了减少争议，校长们在使用推荐权时会很谨慎；在现有的应试教育中，偏才怪才也难有机会脱颖而出，重点大学录取分数线的框摆在那里，不是谁都可以往里装。

事实上，一些自主招生的权限也给玩坏了，没见什么奇才从中受益，倒是有招生腐败的猫腻不时传出，让社会生疑生议。这个中学校长推荐制也正如本文所分析的那样，只是个噱头，或是北京大学笼络重点中学的一点诱饵，没什么实际出彩的功能。

净化行医环境不能只靠医生举报

日前,海南万宁市和乐中心卫生院的医生华生(化名)向媒体反映,包括他自己在内,该院很多医生存在收受药商回扣的情况。目前,万宁市决定对和乐中心卫生院院长唐某某、药房负责人李某某作出停职审查处理。(据2019年5月22日《海南日报》)

这名医生称,平均下来,他每个月通过开药能拿到的回扣在1000元左右,有的医生还要多些。他在举报信中列有详细的回扣清单,表示这么做是为了净化行医环境。无论举报他人,还是举报自己,都是需要勇气的,"后坐力"会不小。应该说该医生这么做并非要自我毁灭,恰恰是要完成自我救赎,包括在良心上的回归,在法纪上保护自己别进一步沉沦。因为根据相关法律精神,医务人员即便是遵循内部管理制度提交药品、医疗器械的使用申请单,从中收取回扣,也是利用了处方权,可定性为利用职务之便的受贿罪。医生举报自己,可使医疗腐败引起上级重视而被清除,于自身也能中止受贿的犯罪行为,避免在违法的道路上越滑越远。

要看到,在潜规则的利益链条中,一个人很难独善其身。拿这家卫生院来说,医生开药,药商以药房提供的信息发放回扣,药房根据结算清单再发给医生,这是一个规范的操作流程,医生只要开药,就有回扣,由不得自己。能打破这个局面的,只有医院的管理制度,但院方对收回扣视而不见,医生能做的只有举报。

在医院中，不乏这样的良心医生，置身于收红包、拿回扣的利益链中，明知违反医德与法律，又无力摆脱，内心很痛苦。医生的本职是治病救人，为科室创收、为医院追求经济效益、为个人谋利，都不应该是医生看病的动因。

给医生一个纯粹的行医环境，显然要靠合理的制度来保障，包括医院内部的管理制度不能逼着医生逐利，外部的医疗制度能让医生不必逐利。诸如取消药品加成、切断药品销售和医院之间的利益关系、加强医保管理、避免医院骗保，以及医药代表不应有销售任务、避免贿赂医生，等等。只有从制度上扎紧防腐的篱笆，医生不能腐、不必腐，自然能安心做一个纯粹的医生，更不必冒着被打击的危险去反映问题。

(2019 年 5 月 23 日《楚天都市报》)

医生举报自己是需要勇气的，因为这样一来，自己不可避免地会卷入旋涡，今后的日子可能不好过。但不这样做，一则良心不安，二则也是有风险的，因为收受回扣就是在违纪违规，早晚也会出事。医生举报自己，既是道德觉醒与自律意识的唤起，也是深刻认识到违纪违规的后果。

这样的事情也并不罕见。四川绵阳市人民医院医生兰越峰于 2010 年 6 月至 2014 年 1 月，多次反映医院的过度医疗问题，引起全国舆论关注。2021 年 4 月 10 日，一男子在网上发布视频，自称是山西大同某三甲医院医生，自曝收回扣 50 多万元，想痛改前非，恳请有关部门彻查。

每次这样的事情都会引起舆论关注。如果医院内部对举报置之不理，还认为是举报人性格偏激，是在与大家过不去，以此处处压制举报人，那只会助长收受回扣之风，最后是利益链条上的参与者都深陷其中，集体在违规违纪的路上越滑越远，铸成大错。因此，避免医生自我举报的尴尬，不是要对这类人员进行压制，而是要正视举报所说的问题。

本篇评论探讨了医生举报自己的症结所在，指出医院应该创造一个好的制度与环境，让医生不能腐，去除他们的后顾之忧。这是建设性的立场，也是负责任的观点，没有批评哪家医院，也没有批评哪个人，而是从源头上找原因，找到问题的破解之道。对举报者来说，他也是想解决问题，不是要解决哪个人。评论的情怀，就是唤醒制度建设者的责任，以更完善的机制来防止腐败问题。

□ 没有电梯的高楼不该是风景

近日,一则"重庆24层高楼无电梯"的视频在网上热传,这栋楼也迅速成了"网红"。楼里住户表示,自从该楼走红后,每天都有三四拨人慕名来参观。(据2018年1月22日《半岛晨报》)

一栋24层的楼没有电梯,当然不可思议。在便捷化的现代都市中,这就是一个另类的存在,有人来看稀奇,也不足为怪。

但这样的大楼又不该是个稀奇。对楼内居民而言,爬楼是一个尴尬而痛苦的存在,是生活的不便,甚至是艰难。这种爬楼的煎熬。不应该是外界眼中的风景,这不是看热闹的地方,而是体察民情民意的地方。真正应该来看看的,是当地的相关职能部门,并要想办法加以解决。

没有电梯的高楼,其突兀存在的,是旧楼装电梯的困境与亟待化解的难题。重庆这座高楼,只是因为楼层太高,而显得有些特别罢了。众多20世纪八九十年代修建的老楼,都存在无电梯的烦恼,而现在重新加装电梯的话,又有各种制约。加装成本、邻里协调、审批办证等诸多事项的解决,比电梯本身更难办。在旧楼装电梯这个问题上,低层居民反应冷淡,担心破坏建筑的外立面、影响通风和采光,还要承担费用,当然没积极性。

说白了,旧楼加装电梯,是一个利益问题,钱从哪里来,后期如何维护,需要一个主体来兜底。这个推动力,除了政府层面以相关政策来破解,别无捷径可走。比如简化审批手续,动用维修基金或住房公积金,都可以研究，或进行试点，成熟后再推广。

没有电梯的24层高楼，一点都不好玩。这座高楼成了网红，其实是个冷笑话，是个不正常的现象与存在。还是希望能给老旧高楼装个电梯，在现代都市中再也看不到这种稀奇。

(2018年1月23日《楚天都市报》)

重庆一栋24层的高楼没有电梯，这确实比较少见，因为稀奇，一传十，十传百，成了网友看风景的地方。大家来看怪事，实是反映出这栋楼公共服务的缺失，这是一道畸形的风景，一个不正常的存在。

本文没有将高楼无电梯当趣闻，而是带着问题意识，反思相关方面的责任所在，透着深厚的人文关怀精神。

□ 让梦想与飞机一起飞一会儿

广西玉林福绵机场开通后,每天都有数百上千人爬上机场附近的一处山头看飞机起落,该山头成了网红"景区",引来网友担心安全问题。对此,机场方面回应,市民围观的区域不属于机场管理的范围,对航班安全没有影响。(据 2020 年 10 月 21 日《山东商报》)

玉林福绵机场距市中心 21 公里,今年 8 月 28 日正式通航。自开通以来,该机场就引来不少人看热闹,有的目送飞机起飞、降落、滑行,有的拿出手机拍摄,还有人在远处追着飞机跑。网友调侃称:"全世界最热情的玉林人,每天有这么多人接机。"也有人说:"这是最接地气的机场。"

人类有追逐新奇事物的天性,对玉林这样一个地级市来说,开通机场是一件划时代的大事,引来围观在情理之中。通航当天,当地媒体派出多路记者,全方位、多角度,现场直击机场通航盛况,见证和记录这一历史时刻!市民也很兴奋,"再也不用上桂林、南宁、广州坐飞机了。"机场开通将近两个月了,仍有大量人员围观,热情不减,足见大家的喜悦之情。

机场方面坦言,围观对运营是没有影响的,更多的是涉及群众自身的安全问题,因为那个山头比较高,山路险阻。下一步,他们准备在相关区域做安全警示,建一些围栏之类的防护。这个应对是理性的,没有给围观群众的热情泼冷水。既然不影响运营安全,机场周围的那个山头成了观景点,倒不妨因势利导,修建一些设施,方便市民看飞机。

看飞机并不是什么无聊的消遣，事实上，一些飞机在退役后，就专门送到公园、博物馆之类的场所，供游人参观，用作科技与国防的主题教育，增进社会大众对相关知识的了解，吸引青少年参与的热情。旧火车、废弃铁路和一些运营的交通线路，成为网红打卡点也是常有的事。

这是能够将人带到远方的交通工具，看火车与飞机，寄托着大家对诗与远方的向往。交通发达的今天，没有坐过火车与飞机的仍大有人在。既然看飞机能满足好奇心理，就让人看个够好了。没有什么能够阻挡人们对梦想的追逐，如果能激励围观者实现从看飞机到坐飞机的梦想，也是社会之福。也许有人以后还会投身飞行事业，从事相关生产与运输工作，那就更好了。

对机场通航引起的围观，与其惊诧，不如保护好这份热情。就让围观者的梦想与飞机一起飞一会儿，成为催动自己前行的动力吧！

（2020年10月22日《楚天都市报》）

机场通航引起围观，对其是堵还是疏？本文主张因势利导，既然这种围观并没有影响飞行安全，不妨满足群众看热闹的愿望。这方面，国内一些地方有先例，比如每年4月前后，北京昌平居庸关长城附近，正是山花烂漫的季节，一条穿过此处，名为S2线的京郊火车线路也逐渐广为人知。由于慕名而来的人多了，就有人满为患的现象，有游客争抢座位，也有人为抢到列车上的靠窗观景好位置而翻越护栏。为让游客安全欣赏美景，有关部门决定增建观景平台，这就是善政。既然难以禁止，不如做好公共服务，兴利除弊。

类似的还有，宁夏中卫的66号公路穿过一片荒原，风景奇特秀美，常引起游客在途中情不自禁地打卡拍照，从而影响交通安全。为此，当地政府决定规范设置旅游标识标牌、减速慢行提示标识、停车场和垃圾收集点，划出安全拍照区域，引导游客在安全位置打卡拍照，做好服务工作。因此，本篇评论提出的观点有理有据，提出的建议也具有一定的操作性，是负责任的声音。

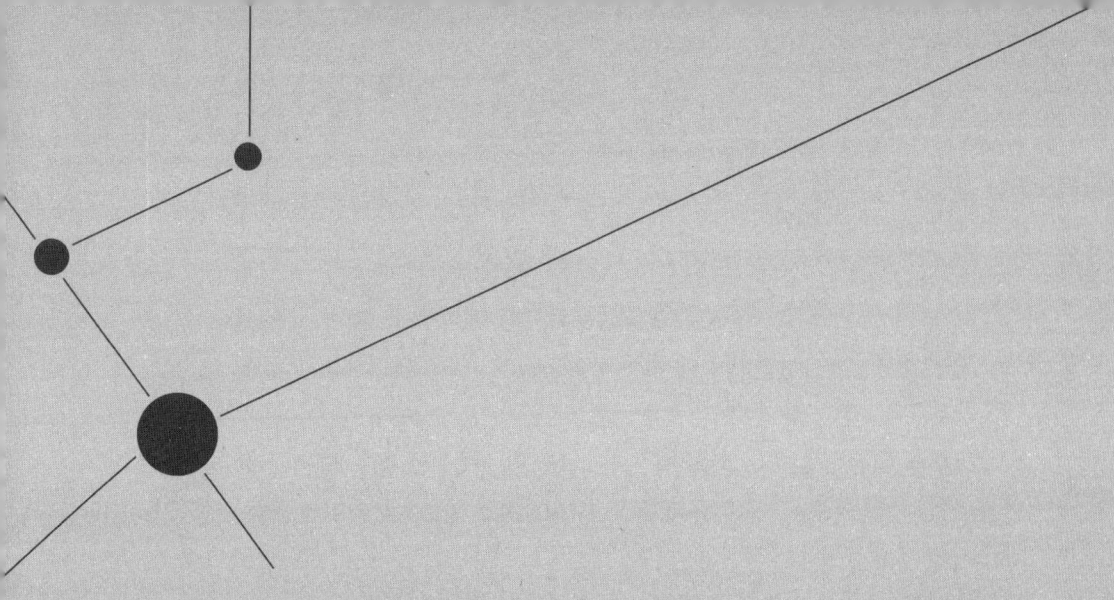

第三辑

民生关切

——以民生角度思考问题

情为民所系。对评论来说，一事当前，须站在民生角度思考问题，表达关切，这样的评论才能接地气，有人间烟火气息，也给人温暖的力量。

"民生"在《左传》里就有出现,所谓"民生在勤,勤则不匮"。现今《辞海》中对"民生"的解释就是"人民的生计",这个词本身带有一定的民本思想和人文关怀。

中国传统文化中素来有浓厚的民本意识,强调对民生的体恤,诸如"民为贵,君为轻""哀民生之多艰""邑有流亡愧俸钱"之类。而"文章经国之大业",立言之目的在于为国家为苍生立德立功。评论作为新闻报道体裁的一员,更是有责任坚守民本站位,为百姓的生存空间鼓与呼。

民生包括了老百姓的生计、生活、生产与生命安全等种种与生存权、发展权相关的方方面面。评论的民生情怀,就是一事当前,要有为老百姓生存着想的意识,站在民生角度思考问题,心系群众冷暖,表达关切,而不是高高在上、不切实际地指手画脚。只有切实关注老百姓的生存状况、生存空间、生存环境,关注与百姓生活息息相关的利益诉求,评论才有人间烟火气息,也才能给人温暖的力量。

比如,在北京通州区白庙村的一个院落,有一群尿毒症患者自发形成的"自助透析部落",被媒体曝光后,有好心人给他们送来捐款,让他们感到温暖;也有职能部门前来调查,让他们感到不安。最后,这个自发形成的医疗点被认定为"属非法行为",要予以"取缔禁止"。

本人在《帮受困者想办法应优于行政执法》一文中提出,执法有据可依并没有错,但简单的取缔对患者是不负责任的行为,因为这会令他们的处境更难,使其微弱的自助希望被扑灭。帮困难群体想办法,远比执法重要,给人以出路就是给人以活路,相反,简单的执法会断人生路。

本文观点的提出,并非站着说话不腰疼,有其他地方的事例为证,现实中是能找到两全其美的办法的。这个观点因为考虑到了"自助透析部落"的客观困难与生存现状,有体恤之情,才有了评论的建设性与温度。

"政府的一切工作都是为了人民,要践行以人民为中心的发展思想。"① 这个指导思想也是新闻评论民生情怀的依据,可用于对新闻事件的检验、判断与分析。只要是为了人民利益的,评论就不妨大胆肯定;相反的,则勇于指出其损害民生利益的谬误。

在具体操作中,评论的民生情怀可以从两个方面来切入。

一、用民生视角看问题

判断一件事情是否合理,重要的一条就看是否符合群众期待。所谓以群众"高兴不高兴,满意不满意,答应不答应"作为检验工作的标准,对民生视角来说,就是如此,即以百姓利益为考量,以是否对群众的生产生活有利为判断依据。

诸如有的地方为了环保,在治污上搞"一刀切",让群众用不了煤灶、做不了饭、取不了暖;有的地方关闭大小餐馆,群众连馒头都买不到;有的地方"厕所革命"搞形式主义,为农民修的厕所根本就是个摆设,不能用。这些都是民生问题。

群众利益无小事,给群众的生产生活带来不便的,就要批评并指出解决之道,对符合群众期待的,就要为之鼓与呼。"民有所呼,我有所应;民有所求,我有所为",运用在评论的民生视角上,就是要积极回应民生关切,为群众利益发声。

本辑中《帮受困者想办法应优于行政执法》《让贫困者不再蒙受灾难》等评论,都是站在底层的利益上思考问题,指出满足弱势群众的生存权是第一位的,这个应该是优先事项,也应该得到保证。

二、客观公正看待民生诉求

对涉及民生利益的诉求,不能一概而论,不是说所有诉求都是合情合理的,还要站在全局或发展的高度看问题。比如一些民生项目的邻避效应,为了局部或小众利益,损及大众利益,这种情形要合理疏导。所谓计利当计天下利,要看是否惠及更多的民生。

本辑中《对无狗社区不妨来点宽容》就是这样的评论,站在客观公允立场上,既要看到养狗者的诉求,更要看到不养狗者的诉求。有居民想图个清

---

① "2017年国务院政府工作报告",载《人民日报》2017年3月17日。

静，开发商顺应这种诉求，推出不养狗的楼盘，这是个新事物，就如餐厅里设立的无烟区一样，是合理的存在，理当给特定需求者选择的权利，不能只是倾听养狗者一方的声音。评论没有偏向哪一方，而是客观分析这一现象。

同样，《"戒烟入医保"未尝不可》也是这样的评论，笔者并没有认为"戒烟入医保"是一种浪费，是在花公共资金为部分人服务，而是站在预防疾病的高度，积极看待这样的尝试。因为花小钱戒烟是为了将来预防花大钱治病，这个并不是浪费，而是为了节省将来更大的支出，这钱花得值得。这就是站在全局上公正看待问题，这也是大民生的情怀与思维。

民生诉求要符合公平正义的期待，符合法律法规的要求，更要符合公序良俗。

□油泼面禁止泼油,段子背后是环保焦虑

近日,有网友称自己在西安街边面馆吃面时发现店里不卖油泼面了,老板说环保部门在查油烟污染,油泼面禁止泼油。8月25日,记者走访发现,这一说法不实。(据2018年8月25日华商网)

记者采访时,一位摊主说:"不是不让卖,是要有合格的排污措施。"即要安装油烟净化器和油水分离器。油水分离器是一种安装在洗碗槽里的设备,能把污水中的油污分离出来,排出去的就只有水,油污则再专门处理。记者拨打西安城管投诉电话12342,客服人员表示:做个油泼面,城管是不会处理的,查的是有没有环保设备、是否使用清洁能源。

油泼面是陕西的标志之一,不让卖油泼面,于情于理说不过去。之所以会有这样的消息被散布,也许是因为有的面馆老板对环保要求有抵触,来了个黑色幽默。每当有治理餐饮油烟的环保行动,总有些不同意见出现,比如不查工厂排污专查群众做饭之类。其实,治理餐饮油烟与工厂排污并不矛盾,也是并行不悖的。并没有只查餐饮不查工厂这样的事,环保行动从来是一视同仁。

也许,多少年来,餐饮油烟在排放上有一定的随意性,包括街头烧烤,大家在熟视无睹中并不觉得这方面需要规范改进,甚至将其等同于乡村炊烟的生活气息,认为政府部门压根就不该管。其实,随着生活的进步,这种观念还真是过时了。一些小餐饮店门前污水横流、油污遍地、垃圾成堆,这种

现象并非存在就是合理的，影响市容市貌与环境卫生不说，也给环卫人员的保洁带来很大困难。实际上，来自餐饮油烟污染方面的投诉占大气污染投诉的比例一直就不低，2017年北京市此类投诉占比为22.9%，合肥市占比达30%，这两地都出台了治理方案。2016年1月1日施行的新版《中华人民共和国大气污染防治法》，对餐饮油烟污染防治提出了明确要求。

正如从蜂窝煤到液化气再到天然气，居民做饭取暖的燃料已悄然改变，过去那种粗放型的餐饮行业，也该向精细化与环保化转型。也正如"厕所革命"告别了脏乱差的如厕环境，噪声污染治理让城市安静下来，餐饮油烟治理也是城市文明提升的一环，事关群众的生活品质与身心健康。要注意的是，应避免"一刀切"式的简单粗暴，以免给经营者与群众生活带来不便。诸如河南商丘为治理大气污染，曾一度强制关闭市区和县城的大多数中小饭店，市民买馒头都要跑到郊区，这种形式主义做法显然是要防止的。

有"油泼面禁止泼油"这样的段子，也许与餐饮企业被勒令安装环保设施的急切性有关，背后折射的是一种环保焦虑，时间紧、任务重的限期式整改，一阵风似的运动式执法，让餐饮企业感到不适，于是以某种幽默来表达情绪。这也提醒相关部门在推进环保行动时，既要雷厉风行，保证达标的严肃性，也要手法细腻，功夫做在平时，让常态化的监管润物无声，避免突击行动带来的困扰。

（2018年8月26日红网）

油泼面禁止泼油，听上去很荒诞，却道出环保工作的尴尬现实。一方面，环保的要求越来越严，也越来越精细，进而影响到日常生活；另一方面，人们的观念并没有跟上，似乎环保不该与日常生活挂钩，只需管好工厂就行了。油泼面禁止泼油，就道出面馆老板对环保工作的不理解。本文对此进行了一分为二的客观分析，指出时代进步了，餐饮油烟治理也是城市文明提升的一环，事关群众的生活品质与身心健康；同时，职能部门在执法时也要注意轻重缓急,别因急于求成而影响民生。

  本文没有和稀泥,在呼吁社会理解环保的精细化要求时,也呼吁职能部门避免因突击行动为群众带来困扰,实是出于对民生的呵护。环保的顺利推进与提档升级,也是为了民生。这个目标是一致的,大家都要适应时代的要求,跟上时代的步伐。

□ 帮受困者想办法应优于行政执法

在北京通州区白庙村的一个院落，有一群尿毒症患者自发形成了"自助透析部落"。最近因北京媒体的介入，其命运引起社会的广泛关注。

有好心人送来捐款，让他们感到温暖；随后有职能部门前来调查，又让他们感到不安。据报道，北京市相关部门实地探访后，认定医疗点"属非法行为"，因此要"取缔禁止"。（据 2009 年 3 月 26 日《京华时报》）

这实际是一次执法行动，虽然"突破了以往公事公办的模式化处理，体现了人性化原则"，即考虑到直接取缔可能会危及患者生命，可免费提供一到两次透析机会。但是，如患者所言，"透析是一辈子的事。免费一两次，管什么用啊？"

自助透析于法不符，也有危险，然而对尿毒症患者来说，医院高昂的透析费让他们只得出此下策，他们只能"用穷人能想到的办法活下去"。

这是一种无奈的违规。在生命的权利与尊严面前，法律能否在此叫个"暂停"？因为这种抱团取暖的活法在替自己寻求绝境中突围的同时，从某个方面来说也是在替社会解围，并没有危及他人。

笔者以为，给这群人想个办法，应优于行政执法。要不然，就如患者所言，"把我们送回老家，没人管，还不是死？"治标不治本的执法毫无意义。

据报道，"自助透析部落"曾聚集了 17 个人。去年 8 月，河北三河市为辖区内的尿毒症患者提供了优惠政策。病友潘学峰说："像我这种农村低保户,每星期可以免费透析两次,由政府出资,基本可以满足需求。"于是,来自三河的患者就离开了。

可见,办法总是有的,对这种尴尬的处境是有破解之道的,医保与其他措施对大病重病患者也是可以惠及的。

对身处困境的人,我们需要的是理解、宽容,是读懂并帮助他们想办法。

在此想起武汉的那场"禁麻"(禁止营运三轮车)行动,因政府事先帮车主找到替代就业岗位与资金补偿,使看似不可能完成的任务顺利完成了。先有办法再执法,就从根本上解决了问题,也就避免了不良现象的日后卷土重来。

"我们不怕等,就怕等不起。"这是病人的殷切期望。让病有所医,是政府部门的责任。若让医保普惠的阳光遍洒各地各类患病群体,这种自助透析自会不驱自散。

以办法来替代执法,才是更好地维护法律的尊严。

(2009年4月1日《楚天都市报》)

看病难、看病贵,是横亘在底层群众面对就医问题的一座大山,"自助透析部落"是尿毒症患者的一种自救举措,很无奈,又符合他们的生存需求。他们或不合法,却又别无选择,面对这样的一个灰色地带,放任不管,似乎是纵容违规;而"取缔禁止",驱散了之,这部分群体的生存就会很困难。所谓自助者天助之,对这种自助式透析的求生方式,不在精神层面予以鼓励,在物质方面予以帮助,反而进行驱散,似有不仁不义之嫌,这是将患者最后的努力给断送了,将人逼上绝路。

写作此文时,笔者的观点是以办法来代替执法,帮尿毒症患者多想办法,这比简单粗暴的执法更能体现人性的温情,也是从根本上解决问题。而这个办法是有先例有样本的,比如河北三河市为辖区内的尿毒症患者提供了医疗优惠政策，来自三河的患者就离开"自助透析部落"了，不用你执法，问题就自然消失了。

　　本文表达的是一个建设性的意见，也有可行性，说服力强。这种求真务实，比简单的批评质疑，更能推动问题的实质性解决。而这个建设性的态度，来源于设身处地地站在尿毒症患者求生存求活命的立场，体恤他人生之多艰。民生情怀与以人为本，是看待这个问题的出发点，这才有了与人为善的公共意见。

让贫困者不再蒙受灾难

河南兰考火灾之后,云南镇雄县又发生山体滑坡灾害,两次灾难将国人的目光牵引到民生艰难的欠发达地区。

苦难不会说话,但灾难会说话,每一次灾难都让国人忧心远方的困顿,每一场灾难都会暴露出众多的不堪,正如眼下的雾霾天让发展的粗放暴露无遗,留给我们的是思考与应对。客观而言,越是相对贫困的地区,因为缺乏资金建设基础设施,自然条件恶劣,生产条件简陋,生活条件艰苦,防灾抗灾能力更显薄弱,发生旱灾、水灾、泥石流、矿难之类灾害的概率更大,灾后的惨景与损失更甚,恢复与重建的难度也更大。兰考因为贫困,没有福利院,以致发生袁厉害家中的悲剧。玉树地震后,缺乏大型机械,只能靠双手救援;云南大旱时,村民看得见水却喝不到,想修条管道、购买水泵,却没有钱。

这就是每一次偏远地区的灾难过后暴露出来的客观现实。面对贫困我们无须讳言,直面贫困我们才会致力脱贫。但我们也要看到,因自然条件所限,客观困难一时难以改变,防灾减灾的主观能动性就更显重要。

这次镇雄县的山体滑坡灾害,就显现了预警多么重要。去年 6 月 28 日,四川白鹤滩镇矮子沟发生特大泥石流灾害,此前 10 多个小时,有关方面发出预警,矮子沟沿岸村民全部撤离。而白鹤滩水电站前期工程施工人员及家属却未能幸免于难,原因是有关人员对防灾麻木不仁,对预警短信竟一删了之。

每一起灾难都令人哀痛,每一起灾难在事后都能找到原因,甚至是可以避免的原因。正因为每一次灾难过后,我们在梳理引发灾难的因素时,发现原本可以躲过一劫却因疏于防范酿成灾难,这种后悔才更令人扼腕。每一起灾难中猝然逝去的生命,总是令人久久难以安宁。尤其是那些生活在底层的人们,他们平时承受着物质与精神生活的双重困顿,用苦难支撑着希望,一旦出事,常是毁灭性的打击。比如兰考火灾中的残疾孩子,毕节烤火取暖的那四名流浪儿童,王家岭透水事故中的矿工……他们的蒙难,通常更让人唏嘘,我们也总是只能祈愿他们在天堂能多享点福。

民生责任大如天,如何加强对生产条件与生活条件较差的人群的保护,给他们一个安心遮风避雨的场所,让他们不会因一次事故、一次雨雪、一次意外而蒙受不幸,更需要相关部门高度重视,不可得过且过。因为贫困,因为艰难,他们需要更多的温暖与帮助,希望他们的房子能坚固,生产安全有保障,周围的环境不被污染,上学的路上不会有灾厄,工钱不会被拖欠,营养餐不会被克扣,能在苦难的一角自如地伸展希望。

对防灾的态度决定着灾难的烈度与痛度,我们或无法杜绝灾难,却能有效地预防或尽可能地减少损失。镇雄县山体滑坡灾害再次警醒我们,对防灾条件较差的地方,更要倍加关注才行,不妨拿出削山造城的魄力去改善民生,尽最大努力去防患于未然,减少因灾致贫致人身伤亡的悲剧。

(2013年1月15日《中国青年报》)

2013年1月4日,河南兰考县一处收养孤儿和弃婴的私人场所发生火灾,造成7名孩童死亡,震惊了国人。据了解,孤儿和弃婴收养人袁厉害多年来一直在兰考县人民医院门口摆摊卖东西,以收养弃婴和孤儿出名,其安置孤儿和弃婴的地方紧邻兰考县卫生局和兰考县人民医院。这样的火灾以及造成的后果刺痛人心。火灾牵出的孤儿和弃婴的社会收养问题,引起各方沉思。弃婴和孤儿原本应该得到庇护，却蒙受灾难，他们不幸的命运更增添了几许悲情。

笔者梳理几起灾害后发现，越是贫困地区，由于设施的落后、自然条件的欠缺，越是容易发生灾害，而且灾后的重建也因之显得困难，因此对贫困地区来说，防灾减灾就显得更重要。这就跟贫困户病不起、脱贫后会因病返贫是一个道理，因此，增强他们对灾害的抵御能力，就显得格外重要。

让贫困者不再承受灾难，是为底层民众发出寻求保障的呼吁，这既是对弱者的关怀，也是社会责任感使然。正如脱贫攻坚战所指出的那样，小康不小康，关键看老乡。只有社会均衡发展，为贫困者兜底，小康社会的成色才显得更足一些。

□ "城里不买房，一切都白忙"意味什么

刚刚经历洪灾袭击的河南安阳县许家沟乡下庄村，一堵残墙上出现一则地产广告："城里不买房，一切都白忙。"记者核实，广告为洪灾后发布，广告公司称经过审核，完全合法。（据2016年7月23日《东方早报》"澎湃新闻"）

此广告是否符合规定暂且不论，但它确实触目惊心又刺痛人心。一场洪水过后，村民的损失是难以言表的，对靠天吃饭的农民来说，水旱灾害能让田地上的努力前功尽弃，毁于一旦。"一切都白忙"，赤裸裸道出了灾后的窘境，很残忍，又很现实。这则广告拿灾难做营销，以村民对灾害的恐惧来催动买房需求，显得不厚道。但也点出一个无法回避的问题，即农村抵御自然灾害的条件较差，容易因自然灾害导致倾家荡产。

这则广告虽然无情，却道出了农村的防灾软肋。因此，如何避免因灾害而"一切都白忙"的结局，需要相关部门认真思考与面对。客观而言，越是自然条件较差的地方，发生旱灾、水灾、泥石流之类灾害的概率更大，因为这些地方资金不足，基础设施建设落后，防灾抗灾能力更显薄弱，灾后的损失更大。

虽然到2015年中国城镇化率已达到56.10%，多半人口告别了农村，来到城市工作或生活，农村抵御灾害有了相对较强的保障，但毕竟还有近半人口生活在农村。加强农村基础设施建设，增强抗灾能力，避免因灾致贫，是

绕不开的题中之义。拿防汛抗洪来说，中小河流、圩垸堤防薄弱环节多，山洪灾害损失重，是一个客观现实。这些抗灾能力不足的地方，又多涉及农村。

避免损失不能寄望于村民到城里买房，这是显而易见的。即便完成了城市化的进程，农民与农村依然存在。除了引导有条件的农民进城，引导村民从不适合生存的地方迁出，加大对农村建设的投入，补齐农村防灾减灾的短板，才是正道。无论城乡，都能水旱无忧，无论在哪奋斗，都不会因灾而白忙，这才是我们要努力的方向。

（2016年7月25日《楚天都市报》）

"城里不买房，一切都白忙"，单从广告效果上看，确实很虐心，有吓唬、有诱导，也有一针见血的现实。正如上文所提到的，农村的基础设施薄弱，抗风险能力差，经不起任何灾害的袭击。一场洪水就可能冲毁家园，冲毁一切，这也是摆在面前的痛点。

本文没有批驳这则广告的耸人听闻（其实是有趁水灾过后渲染挫败感、以他人之危促销房屋之嫌，多少显得不厚道），而是顺势道出农村防灾抗灾能力缺失的现实，呼吁重视对农村建设的投入，以避免一场洪水就白忙的遗憾，这才是心系民生、富有社会责任感的写作初衷。

民生标准不能就低不就高

继武汉、杭州、上海等地在这一轮的降雨中遭遇"水漫金山"的痛苦后，北京也未能幸免。昨日下午，京城遭遇十年来最大降雨，导致多条环路及主干道积水拥堵，地铁1号线、13号线、亦庄线等线路部分区段停运。（据2011年6月24日《京华时报》）

前几天武汉暴雨洗城，多处地点如"汪洋大海"。有文章称，我国对城市主干道要求的排水能力标准设为"一年一遇"，武汉已达标。就是上海，250个已建成的雨水排水系统，也仅基本达到"一年一遇"标准；2010年5月广州暴雨袭城，当时官方数据称，当地中心城区排水管道达"一年一遇"标准的占总量83%，达"两年一遇"标准的仅占9%。

言下之意，城市内涝非排水系统落后所致，城市建设是照章办事，并无过错。现在看来，"一年一遇"的确是个通行标准。只是，即便排水系统符合"国标"，这个合格并不能带给我们荣耀或自得，事实证明，"一年一遇"成了"一雨一遇"。

当然，低标准总是有理的。中国奶业标准处全球低位，有关人士说，这是符合国情的，因为中国奶牛散养的多，奶水质量不高，如按国际标准会杀掉70%的奶牛。喝奶事小，杀牛事大。虽然业内人士指出，这事跟奶牛没关系，而是企业的设施跟不上，但这么一生拉硬扯，危害消费者利益、迁就奶企的低标准，倒成了造福奶农，不容置喙了。

排水标准低，就说"管网上边都有新的建筑群，拆又不能拆，城建项目面临审批，不是说上就上"。你看，难题总是有的，大家就少安毋躁，慢慢地学会水上漂吧！

奶业标准也好，排水标准也好，食品安全标准也罢，涉及民生项目，不能就低不就高，总拿"国情"当挡箭牌。至于公路收费、银行收费、水费、电费等，为何从来都是就高不就低，动不动就"与国际接轨"呢？一高一低的反差，这样的出发点与落脚点不改，在民生问题上拿"国情"来忽悠人的低标准恐怕仍会层出不穷。

甩掉这样的低标准，有赖于把民生作为施政核心，把民生指数作为考核指标。

(2011年6月28日《西安晚报》)

2011年6月的降雨中，许多城市遭遇"看海"的渍水之痛，究其原因，与排水能力不够有关。虽然国家的要求是，城市主干道排水能力标准设计为"一年一遇"，但这只是最起码的要求。多数城市在建设排水系统时，只以最低标准为依托，看起来是符合要求，其实是钻了国家要求的空子，不愿投入过多的资金为排水兜底。这种低标准与低要求，造成排水系统的"出不敷入"，一下大雨就渍水。

排水系统被称为城市"地下的良心"，看不见摸不着。一些城市的建设思维有偏差，重显绩轻潜绩，不愿将钱砸在看不见的地下，而热衷于建地上的形象工程，造成民生标准就低不就高，马虎行事，凑合就行。诸如奶业标准也是如此，没有国际上的通行标准高。这种就低不就高的思维，让一些洋品牌都钻空子，销往中国的产品质量打了折扣，然后还说是符合中国标准的。

本文对这种民生标准就低不就高的做派进行了批驳，因为这些标准事关民众的生活健康与幸福指数，容不得半点打折。本文的呼吁，无疑透着浓浓的民生情怀。

对神木免费医疗不妨多些期待

陕西神木县（现为神木市）自3月1日起试行全民免费医疗后，7所定点医院病床全部爆满。于是有人担心，这一政策太超前，财政会不堪重负。（据2009年5月17日《华商报》）

"病床爆满现象是可以想象得到的。受到免费医疗的诱惑，有的患者是生病后非等到3月1日以后来看的；有的是多年看不起病的；还有的是小病非要住院看的……"当地政府一位官员的剖析是理性中肯的。

看病出现井喷，实是一次集中的清欠行动。这跟一些地方的收费公园变免费后，头几天会遭遇爆炸性的客流量是一个道理。因为需求被压抑得太多，压力一旦移开就会有巨大的反弹。看病难看病贵时代，患者按下的看病冲动太多，如今有了免费的机会，自然都来一诊为快。

神木"全民免费医疗"模式运行首月，累计接收住院患者2070人，预计3月"全民免费医疗"报销总额约在960万元。"这是在预计范围内的。"

既然情况没有超出政府与医院的意料，就说明社会反应是正常可控的，就没有必要担心，就要坚持试下去。

改革本来就是允许试，在条件许可的地方，不妨让相关探索摸着石头过河。按神木医改方案，目前人均补贴400元左右，高于新医改方案中人均补贴120元的标准。以神木2008年实现人均生产总值6.87万元的经济实力，如果财政支出上能够支撑这个补贴，就让神木试行一段时间，以观其效，也许能为解决看病难问题试出一条新路。

让全民能看得上病的意义无须赘言。目前要担心的不是群众会占便宜的觉悟问题,不是道德风险,而是制度风险,堵住免费制度中其他因素"乱吃药"的漏洞比防止群众"乱吃药"更重要。

因为其中道理很简单,群众要忙于谋生,谁会没事到医院躺着?事实上,占着床位不住院,浪费医疗资源的多数是那些所谓的"公家人"。

跟公园的客流一样,免费医疗带来的患者洪流峰值是暂时的,很快就会回落。要防止的不是患者过度治疗,而是医院因利益冲动带来的过度治疗。比如,网上刚刚曝出的"退药"黑幕。以前的大处方、大检查、大手术、小病大治、延长住院时间、天价收费等问题若不解决,免费医疗变成浪费医疗,才会形成吞嗜免费福利的黑洞,造成资金风险。

黑龙江省卫生部门的一项调查结果显示,本省两所体制相同、规模相近的公立三级甲等医院,诊疗总量、重症患者比例、治愈水平大体相当,但是2008年度经济收入分别为19亿元和7亿元。收入的差别,源于治疗上的收费不同。(据2009年4月22日《经济参考报》)

扼住了医院图利的冲动,就扼住了医疗费用的膨胀,也就扼住了医患合谋的可能。没有落后的群众,只有落后的制度。

只要规范相关制度,不给以医以药生财的机会,严格划定免费的基本项目与用药,患者就不是洪水,不会冲垮全民免费医疗的大堤。

(2009年5月18日红网,原题:《没有落后的患者,只有不完善的制度》)

神木的全民免费医疗一度引起舆论热议,多数人对此不看好,认为这种政府包办的路子走不长久,难以持续。神木的情况有些特殊,因为煤炭资源丰富,当年煤炭行情很好,神木的财政收入大增,有财力为全民医疗兜底。神木的全民免费医疗对其他地方来说,可能难以复制或效仿。但我在众声喧哗中,认为神木的路子可以一试,不妨报以期待。从一些公园实施免费后,客流从井喷到回归常态，看到医疗实施免费后，求医者井喷也只是暂时的高峰，因为需求被积压了，集中释放后就会回落，两者道理是一样的。

随着时间的推移，证实了笔者的判断。据2015年6月17日《陕西日报》报道，神木医改已历六年，县财政需要承担的医药报销资金并未出现不可控的局面，相反，随着国家医疗保障水平的不断提升，县财政资金在报销总金额里的比重在持续下降。由于历史欠账问题和群众对免费医疗政策能否持续的担心，2009年时神木确实出现了集中看病的现象，医院患者爆满、一床难求，但经过一年左右时间的释放，2010年开始，全县医疗卫生状况就已恢复常态。

这说明，群众怕的是政策预期会变，一旦发现政策是可靠的，看病是有保障的，就不会急于一时，也不会小病大治。有了定心丸，群众平时该干嘛干嘛，不会没事就往医院跑。神木的医改成功令人欣慰，也让原来习惯了"小病扛、大病拖"的神木百姓健康理念发生重大改变，现在，只要身体不舒服，人们就会走进医院寻求帮助，这看起来是增加了医疗负担，实际是减负了。因为小病能及时治疗，没病及时预防，这比大病来临的花费肯定会少得多，社会与个人的负担反倒因此会减少。

本文对神木医改的支持，正是基于对全民健康保障如何破题的关切。对有助于解决问题的新事物、新办法，我们都不妨乐观其成，允许试，错了再改都可以，而不必急于质疑。鼓励任何对看病难的破解，是民生关怀，也是对社会负责的态度。

药价喊痛，计将安出

药价虚高一直是老大难问题，公众也早已失去了信心，因为芦笋片暴利的曝光，我们不得不再次面对伤痛。

芦笋片事件中，这样的一个情节是不该被忽略的：芦笋片从出厂价的 15.5 元到售价的 213 元，涨了近 13 倍，但没有一家媒体是以此常标标题切题的，无一例外不是以"1300%"的字眼来"耸人听闻"。虽然二者是一个概念，但哪个数字更吸引眼球或更震撼人心，轻重之间一目了然。

媒体为何要玩这种数字游戏，以近于标题党的手法来表达对暴利的忧愤？实是一种集体性的无奈，因为深知重复以前的故事毫无新意。"出厂价 1.2 元零售 18 元""供应价为 2.1 元，建议零售价为 11.8 元"，这样的倍差早已让人见怪不怪。如果还按老套路出牌，像"十几块的药卖了两百多元"，于显著性与新鲜性而言，这样的比较已是"难以启齿"。

事实上，15.5 元的芦笋片，投标指导价为 136 元也不算新闻了：广东江门 190.08 元一盒，黑龙江 160 元一盒，河南 133 元一盒，"天下乌鸦一般黑"，且如此叱咤江湖多年。据《新闻 1+1》报道，不仅仅是芦笋片，湖北省政协委员刘宝林曾说起药物招标的尴尬：3000 多个品规，九成基本药物的政府招标价比市场价还高，只有一成的招标价低于市场价。

这就不难理解，媒体这次为何要绕弯子，以"1300%"来呻吟药价之痛。唯如此大放悲声，才不致弦断无人听！

湖南省物价局坦言："在芦笋片的价格核定问题上,确实存在把关不严、信息收集不全的问题,定价时没有了解到15.5元的出厂价和每盒30元至40元的医药公司购进价等重要信息。"(据2010年5月17日红网)

看起来是技术原因、失察所致,实是当前的定价模式本身就值得商榷。"现在的招标机制并没有解决利益链条过长的问题。"医药流通的中间环节众多,每个环节的利润必须保证,层层加价就是必然的结果。有医药代表称,肿瘤药售价上千上万元的,也不在少数。

全国政协委员宗立成曾表示,完全由商业公司来经营药品是不行的,应根据市场规律多种形式并举。宗立成认为应该给予医院大宗药品的经营自主权:医院可直接从厂家进货,减少中间环节降低药价。对于那些特药、新药、用得少的药可以从商业公司购进,因为医院单独采购成本较高。(据2010年3月18日《瞭望东方周刊》)这话不无道理,芦笋片事件中,涉事医院就喊冤,药到院方手中时价格就很高,它们只是上浮了规定的15%。谁是食利者?也许不止一个环节,反正最终由患者买单了。

药价虚高的机制病根不除,芦笋片之类的病灶就不会自愈。但药价之痛不能总是靠"1300%"来呻吟,因为到下次,"2300%""3300%"也显得不够潮了,要喊一声痛,计将安出?

(2010年5月20日《华西都市报》)

药价虚高的问题,业内已见怪不怪,直到2019年,媒体仍在报道这样的例子。这其中有流通体制的因素,也有生产垄断的因素,如果某种药品的原材料被厂家集中生产后,就可能坐地起价,进而影响下游的企业提高产品价格。这么多年过去了,这个问题仍没有得到较好的解决,本文的呼吁仍有一定的现实意义。

有人说,时评是易碎品,时评依附新闻热点而生,新闻热点一过,相关的评论就没有意义了,大家很快就忘了新闻,又聚焦新的热点。看起来似乎是这样，现实却又并非如此。也许某件新闻、某篇评论大家不记得了，但新闻与评论反映的问题依然会存在，表达的关切依然是个痛点，所以观点与思考依然是有价值的。当然，我们更希望问题获得解决，让评论失去现实的指向性，这才是评论的初衷。愿评论化作春泥更护花，社会更和谐。

令人欣慰的是，随着国家深化药品集中带量采购制度改革，坚持"带量采购、量价挂钩、招采合一"的方向，逼着一些药品与医疗耗材的价格下降不少，向合理水平回归。

缺少廉价救命药比缺医更令人揪心

近来,一种叫作"放线菌素 D"的化疗药物成为热门话题。由于缺货急用,全国多个城市的患者、医生在微博微信上为此发布紧急寻药信息。(据 2015 年 8 月 24 日《长江商报》)

放线菌素 D 主要用于治疗儿童常见的恶性实体瘤,如肾母细胞瘤等,疗效比较确切。正因为用量少,药企生产该药的积极性不高,类似情形的低价药如博来霉素、氯胺酮、普罗帕酮(心律平)也经常断货。

便宜却好用的救命药短缺,其实是一个老问题。笔者十几年前做记者时,就曾写过这方面的报道,十几年后也亲历过一药难求的忧心。孩子有一次被同学用生锈的文具刀弄伤,要寻一支免疫破伤风针,跑遍各大医院都没有,急得不行。后来,孩子同学的家长想起一家企业医院可能有,才在幸运中解决了这个难题。每年夏季,寻找抗蛇毒的血清也常成为媒体追踪的新闻。

某种病明明有药可医,但因用量小、利润少,药企不愿生产,医院不愿储备,怕蒙受损失,最后是病人求药无门,这实在很残忍。就在不久前,《中国青年报》还专门报道过罕见病群体面临的用药短缺问题,因为所患疾病罕见,用药更是小众、无利可图。如 2014 年年初,治疗罕见病卡尔曼氏综合征的低价特效药 HCG 停产,在求助的第 60 封信石沉大海后,该病症患者潘龙飞决定用徒步中国的方式为自己维权。2015 年 8 月 8 日至 10 日在济南举行的第四届瓷娃娃全国病友大会现场,潘龙飞的事例作为罕见病群体面临的典型医疗困境再次被提起,以寻求破解之道。

可以说,少药比缺医更可怕更令人痛心。人类从出生就会不停地与各种疾病作斗争,很多病都曾是不治之症而导致病魔肆虐,造成不少人间悲剧。在抗生素出现前,人类对细菌致病是那么无力,一个伤口感染都是那么可怕。肺结核也曾是不治之症。人类历经千辛万苦,终于战胜了很多病魔,比如天花。当然,也面临着新的病魔威胁,比如埃博拉、超级细菌。找不到对付疾病的办法,那是令人无奈的客观现实,有待人类不懈努力。一些疾病跟解谜一样,一旦揭开谜团,便豁然开朗、不值一谈。然而有药之后因利润少而少人甚至无人生产,成了救人难题,这怎不令人扼腕?

中国医药企业管理协会、中国医药企业家协会会长于明德曾公开表示,廉价药品正以每年几十种的速度消失。不能不说,廉价药缺货本身已成为一种"常见病"与"顽疾",是横亘在病人面前的心头大患。缺医若是天灾,少药则是人祸。医院与医药企业的天职都应该是救死扶伤,理应有好的制度设计来促使医药双方无缝对接,将人类目前已经有能力制服的疾病祛除净尽。

让救命药不再缺货,仅靠医药双方的良心、道德维系还远远不够,有业内人士建议,针对临床必需、不可替代、用量不确定、企业不常生产的抢救用药及罕见病用药,以省或地区为单位建立此类药品的储备制度。这个呼声由来已久,面对一再发生缺药的伤痛,有关方面应该像粮食收储一样,建立某些特定药品的收储制度;也应该允许一定程度的浪费损耗,毕竟这类药并不贵,毕竟生命无价。存药千日,用于一时,值!

(2015年8月25日《中国青年报》,此文入选2015年第11期《杂文选刊》、《中国年度杂文佳作2015》)

救命药短缺是一个老问题,隔一阵就会造成用药紧张,引来媒体关注,

然后又不了了之。诸如3元钱一盒的牛黄解毒丸、1元钱一盒的红霉素软膏、2元钱100片的复方新诺明……这些常用的廉价药都已难得一见。青光眼手术必用药丝裂霉素被曝在多地面临断货，心脏手术用的鱼精蛋白也几度告急。这些药的共同点是便宜好用，安全有效，又不可或缺。其短缺的背后，不是生产技术有多难，而是因为廉价而造成厂家生产的动力短缺。

  世界上最痛苦的不是患了绝症无药可医，而是明明有药可医却买不到药，这实在是可悲。对此，本文提出观点，缺少廉价救命药比缺医更令人揪心，就是直指问题的症结与痛点。有病无药可治是无奈，而有药可医却没人生产，让人类发明药物的种种努力失去了意义，何其痛心。此文没有去探讨药品生产与流通的机制问题，而是直面要害，直面人心，发人深思，引来众多的共鸣。

□ 景区涨价潮下百姓只能学李白"梦游"

备受关注的四川江油与湖北安陆的"李白故里"之争,15日有了官方的说法,国家工商行政管理总局商标局批复,安陆使用"李白故里"不侵权。(据2009年9月23日《湖北日报》)

明摆着,"李白故里"之争,争的是个名人效应。诗仙李白在国人心中的分量不可言喻。李杜文章在,光焰万丈长。不朽的李白,留下的不仅是瑰丽的诗篇,其纵身山水的豪情,对大自然的热爱,激发着一代代后人对生活充满着阳光的向往。

李白诗歌不少是在身临名山大川、雄山奇水中有感而发,让人千古吟诵的如《望庐山瀑布》《蜀道难》《梦游天姥吟留别》等,无一不是"兴酣落笔摇五岳,诗成笑傲凌沧州",令人叹为观止。纪念李白、喜欢李白,不能没有油然而生的登山看岳的冲动。打李白牌,也无非就是为了吸引四方客人前来走走看看,借文化发展旅游,拉动经济。

然而,临近"十一"黄金周,在发改委等部门去年发布"限涨令"到期后的如今,各地景点门票按捺不住,纷纷涨声一片,涨幅有的高达70%。如云南石林景区门票价格由每人次140元上涨为200元,黄山景区早把门票价格由200元上调至230元。就是江油所谓的李白故居的门票,也要40元。李白若再世,一定会感叹:眼前有景看不得,因为门票在前头。

羡慕李白,不仅生在大唐盛世,处处花红柳绿,莺歌燕舞,可以尽情享受生活,而且那时的天下名山虽然僧道占多,毕竟是大门敞着开,没说要收门票。所以,李白能做一个快乐的背包客,把大好河山看遍,有"竹杖芒鞋"足矣,一蓑烟雨任平生。而今我等小民,不羡鸳鸯不羡仙,不求官来不求财,只不过想看看大自然赐予的风景,欣赏一下祖宗留下的遗产,此平生之愿只怕也难遂矣。因为眼看他景区开张,眼看他占山敛财,门票在上我在下,纵有游兴若奈何。

观之景区涨价的理由,万变不离其宗,那就是各项花销太多,入不敷出,所以要提价补窟窿。这些理由明显站不住脚,风景以自然为美,你到处乱搭乱盖,拆拆建建,坏了景致不说,又养着那么多闲人,钱不够,哪能游客来凑?再说了,景区真正用于资源保护的开支有限,黄山每年只有十分之一左右的门票收入用作景区保护;云南石林景区2008年门票收入近3亿元,而用于景区日常资源保护的支出仅为3000万元左右,人员支出和日常公用支出占了近三分之一。

很明显,涨价发的是景区垄断财,跟"要从此山过,留下买路财"的打劫逻辑如出一辙。唉,景区于老百姓而言,只能是"百见不如一闻"了。看不起风景,就跟李白一样,对着电视网络上的图片,来个"梦游"天姥山之类吧。

(2009年9月24日红网)

景区门票逢节就涨,过几年就涨一轮,这种门票经济对游客利益的损害,对旅游行业自身发展的局限性,是显而易见的。本文以李白梦游天姥山作比,认为这样涨下去,游客买不起门票进不了山,只有梦游算了,梦游景区总不会要钱吧?这种嘲讽与反语,实是对景区乱涨价的无情鞭笞,也是对游客利益的伸张,对民生问题的关切。

在经过多年的涨价闹剧后,景区门票经济这种短视与竭泽而渔的做法,受到各方抵制,走到了尽头。2018年6月底,国家发改委发布指导意见,要求切实降低一批重点国有景区偏高的门票价格，并明确了降价"时间表"，2020年要健全以正常运营成本为基础的门票价格形成机制。从限涨到降价，有关方面的态度一直是明确的，即景区不能以门票价格的无节制上涨来填补利益欲壑，门票经济不是可持续发展之道。

本文发表于2009年，近十年之后，景区门票涨价的喧嚣终于静了下来，回到以游客为中心的正道上来，以提高旅游品质与服务水准来促进行业健康发展。这是时代的进步，也是粗放式经营必然升级到精细化经营的题中之义，有舆论多年呼吁的倒逼使然，也有旅游行业竞争洗牌的倒逼使然。

随着时代的发展，居民的消费水平提高，高品质的出境游日益兴盛，对国内的旅游市场形成压力，不以质量取胜，不能提供好的旅游消费体验，就要被淘汰。随着全域旅游概念的兴起，单一的门票经济也显得不再重要，一些景区开始以免门票来吸引游客，以吃住购物方面的消费来弥补门票收入的缺失，结果效果更理想。门票经济的穷途，也是整个中国经济积极转型，推动高质量发展的结果。可谓时代潮流，浩浩荡荡，旅游行业唯有顺应时代大势，跟上时代节拍，才能有自身的健康发展。

本文坚持民生视角，敢于为民代言，也就经受住了时间的考验，最终实现了本文的初衷。景区门票经济降温，搬掉这拦路石，也就不用梦游景区了啊！

雨天"各扫门前电"也当成为一项制度

6月20日傍晚,福州突降强暴雨,在仓山科技园区双湖3路公交车站附近,有两人不慎被电晕,经路人及时施救均无生命危险。(据2018年6月21日《海峡都市报》)

福州供电公司发布消息:经现场查看,触电位置位于路灯及探头处,不属于供电公司产权范围,疑似路灯低压电导致的触电。在不久前的广州暴雨中,一男子在积水中触电死亡。据调查,事故原因系一交通设施的设备机箱内的电源插板在暴雨中遇水漏电所致。此前于6月8日晚,有一对母女在佛山市一公交站触电身亡。供电人员赶赴现场勘查,发现触电系公交站台广告牌漏电导致。

这几起事故引发社会的强烈关注,暴雨中还能不能安全出门成了大家担心的问题。谁也不知道下一个风险点在哪,虽然这样的隐患概率极小,但摊到谁身上都可能是灭顶之灾,人们有理由呼吁,城市的雨天不应有触电危险。纵观这些意外,有个共同点,即引发事故的并非供电部门的设施,而是用户的设施所致,包括广州一男子接触小区快递柜插座后意外触电身亡。

在城市中,需要用到电力的设施非常多,如果防护不周,就可能成为积水中的"电老虎"。那么,这些设施的用电安全该由谁负责?国家法规《供电营业规则》明确规定了供电设施的运行维护管理范围要按产权归属确定,分界点电源侧供电设施由供电企业投资和维护,分界点负荷侧受电设施由客户投资和维护。也就是说,谁的设施谁负责。这就要求相关部门"各扫门前电",切实负起电力设施的用电安全,做好漏电的防范举措,包括在选址上,防止低洼积水对设施的浸泡。

每次大雨对城市都是一场考验,不仅是考验排水防涝的能力,更有对城市管理水平与城市安全的检验。面对积水中可能的漏电风险,各责任部门须跟自扫门前雪一样,把电力设施的安全检查当作社会责任来担当,不可掉以轻心、麻痹大意。除了定期检查,在汛期以及暴雨来临之前,更要进行拉网式检查,不能总是在事后举一反三。这种监管工作,不妨由城市的应急管理部门或其他相关部门牵头,不时组织安全防范工作,对落实不力的,要严加追责,以还市民一个安心的生活环境。

(2018年6月22日红网)

2018年6月的降雨中,多个城市发生公共区域的积水触电事故,让人痛心疾首。笔者梳理新闻、查找资料发现,城市的用电设施众多,管理上也属多头,不是哪一个部门的事,无论哪个环节出现疏漏,都有可能发生漏电导致的事故。诸如路灯、广告牌、喷泉、电闸,等等,凡是与电有关的设施,都可能是潜在的隐患点,对此不可不防,但又不能让人不出门,怎么办?唯有各个环节负起自己的安全管理责任,做好防范措施。为此,本文提出"各扫门前电"这一说法,表达民生关切,为城市安全发声。

对无狗社区不妨来点宽容

近日,山西运城某小区打造无狗社区,开发商对新建的楼盘推行君子协定,"答应不养狗才能买房"。有网友表示支持,也有网友认为侵犯了养狗者的合法权益,有霸王条款之嫌。(据2019年2月25日央广网)

养狗与限制养狗一直是个矛盾,双方站的立场不一样,利益不一样,诉求也就不一样。对养狗的人来说,养狗是一种感情寄托,乐在其中;不养狗的则嫌狗叫扰民、粪便影响环境卫生,且担心狗伤人导致公共安全问题。这次有小区设定禁狗条款,算是开了先河,引起争议在所难免。

完全禁止养狗是不是太极端?一禁了之是不是简单粗暴?对此,山西一律师事务所的张律师表示,房地产在合同中设置禁止养狗条款,双方自愿签订,不违反国家法律法规的有关规定,属于有效合同。按这个理解,这种合同并不违法,只是提供了一种选择方案,愿意放弃养狗的人可以在此购房,不愿放弃养狗的人则可另觅他处。

商品房不是保障性住房,并非政府提供的公共服务,对于如何经营管理小区,开发商与物业部门在不违反法律与公序良俗的前提下,有一定的自主空间,可以进行适当探索。因此,既要理解、宽容爱狗养狗的群体,为他们提供相应的服务,让他们能养得安心、开心,同时也不妨理解不愿养狗者的诉求,为他们营造一个舒适安静的环境,二者其实并不矛盾,不一定是非此即彼的关系。作为社会管理创新的一环,社区其实可以探索一个双方都能接受的居住模式，让大家各得其所。

正如有的餐厅设有无烟区，大家都能理解这种做法，不会认为有霸王条款或歧视之嫌，因为公民有吸烟的权利，也有不吸烟的权利，餐厅设无烟区就是给不吸烟的消费者一种选择。出租车和高铁上禁止吸烟，也是如此，当然，也有安全上的要求。

开发商设立无狗社区，我们不妨理解成迎合部分业主的一种尝试，因为该小区只是针对新建的特定楼盘设限，对购房后又违反合同养狗的，也是劝导其放弃。规则制定在先，愿者就来，并无强制。

无狗社区既然是个尝试，到底行不行得通，就由消费者来决定吧！如果此举得不到认同，房子卖不出去，开发商自然会调整策略，改弦更张。

（2019年2月26日《楚天都市报》）

复盘手记

有开发商试点无狗社区，宣称"答应不养狗才能买房"，此事曝光后引起舆论关注。有人说，这个事情不好搞，就是事先承诺了的住户，住进去后要养狗，物业管起来也麻烦。这的确是个新鲜事，近年来，有关狗患以及限制养狗的规定，总能引起争议。有爱狗人士，也有不喜欢狗的人士，二者的需求与诉求不一，表达出的看法当然不一样。

我在此文中以餐厅中的"无烟区"类比，对无狗社区提出了支持，这与反对养狗无关，纯系支持另一部分群体的诉求，因为这个小区不准养狗，只是社会管理模式的一种，是商家在选择消费者，并不影响爱狗者的权利。对爱狗者来说，可以放弃养狗来选择这个小区，也可以放弃这个小区选择到其他允许养狗的地方居住。这二者并没有不可调和的矛盾，一个楼盘禁止养狗，跟一些公共区域，诸如餐厅、食堂不准携狗进入一样，只是小范围的限定。何况，城里养狗本身就是一项要被限制的权利，诸如登记、防疫、束链等要求，就是从公共卫生与安全角度来保护大家的共同利益。

表达不同的声音不是要哗众取宠，以显得另类，本文支持"无狗社区"，是站在公共利益上的理性观点。在一项调查中，有超过七成的受访者认为自己可以接受"不养狗才能购房"的承诺。可见，"无狗社区"也符合民意的期待，反映了民生诉求，即希望有一个安静卫生且无狗的生活环境。支持"无狗社区"也就是支持民生诉求，不妨理直气壮。

□ "戒烟入医保"未尝不可

国家卫生部（现与人口和计划生育委员会整合为中华人民共和国卫生和计划生育委员会）部长日前透露，将通过深化医改为控烟助力，逐步把戒烟咨询和药物纳入基本医保。这个"医保戒烟"计划引来争议，有人认为有限的医保资金应用在治病上，用来为烟民戒烟买单是表错了情，有损公平。（据 2012 年 4 月 17 日《广州日报》）

戒烟、控烟本身即为有高度社会共识的话题。用医保资金助力控烟，也不是什么离经叛道的事，医疗保健工作本来就包含治病与防病。只不过，国人的习惯思维素来重治病轻预防、重救灾轻防灾。这种观念根深蒂固，至今都不重视预防工作，以致本来主要担当保健预防工作的社区医生，往往异化为"开药医生"，居民问诊的多，咨询的少。"医保戒烟"让人想不通，既有这一落后因素作祟，更与在我国医保尚处于较低水平的当下，老百姓连治病的当务之急都难以缓解的沉重现实有关。

就事论事，"医保戒烟"是个好主意。早有专家提出，在我国人口多、财力弱的大背景下，尽快实现人人享有基本卫生保健之目标，不如走预防为先的医保之路，实现由"重医疗"到"重健康"的转变，以强化投入的"效率"。卫生部 2006 年发布的《中国慢性病报告》显示，中国慢性病死亡人数占总死亡人数的比例，已由 1991 年的 73.8% 上升到 2000 年的 80.9%。一些重大疾病及慢性病的发病早龄化，也不时见诸报端。因此，加强疾病预防,使国民少得病,应是医保工作的基础。医保的目标是"健康",医疗与预防都是手段,并非治病就是医保,防病就不是医保。

其实,加强疾病预防、减少疾病发生恰恰能降低医疗费用。就拿戒烟来说,根据目前行情,14天的药量需耗费260元,一个疗程(半年)的药费在3300元以上。这当然比较贵,但就治病而言,仅拿由于吸烟和空气污染等造成的慢性阻塞性肺病来说,我国目前约有3800万名患者,年人均医疗费超1.1万元,这笔开销是不少的。至于肺癌的治疗费用就更不用说了。两相比较,防病的费用还是要低得多。鉴于目前戒烟药都是进口的,成本较高,若以后实现国产,费用应会降低。虽说我国烟民众多,但有意识主动戒烟的只是一部分,不大可能造成实行"医保戒烟"后,一下子将医保资金大量挤占的情况。

另有数据表明,中国糖尿病患者人数高达9240万,较既往估计高出一倍,其治疗费用每年超过1700亿元。各类慢性病包括癌症呈早发、高发、持续上升状况,医保从治病转向防病、以防治结合来保障国民健康是大势所趋。基于此,对"戒烟入医保",在条件许可的情况下不妨乐观其成。倘若以后更有财力保障了,近视眼镜等其他医疗用品入医保也并非不能接受。

(2012年4月18日《中国青年报》)

戒烟的费用可进医保报账,一些人认为不可思议。从防病角度看,吸烟有害健康,如果能帮人戒烟,也就是预防因吸烟导致的相关疾病,虽前期花了钱,却能为后期省下更多的钱。所以,我对此表示赞同,并力陈得失,用数据说话,算是表达独到的看法。

这种异质的声音,是基于防病的费用比治病少,而国人一向重治病而轻防病,表达这个观点有现实必要性,也是有说服力的观点,并不离谱。全国政协委员、北京协和医学院校长王辰在新华网2018全国两会特别访谈上表示,人们日常所说的"烟瘾"即烟草依赖,是一种高复发的慢性病,需要公众、政府、医学界等社会各方力量的支持，共同推动吸烟率的下降。基于此，王辰提出了"提高专业化戒烟干预水平"的建议，内容包括普遍设立戒烟门诊、将戒烟治疗纳入医保等。

根据《深圳市建设"无烟城市"实施方案》，2018年12月前，各区人民医院要全部开设规范的戒烟门诊。该方案还提及深圳要探索将戒烟药物纳入医保目录。

我相信，经过时间的推移，防病重于治病的观念会更加深入人心，医保的适用范围会扩大。戒烟可入医保，这个观点虽然超前，但并非不能达成的目标。

□反低俗与禁烟的共同纠结

据8月3日中新网报道，低俗化已被视为文化体制改革新课题，"启动民族优秀文化"的努力已小有成效。北京将举行2010年国家艺术院团优秀剧目展演，这是近十年来规模最大、历时最长的一次集中展示，充分发挥了国家艺术院团的"导向性、代表性和示范性作用"。

今年以来，有关低俗的话题一直绵延不散，从春晚植入广告开始，到凤姐、《非诚勿扰》、宜春"一座叫春的城市"的广告语，印象中没有哪一年有这么多的"低俗"新闻。

自国门打开以来，我们一直被低俗问题所困扰，低俗之所以成为纠结，是因为弹性较大，没有一个恒定标准。当年的喇叭裤、交谊舞、流行音乐都被指为低俗。时代在变，低俗的标准在变，但总有一些东西被指低俗，引起争议。

按百度词条的解释，低俗主要是指低级趣味、庸俗，使人萎靡、颓废的内容。国家七部委整治网上低俗内容共涉及13个方面，与性有关的达12条，国家新闻出版广电总局整治相亲节目，除了严禁炒作拜金外，还明确规定"不得讨论低俗涉性内容"。

相对于坐怀不乱的高雅情趣，对低俗的定义，我并不反对。不过，食色性也，低俗这玩意自古就有，差不多是人的本能。在我看来，低俗或是人们自我减压的一种方式，也就图个乐儿，扯不上沉重的价值观、道德感。

有需求就有迎合，低俗作为某些群体的个人爱好或趣味，很难被消灭。低俗可以有，反低俗也可以有，二者并不矛盾。低俗与吸烟一样，政府不可能彻底查禁，禁得了台面上的禁不了地下的。所能做的就是跟禁烟一样，在公共空间内以法律或行政手段予以限制，这是保护另一部分人权利的公益行动。因此，低俗跟吸烟一样，不必将之污名化，但不能影响他人。电视台、剧院等媒介，显然不适合在公共空间宣扬低俗。

但反低俗估计跟禁烟差不多，要形成社会共识，形成公民的自觉行为，才能收到一定效果，这将是个长期过程，有赖于民众需求层次的提升。理性认识这点，便于我们对低俗以及反低俗有一个清醒的态度，不致因迷茫而盲动，或在运动式"执法"后因效果不彰而失望。

（2010年8月5日《华西都市报》）

这个观点比较大胆，却并非三观不正，只是说了几句实情。有道是，凡是与人性做对抗都很难，也是徒劳，因为人性上的弱点与生俱来，难以克服。食色性也。相对于某些人而言，无论低俗上的精神需求，还是吸烟这种物质爱好，虽然属于不良嗜好，但一旦沾上了是难以戒掉的。本文以禁烟作比，表达了对反低俗的不乐观态度，并非支持低俗，而是理性思考。既然难以禁烟，就先降低香烟焦油的含量，减少对吸烟者的健康损害，并在包装上提醒吸烟危害，在室内公共场所先行禁起。对反低俗，或许同样要讲方式方法，先易后难，循序渐进。

将反低俗与禁烟联系到一起，实是一种负责任的思考，指出正视现实，才能从长计议，并非不同意反低俗。

苹果砸昏女婴，让谁抛物谁负责

这几天，广东东莞一名3个月大的女婴，被一个从天而降的苹果砸中昏迷不醒，受到网友广泛关注。目前，女婴已花费10多万元，仍在救治中。据当地警方排查，已初步锁定扔苹果的住户。（据2018年3月20日《北京青年报》）

什么叫飞来横祸，高空抛物就是一种。它被喻为"悬在城市上空的痛"，是危害人身安全的劣行，是城市公共安全的巨大隐患，也是破坏环境卫生的"杀手"。据测算，一个小小的鸡蛋从8楼抛下可让人头皮破裂，莫说一个硬苹果砸中一名女婴了。

经诊断，女婴已是重型颅脑损伤，还伴有极重度贫血、创伤性休克、胸腔积液等症状。自3月9日出事后，女婴至今都没醒过来。以前多次发生过楼上抛物伤人的事，因找不到肇事者，就按法律规定，最后是由全栋楼的住户共同担责。这一次，希望不会牵扯无辜之人，在真相大白后，让谁抛的物谁负责。

据介绍，警方是通过一系列技术手段来锁定嫌疑楼层的，包括调取了被扔下来的苹果上的10多项信息，然后逐户提取了那栋楼上住户的唾液、血液等信息，最后逐步缩小范围。这确实是一个方法，这个苹果谁家扔的，以事实为准绳，不枉不纵，如此精准定位，可以避免一栋楼的住户都为事故买单，维护了公平正义，维护了法律的尊严，也能真正起到教育惩戒的作用。

减少高空抛物的危害,就是要这样揪出真凶,避免不文明行为背后的侥幸心理,以为丢下来神不知鬼不觉,不用为后果负责。刹住陋习的最有效手段,就是让抛物者付出代价,长个记性,懂得风险与责任。

目前,已有小区专门装上针对高空抛物的监控,这个完全可以借鉴。这次发生事故的小区,因监控的角度是平视的,并没有拍到苹果是从哪一层楼上坠落的,这是个遗憾。用于监控高空抛物的监控,可安装在楼底下,从下往上仰望拍摄,也同时避免了对住户隐私的侵扰,值得推广。

通过监控等技术手段防高空抛物,对不文明行为是一种约束与监督,也是为良好风尚撑腰。天降苹果砸昏女婴,惨痛的教训再次提醒各方,无论住户还是小区管理者,管住那只不文明的手多么重要,与其事后追责,不如做好事前的防范。

(2018年3月21日《楚天都市报》)

高空坠物,因找不到肇事者,同一栋楼的人都负有连带责任,这是现行法律的权宜之计,以给受害者以救济。这个规定一直伴随着争议,因为意味着没有责任的人也会成为"替死鬼",很冤枉地赔偿给他人。本文借案说法,主张揪出真凶,该谁负责就谁负责,这样才显得公平,也是吓阻那些乱抛物者。只有法律责任明确,才能发挥法律的威慑作用。

令人欣慰的是,相关法律也在完善之中。2019年8月22日提交全国人大常委会审议的民法典侵权责任编草案三审稿对此作出调整规定,从建筑物中抛掷物品或者从建筑物上坠落的物品造成他人损害,"有关机关应当依法及时调查,查清责任人",并明确"经调查难以确定具体侵权人"的,才适用由可能加害的建筑物使用人给予补偿的规定。换言之,首先是要查清责任人,谁抛物谁负责,通过查清事实真相,实施精准追责,降低"全楼埋单"的概率和风险,促进归责公平,这也是避免祸及无辜。

□西南大旱，揪心的不仅是那片土地更是民生

三月里的小雨，淅沥沥沥下个不停；山谷里的小溪，哗啦啦啦流不停。这是大家熟悉的一首歌里的情境，但这样的情景多是江南地区才有的画意，于我国其他地方，三月可能会经常遭到春旱的困扰。

近期，西南五省（区、市）的旱情就已非常严峻，局部已达特大干旱等级，据称是60年未遇。

旱情跟地震不一样，跟水灾、冰雹不一样，基本上"地干三尺，非一日之晒"，不如突发事件惹人关注，以致云南等地的旱象呈现在公众眼前时，我们才吃惊地发现，从去年8月以来，有些地方就没怎么下雨了。

真不知这么长时期，那片土地的父老乡亲们是如何度过的，又是如何叫天天不应、叫地地不灵的。难怪有"父母官"急火攻心，怒批气象部门这时还在预报天气晴好，应叫天气晴坏！

"父母官"的忧民之心可以理解，不过，罕见旱灾不只是给连续的太阳"晴坏"了的，让人揪心的也不仅是天气晴坏。

3月2日，国家防总在紧急会议上呼吁，采取临时打坝、截潜流、扩泉水、掘井水等措施；加强抗旱应急水源和"五小"水利工程建设。面对天不刮风、天不下雨、天上有太阳的残酷现实，眼下也只有如此临渴掘井，寻找希望之水，也唯有积极自救才能等待天时转危为安。

每到旱灾时，总能听到相同的指示，要树立抗大旱、抗大灾的思想。前

几年的重庆大旱时如此，去年的河南大旱时如此，这次也是如此。话当然没错，只是群众从来都是坚韧的，不会自暴自弃。要克服靠天等雨思想的，不该是受旱灾之苦的干渴群众。

2006年夏天的重庆大旱，也是60年一遇。治旱的关键是调水，而"水库建设不够、蓄水不足，脆弱的水利基础设施让重庆市政府在抗旱时有颇多掣肘"。（据2006年8月20日《21世纪经济报道》）当时水利设施好的地方饮水基本上没问题，设施差的地方则相当困难。2007年重庆两会时，时任重庆市委副书记的邢元敏还就江津勤俭水库年久失修向群众鞠躬致歉。

5年之后的今天，重庆又成旱区一员。该市防办副主任严永辉介绍，近3年，重庆市水利投入增幅全国第一，2009年投资额更是达到90亿元，相当于前10年的总和，这次刚好派上用场。"刚建成的开县鲤鱼塘水库，蓄水总量达1.024亿立方米，就是百年不遇的大旱也不用担心饮水问题。"（据2010年3月1日中国新闻网）

重庆的亡羊补牢值得肯定，也为他们的初尝甜头感到高兴。旱灾年年有，不知明年到谁家。如果都要经历大旱之痛后才补水利欠账，或者旱情一解除就不知水利工程之重要，那是比旱灾更让人忧心的事。

另据媒体报道，截至3月1日，云南省有关部门收到的已捐赠钱物，不到认捐数额的一成，其中矿泉水仅区区28箱。

这样的数字也是比天气晴坏还焦心的。对旱灾，最缺的是水或找水工具，捐赠如果有针对性则更好，比如，矿泉水、农机、燃油及打井机械之类。没有水，一切用品都是白搭，于抗旱而言，大而化之的物品捐赠未必能救急。

还有媒体在津津乐道云南罗平的旅游资源，为大旱之年油菜花提早一个月凋谢，相关景点水位下降大煞风景之类忧心。这真不知让人说什么好，这时候保证有水喝当是头等大事，至于看风景之类的，就算了吧！

好在久晴必雨，干旱地区在各方群策群力下，最终都能挨过艰困之日。这次也唯愿天佑西南，早日逢灾化吉。

只是，倘若我们总是习惯于被动抗旱，而不在此中警醒，做好水利、气象之类防旱基础工作，下一个大旱袭来时，又叫人如何以"抗大灾的思想"来人定胜天？

(2010年3月4日红网)

这篇评论是对西南大旱所面临的困难进行的深重反思。旱灾的形成与发展是一个相对漫长的过程，而解除旱情，一场大雨就够了，这就造成对旱灾的侥幸心理，也容易疏于防范。以致旱灾严重时，天气预报还在按部就班地说"天气晴好"，引起心急如焚官员的不满。这时候哪还需要太阳，要求雨才是啊！任何晴好天气都只会加剧旱情的发展，只会晴坏了土地啊！而抗旱设施的先天不足，抗旱物资的应急不够，都让抗旱处于无力无助的境地。

本文呼吁补上水利欠账，做好防旱基础工作，实是面对当下、立足长远的思考，充满着对民生的体恤之情以及对生存环境的忧患意识。

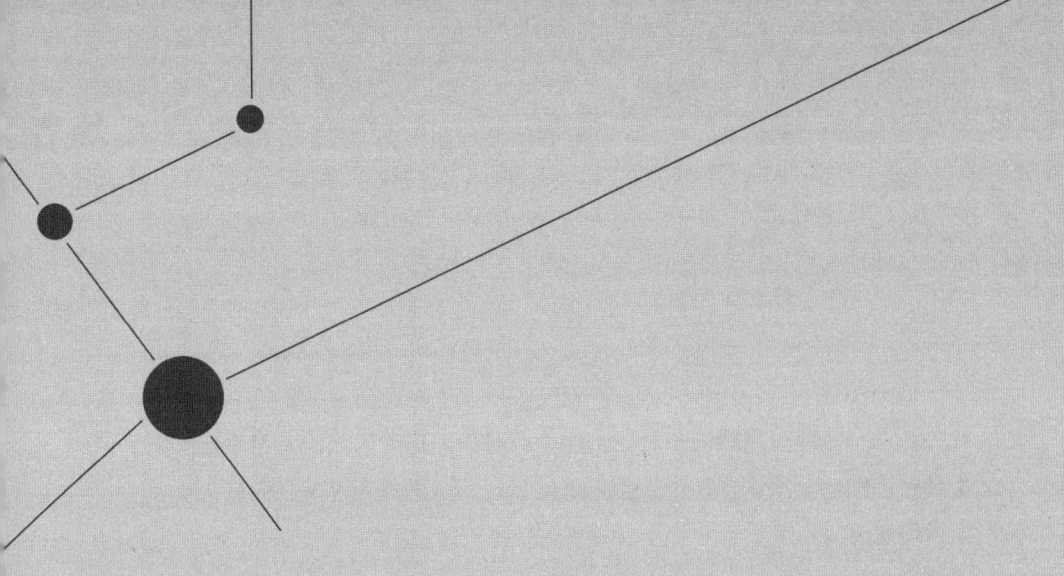

第四辑

个体观照
——关心人物命运与处境

人是一切社会关系的总和,个体的命运与他人息息相关,从细微处观照个体,也是对社会整体的触摸,倾注悲天悯人的大爱。

社会是由个体成员组成的系统，个体命运与所处的时代大势紧密相连，对个体生存状态加以观照，也是对人类整体的命运加以透视，表现出的是人文关怀和哲理性思考。

　　个体命运离不开个体尊严与生存权是否得到尊重，以及个体权益与发展权是否得到保障。对个体命运的细微观照能尽显人性真切程度，恍如提供了一面镜子，能让人从中找到自己的方位，在代入感中物伤其类鸣。

　　有道是，"文学是人学"。对新闻来说，更是如此，新闻来源于现实，与现实紧密相连。每一起新闻事件都不离开个体在其中的角色，新闻的五要素就必须有人物。新闻关心人、关怀人的命运和处境，就是应有的题中之义。

　　对评论而言，观照新闻事件中的个体境遇与命运，也是践行"三贴近"的必然要求。因为个体与社会是相互依存的，关注个体就是关注整体，对个体生存状态的观照就是对人类整体命运的关怀，在贴近群众、贴近实际、贴近生活中，让受众推人及己，或由己及人，引发共鸣与共情。

　　对个体命运的关怀、对现实人生的表述、对人类社会状态的深度观照，是浑然一体的。原新京报评论员高明勇说，人物评论的迷人之处，就是洞察这个时代的私密人性，既要寻找个体的时代坐标，观照个体命运的跌宕起伏，又要在一个个的个体中，找到共性。因此，新闻评论中仍然需要进一步凸显对"人"的理解与评价，尤其是对个体命运的关注，标注生命的刻度，测试生命的温度，打量生命的高度。

　　人间烟火气，最抚凡人心。关注个体，关注一个个普罗大众的命运，就是关注现实生活，让评论接地气，透出人间烟火气息，以悲天悯人的情怀抚慰人心。

　　再进一步说，大而言之，观照人民的生活、命运、情感，表达人民的心愿、心情、心声，新闻作品才会在人民中传之久远。因此，评论的情怀也就离不开对个体命运的审视与观照。当今，人类命运共同体的理念也使得个体观照这一命题更加深刻和丰富，成为评论写作的思想源泉。

一、对个体的观照，首先是要有同理心，能站在新闻事件当事人的角度，与之同悲共喜

他人的悲欢当与写作者是相通的，急他人之所急、忧他人之所忧、盼他人之所盼、喜他人之所喜，如此深入个体内心，站在个体的立场，以同理心去体察，才能理解个体的行为。

诸如《米粉店的送学喜悦激荡人心》，就是设身处地站在家长的立场，理解家长培养孩子的不易，懂得在孩子考上大学后所表现出的人之常情。

这样的新闻还不是一起两起，先是广西桂林市全州县一家米粉店，贴出"去北京送儿子上清华大学读书而歇业"的通知，在网上引起广泛关注。后来，武汉一家小笼包店所张贴的歇业通知，也在网上火了。店主先是告知回老家陪女儿高考，再又换成喜报：女儿金榜题名，本店重新营业。

这样的歇业通知充满父母的骄傲，也是众多普通人物为命运的改变而自强不息的写照。通过自己的辛勤耕耘，为下一代铺就成才之路，当梦想照进现实时，自然是喜不自禁，与他人分享喜悦，晒一晒自得之情，这是可以理解的。

评论以同理心，站在他人的角度，自然能入情入理，让读者产生共鸣，觉得言之有理，从评论中读懂家长发喜报的心情。

二、对个体的观照，还要体现在为个体的命运关切，希望问题能得到解决，向个体表达美好的祈愿

个体观照不是看稀奇，看热闹，读者或可以有看客心理，新闻人却不是看客，而是观察家，是瞭望者，是要以悲悯情怀去打量新闻事件，思考救济之道。

诸如《上班听音乐被辞退须依规行事》，就是站在当事人的角度，帮当事人鸣不平，说个公道。

2018年5月17日上午，江西金溪县由县委主要领导带队对干部作风进行了一次突击暗访，打响该县整治"怕、慢、假、庸、散"五大作风顽疾"第一枪"。其中，一名便民服务中心工作人员因上班时间戴着耳机当天被辞退。

这样的事情往往被当作治庸问责的典型来报道。应该说，上班期间戴着耳机听音乐确实不妥，被上级暗访组发现，撞到了枪口上，又影响了单位形象，受处分自是难免。但要不要受到开除的处分呢？说实在的，一些单位的工作作风平常就是这样的，没事上上网、聊聊天，一张报纸一杯茶地过。如果平常没有从严要求，上级来检查，穿了帮，就从重从快处理给上级看，也难以服众。

实际上，每次领导要抓作风建设，就是巡查窗口单位，拿窗口单位的工作人员是问。这固然因为窗口单位是联系群众的桥梁，事关单位的作风形象，但也不能只盯着窗口单位这样的基层是问，老是拿窗口单位来立威，也有柿子捡软的捏之嫌，为何不对机关单位也从严要求呢？

因此，本篇评论在写作时提出了这样的疑问，这不是为哪个受处理的职工打抱不平，而是出于规则的公平，对事不对人。什么情形单位该辞退，应该有个规章制度，平时就按制度来管理就行了。不能平时听音乐没事，撞上暗访了就倒霉。

评论对个体的观照，就体现在这种为个体的命运表达关切上，人文情怀尽在其中。

三、关注个体的命运，还可以从个体的遭遇中为其他人指出一个方向，帮助一个群体

一个人的命运，往往是一群人命运的写照。正如上文提到那个上班听音乐被开除的工作人员，如果听任长官意志说了算，没有规则制度来兜底，那么，她的命运，也是其他人的命运，今天这个员工听音乐被开除，明天那个员工同样会因其他事项被开除。

因此，关注一个人的命运，也是关注一个群体的命运。

诸如《"三轮车夫博士"应有复制意义》《记者当官照不亮新闻人的前程》《"杜拉拉"可拉得起底层的困顿》，都是这样的评论，从某个个体说到这一类人共有的课题，以提供参照式的样本。

11年前，高中学历的三轮车夫蔡伟被复旦大学破格录取为博士研究生。如今，他在贵州安顺学院工作，希望他的学生跟他一样，被知识改变命运。

出生在辽宁一个普通家庭的蔡伟，从小热爱古书籍，凭着对兴趣爱好的坚持，也算在古文字方面有些底子。虽然没能考上大学，他在网络论坛上的一些文章仍然引起了专家的注意，并获得一些锻炼的机会。又经专家推荐，他破格进入复旦大学读博，毕业后找到一份工作，摆脱了生活潦倒的局面

个人命运的翻转，有他自身的努力，也有伯乐识马的幸运。一个人的幸运如何变为一群人的幸运呢？评论对此提出了思考，就如何在制度上给不拘一格选人才提供保障，表达了主张。这就是由此及彼，从一个人的命运轨迹上，推广到了其他人身上。这样的个体观照，也就有了情怀的深度与广度。

院士之乡的共同密码是教育

11月22日,中国科学院、中国工程院陆续公布了2019年院士增选结果,不少院士的家乡、工作单位纷纷发布消息,奔走相告。培养院士哪家强,一时间,喜讯刷屏,"院士之乡"又以走出的院士数量之多引来瞩目。(据2019年11月24日腾讯网)

公开的资料显示,安徽枞阳县的两院院士增至8名,山东烟台的院士有19人,江苏宜兴、浙江镇海、广东江门的院士都达到了30人或以上。这些地方都可以称得上"院士之乡"。更大的区域内,江苏苏州以及包含了镇海的浙江宁波,两院院士都超过了110名,在全国数一数二,"院士之乡"的名号可谓无可争锋。

院士有着令人顶礼膜拜的光环,称得上顶尖科学、工程技术专家,这些"院士之乡"对院士的引以为傲,有着人杰地灵的自豪,反映出尊重人才的良好社会氛围。大家津津乐道哪里的院士多,当然是有一股羡慕之情,想从中获得人才培养的密码。

梅花香自苦寒来,"院士之乡"的名声远播,并没有什么独特之处。人才辈出的地方,无一不是有着深厚的崇文传统,以读书之风为盛。安徽枞阳属于老桐城的地盘,"桐城古文派"绵亘两百余年,流风余韵传播至今,就是崇尚读书,学成后又乐于从教,代代薪火相传。宁波自古有浓厚的讲学向学的社会风气,《三字经》的原作者王应麟,就是宁波人。当地也盛行藏书文化,"书藏古今"使得文教繁盛,爱好读书藏书,给教育事业带来很大的发展。

过去出状元、进士,如今出教授、院士,是众多有崇文传统地方的共同特征。就拿湖北蕲春的"博士街"来说,蕲州镇一条不足600米长的东长街,至今走出了100多位博士、教授。小街书香气息浓,孩子们耳濡目染,从小就立志读书。这种重视教育的传统与氛围,形成了批量成才的博士群体现象。

天才出自勤奋,"状元之乡""院士之乡",无关风水宝地,不过是投资教育的结果。一人成才竞相效仿,一花引来百花开。在榜样的带动下,有样学样,尊重教育,崇文向学,你追我赶,自然"江东弟子多才俊",蔚为群星闪耀的大观。羡慕院士与"院士之乡",就跟他们一样热爱读书、发展教育吧,相信你与你的家乡也能人才辈出,与院士有缘。

(2019年11月26日《楚天都市报》)

本篇评论的特点就是通过归纳的手法演绎出共同点,那么多的"院士之乡"不是偶然出现的,不是幸运的产物,而是有共同的成长密码,那就是对教育的重视。这样的解读是客观科学的,让人从惊奇中悟出一个道理,找到努力向上的方向。这世间没有奇迹,都是努力的结果。

评论从对院士个体的观照,上升到为一群人找到路径:要想成长,就要投资教育,好好读书,这样你也可以成为院士,你的家乡也可以成为"院士之乡"。这样的评论有情怀,也有站位高度。

□米粉店的送学喜悦激荡人心

近日，桂林全州一家米粉店的歇业通知火了。全文如下：各位顾客，本人因送儿子上清华大学读书，8月20日至24日暂停营业5天，25日正常营业，请相互转告。（据2017年8月21日红星新闻）

据了解，老板姓唐，儿子今年考上了清华大学土木工程系。平时店里生意比较好，连大年初一都要营业，这次趁儿子上大学的机会，才歇歇。通知传到网上后，迅速引发网友关注。"厉害了，恭喜！""还是用隶书写的，难怪教出这么有出息的孩子！"另外，也有网友调侃："老板您这是让我们互相转告歇业呢，还是转告您儿子上清华呢？"

这份通知确实能让闻者同喜。有人说店老板显摆，送孩子上学就上学呗，非要写上清华。我以为，得意也好，虚荣也罢，摆出来也未尝不可。人生三大喜事，金榜题名的幸福自是按捺不住。他既没有大宴宾客，又没有放鞭炮庆祝，贴则通知，分享喜悦，实乃人之常情。对此，只要没有患上"红眼病"，都会替他高兴，"有福同享"一番。

这则通知，写着父子两代人的圆梦故事，透着底层奋斗成功与春华秋实的芬芳。这位父亲做着小生意，平时还坚持练字，在生活的忙碌中仍不放弃对文化的追求。他自己没有上过大学，却懂得知识的可贵，充满对未来美好的向往，以默默付出支撑着下一代的追求。这样的父母，在芸芸众生中以千万计，正是他们在平凡中的坚持，才有了一个个优秀子弟从普通家庭中脱颖而出，成为社会有用之才。他们一生没有到过大学，只是在儿子中榜后才跟着"幸与荣焉"，去触摸大学的草木与教室、食堂所给人的神奇与神圣。

每到新生入学季节，总能看到众多的送学大军映入眼帘，平凡的父母们不约而同从四面八方来到校园，成为一道风景线。他们的一生只是这一回，跟着孩子进趟大学，打捞自己蛰伏多年的喜悦。几十年来，这个时刻从未改变，但也只是惊鸿一瞥，人潮散去，回到家，他们仍是米粉店的老板或是田野上的农民，湮没于生活的庸常。

这样的一幕，每年都在重复上演，却让人百看不厌。每一个在底层中的向上提升总是令人眼热与欣慰，这是社会生生不息的向前力量。米粉店的通知火了，火得有理，因为火出了人间的真谛，我们都能从中感同身受那些破茧而出的美好与不易，懂得人世间积极向上的励志与情怀。

每一个寻常的坚守终会绽放动人的美丽，每一个努力的人终能收获米粉店送学歇业的幸福。这份喜悦，我们自可帮着奔走相告好了，祝福每一个默默付出的人生终会有好运，也终会有好的结果相伴。

（2017年8月23日《楚天都市报》）

2019年5月，武汉一家小笼包店张贴出歇业通知，店主回老家陪女儿高考。一个多月后，高考成绩揭晓，歇业通知又更换成喜报：女儿金榜题名，本店重新营业。

小笼包店主的歇业通知，与米粉店主的送学通知如出一辙，都写着为人父母的不易，写着打拼人生的自强，写着儿女成才的喜悦。

这样的父母，这样的人生，可谓很常见，是众多普通人物为改变命运而自强不息的写照。上一辈人可能欠缺文化知识，尝尽了生活的苦头，就希望下一代能通过教育实现人生逆袭。在这样的家庭中，无论父母还是孩子，对自己责任都很明确，一个是谋生养家，一个是认真学习，都有清楚的使命感。父母的积极奋斗给孩子以现成的榜样，双方各自努力，又相向而行，共同自强上进，最终活成了想要的样子。

　　这样的歇业通知，充满了父母的骄傲。每一位父母都可以有这样的歇业通知，通过辛勤耕耘，种瓜得瓜，种豆得豆，在理想照进现实后，痛痛快快地骄傲一回。在每年送孩子上学的大军中，那些辛苦了多年的父母们，何尝不是有着油然的成就感与自豪感，何尝不是歇业了一回，放下工作陪孩子潇洒走一遭。

　　歇业通知写着先苦后甜的真谛。网友说，他家的包子应该可以放心吃。这是什么意思呢？一个积极向上的人，做事肯定认真负责，值得信赖。正是无数个起早贪黑与兢兢业业，才造就了平凡人生的成功喜悦。我们既要看到孩子中榜的喜报，也当看到每份收获都来自不懈的耕耘，愿每个父母都能迎来自己孩子人生的高光时刻。

　　本文对这种金榜题名的喜悦进行解读，关注个体的情感起伏，也是为凡人的努力点赞，以鼓励更多的普通人通过默默无闻的努力，悄然实现他们的一个个梦想。

□ "零分考生"再高考诠释读书真谛

10年前,安徽蒙城县考生徐孟南为了宣传自创的教育理念,故意考零分吸引社会注意。短暂的出名后却是生活的坎坷,经历了结婚、得子、离婚与四处打工的不易,如今他再次踏入考场,想一圆读书梦。(据2018年3月26日《安徽商报》)

徐孟南因零分一考成名,也确实风光了一阵,但很快归于平淡。为了生存,他辗转打工却四处碰壁。他的遭遇是必然的,因为交白卷的时代早已过去,知识改变命运的观念深入人心,这也早已被众多的实践所证明。不好好读书就想轻松成功,其实是在逆潮流而行。

恢复高考以来,累计超过1亿的考生上了大学,大学教育也从精英化转向大众化。在这样的背景下,本科生做一些没有技术含量的工作,反映出的并非大材小用或是人才浪费,实是整个社会的受教育水平上了几个档次,人才的内涵已发生质变,社会对人才的需求也是日新月异。

在社会已发展到知识经济与人工智能时代,制造业向智造业华丽转身,新动能推动经济向高质量发展前行,如果还在相信读书无用论,那真是没文化,很可怕。最后必然跟徐孟南一样,在经历生活的洗礼后才幡然悔悟。

实际上,放弃高考只有几年工夫,徐孟南就悔之不及。2011年,他曾带着条幅与4000份传单,到南京与合肥等地的学校宣传,"希望让大家不要效仿我走错的路"。今年3月25日,徐孟南已再次走进考场,参加了安徽省

2018年普通高校分类考试招生和对口招生文化素质测试。他铁了心要考上大学,去过一种截然不同的生活。

这是多么痛的领悟!还是那句话说得好,在适合读书的年纪一定要好好读书。"零分考生"重新高考诠释了读书的真谛,拒绝教育就是自毁前途。

(2018年3月27日《楚天都市报》)

一名当年有意交白卷的考生,在10年后重新走进考场求学,这个人物有一定的样本意义,是对"读书无用论"的最好回应。多少人好读书时不好读书,怀揣梦想就匆匆上路,却是跌跌撞撞。没有文化,行之难远。但在撞了南墙后回头,为时也不晚。

韩寒没有参加高考,却获得了成功。这个少见的例子,一度引起叛逆青年的误读与效仿,徐孟南就是其中一个,他以交白卷来反对应试教育。但没有谁能随随便便成功,韩寒现象不可复制,韩寒后来也表达了对高考的尊重,认为当年退学是一件很失败的事情,说明在一项挑战里不面对,只退出,这不值得学习。

高考制度虽不完美,却有最基本的公平,是底层可以把握的向上通道,这是社会共识。高考的重要性无可替代,高考给了人梦想,让人生有了无限可能。"零分考生"徐孟南重新高考诠释了读书的真谛,对此"浪子回头",当给予肯定,这对其他人也是一针清醒剂,拒绝教育就是自毁前途。

接受平凡比考上状元更需要勇气

江西宜黄县理科高考状元杨仁荣大学毕业后与家人失联9年，今年8月，杨母被诊断出癌症，向媒体求助，希望能看儿子一眼。看到报道的杨仁荣才终于与家人联系。他坦陈9年失联，皆因面对不了没有取得成功的现实。（据2018年10月31日《中国青年报》）

杨仁荣有着顺利的求学生涯，高考后被北京航空航天大学飞行设计专业录取，但因对专业不感兴趣无心学习，最后没拿到毕业证。步入社会后，他到处打工，换了十几份工作。而这时，社会评判一个人成功的标准从学习变成了物质，让他觉得压力很大，开始抗拒跟家人联系，并渐渐成了一种习惯。

杨仁荣一路走来，没有任何特别之处，上大学后迷失了、颓废了的高才生并不少见；外出打工多年，没挣到钱不愿回家的也不少见。正因如此，杨仁荣的遭遇才有令人深思的样本意义：小时成绩好，长大了是不是一定非要有出众的成就？学霸是不是就得一路"霸"到底，能不能归于平凡或是平庸？衡量成功的标尺是功成名就，还是过上自己想要的生活？显然，杨仁荣没有做好这个思想准备，他的家人也没有思考过这些问题。

从杨仁荣的潦倒，到北大才子街头卖肉，到人大女生沦为贫困家庭六子之母，这些人生轨迹令人唏嘘。当然，不能以简单的得失来论他们的成败，但他们曾经的状况，显然一度有负亲友的热望，有负社会的期待。不是说高才生就不能过普通人的生活，而是这些孩子从一开始，大家就给他们绘好了蓝图，学而优则达是必然的归宿，是不能有任何差池与闪失的。这种成龙成凤的愿望，恰恰给了他们不应有的压力，成了前行的包袱与累赘。

杨仁荣说，要承认自己不是天才是一件挺痛苦的事，这个坎过不了。杨仁荣的痛苦，正是不少人的现实命题。一些家长与老师对孩子从来就没有因材施教的准备，所有的教育导向就是让孩子成为最优秀的那个。其实，每个孩子都是独一无二的，没有可比性，而多数人也是平凡的，能站上金字塔尖的毕竟只是少数，一味追求所谓的成功，只会让孩子与家长都陷于莫名的焦虑。

除了成功，还有更重要的东西，挫折教育是一方面，情商培养、综合能力培养是另一方面，而如何学会接纳一个平凡的自己，接纳一个平凡的孩子，对每一个人都很重要。好在杨仁荣最终懂得了这个道理，接通母亲电话后，他觉得其他的事情都不重要了，马上回到了亲人身边。是的，接受平凡比考上状元更要勇气，这世界原本就没有一成不变的评价标准，没有永远的成功或是失败，只要脚踏实地做好自己，无论是何结果，都不妨坦然面对，不必活在他人的评价中自我加压、自寻烦恼。

（2018 年 11 月 1 日红网）

混得不好，不愿回家，这是一种错误的成功学，连项羽也是无颜面对江东父老，接受不了失败的现实。其实，即便是优秀的人，也不可能总是一路优秀，何况，多数人也就是个普通人，所以不必自我要求太高，以致陷于自我的迷思中走不出来。

类似的新闻不少，也有一些优秀的孩子在面对挫折时，选择自暴自弃，甚至是结束生命，这都源于从小受到的教育中只许成功，不能失败。望子成龙成凤与出人头地的文化，让很多人背负着必须优秀的压力，一旦不尽如人意，没有达到心中的理想，就无法接受，这是很多悲剧的根源。

本文提出，接受平凡比考上状元更需要勇气，真的是直面人心、启迪心灵。人不能与自己较劲，能放下纠结，方为大智慧。

□ 为最后一名颁奖体现尊重之道

10日,在浙江永康半程马拉松赛事中,当最后一名选手王健苗冲过终点时,永康市市长朱志杰已经等候了3个多小时。市长为最后完成比赛的选手挂上奖牌,让观众都感到非常暖心。(据2017年12月11日《钱江晚报》)

这一幕确实意义特别,不仅体现了市长的亲民作风、对参赛选手的尊重,也体现了对体育精神的尊重,是马拉松这项运动的最好注脚。

马拉松是一项长距离的跑步活动,参加马拉松的意义并不在于与他人争个先后,而是考验每个选手自身的毅力与体力,只要坚持到底,就是胜利与成功。因此,每项马拉松比赛,无论数千人还是数万人参加,无论花多少时间跑完全程,只要坚持下来,都有着一样的成就感,最后一名与第一名的意义并没有本质区别。

马拉松这种健身活动真正体现了重在参与的乐趣与价值,这也是马拉松运动在各地风靡的原因,人人都是参与者,也是获奖者,自然广受欢迎。为最后一名选手挂上奖牌,与马拉松赛事的主题呼应,体现了举办活动的初衷。马拉松赛事其实是一项全民体育运动,也是培育城市精神、展现城市形象的舞台,每一个参与者都是为这项活动捧场,为城市形象增光添彩,理应受到同等对待。

为最后一名选手颁奖在国外较为常见,在国内并不多见。2016年的武汉马拉松,为最后一名选手颁奖,体现了这座城市敢为人先的精神与包容的气度,"坚持到最后,你也是冠军"。

浙江永康的这次赛事,与"汉马"殊途同归,不仅参赛选手有奖牌可以拿,就连志愿者都能拿到纪念奖牌,体现了"来者都是客"的以礼相待之道。

马拉松赛上,每位选手坚持不懈、挑战自我的精神是一样的,理当得到一视同仁的褒扬。为最后一名选手颁奖,其意义也会超出体育比赛本身,无论在哪个行业哪个领域,只要认真努力了,发挥了全部的潜能,就应排名不分先后,均获得同等的尊重。对每一个平凡人的努力,且给予同样的礼遇与鼓励。这种理念越深入人心,越能激发人积极向上,社会也就能变得更美好。

(2017年12月12日《楚天都市报》,原题:《坚持到最后 你也是冠军》)

永康半程马拉松赛事中,市长朱志杰原本是给前三名颁奖的,后面的选手由志愿者发给纪念奖牌,而市长坚持为最后一名到达终点的选手颁奖,这难能可贵,体现了对参赛选手的尊重,以及对这项赛事的重视,或者说,认真呵护了赛事给城市带来的影响力与美誉度。市长尊重他人,也是尊重自己的城市,尊重自己作为一市之长的职责。

为最后一名到达终点的参赛者颁奖的做法成为经典,受到各方肯定,就在于此举是对体育精神的敬重,也是对重在参与的最好诠释。鼓励每一个平凡的人,努力做跟跑者,努力超越自己,这比只给优胜者颁奖更有意义,因为大多数人是普通人,能激励普通人上进,社会才会更有活力与幸福感。

每一份辞职信里的情怀都值得珍惜

如果要评选2015年的年度汉字,我会选取"辞"字。"世界那么大,我要去看看""我的胸怀太大,这里装不下""分居得太久,老公都不认识了""官场的应酬我适应不了"……今年以来,一封封特别的辞职信或告假的理由,在网上一阵阵地火了、红了,成为热议话题。

这些辞职的,有官员、有媒体人、有教师,他们的来来去去、上上下下,本是职业生涯中的正常变动,三百六十行,年年岁岁,哪一行哪一年没有人离开呢?今年这么多的兔死狐悲,可能与传统媒体业的困境有关,每一个人的离开,总让大家物感其类,触景生情,便借职业之便,将这些辞职信炒红,痛着他人的痛,悲伤着自己的悲伤。

处境总是相通的,无论是官员对应酬的无奈与不适,还是教师对外面世界的向往,媒体人对理想破灭的迷茫,都能让人心有戚戚焉,顾别人的影自怜自省。大有而今你走我相送,他日我别谁来迎之感,只叹"天尽头,何处有香丘"。更何况,有的还是我们所熟悉的朋友、同行,他们的经历,他们的命运,与我们或多或少的相似,辞职信一篇读罢长唏嘘,更那堪,风和雨。

也有人不以为意,辞职就辞职,哪有那么多的情怀,多半是矫情,大丈夫走则走矣,何饶舌也。无论男人女人,有泪不轻弹,都只因没到伤心处。想当初,做着好梦的青年,是那么的豪情万丈,归来却空空的行囊;回顾来时路，满目苍穹处，已然找不到北。人非草木，孰能无情，有些伤感也是正常。

每一份辞职信里的情怀都值得正视，这些无端狂笑无端哭泣纵有乖张之处，有一时的情绪在里头，不尽然是事实，但这世界本就是各人心境的反映与投射，各人感受不一，胸怀大不大，没谁知道，而脚下有没有路，自己当能望到。这些感受无论是对是错，都是某种现实的写照，当令人思之。他们为什么有这样的感受，问题到底出在哪个环节，是这里的文化不适合他们，还是他们不适合这里？都不妨换位思考，看看能否彼此调适。不必见到情怀就哂笑无知，或是对那些不合时宜的表达勃然大怒，认为单位待你不薄，你却如此不敬。

当然，每个人的追求不一样，你觉得苦不堪言的，人家却乐在其中；你觉得杯觥交错是浪费时间，不三不四的饭局让人惶恐，有人却趋之若鹜，好这一口的白沫与攀附；你不屑于投机钻营，有人却甘之如饴，视为推动人生的生产力；你堂堂正正，光明磊落，沉默是金，有人却爱搬弄是非，上下其手，使绊子下签子，小人之事做尽。人上一百，形形色色，遇人不淑固然倒霉，可又能逃到哪里去？也不必将此归于环境、归于制度，哪个地方都有不尽如人意之事。莫道小溪容易过，青苔滑石也惊人，面对困境，唯有小心路过。

不管如何，每一份辞职信里的情怀都值得珍惜，有情怀说明血是热的。理想不灭，初心不忘，爱过痛过才是真心付出过。将工作当作追求而不是投机的工具，可予以一定的尊重与包容，即便有偏颇之处，不妨以善意来理解。让人诉诉自己的衷情，天塌不下来，还是祝福那些有情怀的人吧，愿你们理想的种子能找到合适的土壤生长。

（2015 年 11 月 22 日红网）

辞职年年有，本是职场常态，不值得大惊小怪，2015 年却有几封辞职信

在网上火了。有人说，这是矫情，辞职就辞职，还晒什么辞职信。本文设身处地站在那些辞职者的立场，认为用人单位不妨听听离去者的声音，这不是什么坏事。哪怕是怨言，听一听也是好的。因为爱，所以失落；没有热爱，就没有不满。所以说，每封辞职信的情怀都值得珍惜。

□ 通讯录与亲情之间隔着多少无奈

"你爸躺在地上,而你在通讯录里……"空巢老人与儿女之间的这种痛,无论在城市还是乡村,都是常见的无奈。哈尔滨192.4万老年人口中,有六成多"空巢老人",他们不怕死却怕生病,更怕给孩子添麻烦。在他们的手机里,孩子永远在通讯录的第一位,那么近却又那么远。(据2017年9月25日《新晚报》)

65岁的朱阿姨一个人照顾瘫痪在床的老伴儿已5年了,她担心过老伴儿突然病倒、发生各种突发情况,唯独没想过瘫痪的老伴儿会掉到地上。当这一幕发生后,朱阿姨折腾了20多分钟,但根本抱不动老伴儿。她打开手机通讯录,里面包括独生女儿在内有100多人,却不知道该打给谁。女儿远在成都,亲朋这个时间都在熟睡,刚强了一辈子的朱阿姨,在那一刻抱着老伴儿哭了……最后她跑到楼下央求两位保安,一再保证即使出了问题也和人家没关系,两名保安才上楼帮忙把老伴儿搬到了床上。

这样的例子可以举出很多,有老伴儿之间外出时,身上系根绳以防失散的;也有晚上睡觉时,身上系上铃铛,以便及时发现意外的。前几天,贵州一位大学老师带着病母进课堂的新闻刷屏,这也是这位老师无奈之中的下策,只有彼此在视线内,心中才踏实。人怕老来穷,更怕老来病,请不起保姆,又不便跟儿女住到一起,只有默默承受着提心吊胆与煎熬。无论是城里的"空巢老人",还是乡下的"留守老人",独住的原因各不相同,无依无助的现状却是一样的。

　　为解决老人的照料与赡养问题,有关方面想了不少办法,从上到下出台了一系列相关法规政策。2013年实施的《中华人民共和国老年人权益保障法》,将子女"常回家看看"作为硬性规定,要求家庭成员不得忽视、冷落老年人,与老年人分开居住的应当经常看望或者问候老年人。湖北、北京、福建等多个地方还规定,独生子女可"带薪"护理住院父母,为孩子尽孝道提供方便。这些措施当然能在一定程度上解决子女的后顾之忧,但也只能是权宜之计,因为老人能否得到子女的贴身照顾,受多种因素影响,仅靠法定假期与法律规定解决不了实际难题。比如,孩子在外务工,父母身体不好,不能与孩子待在一起,孩子工作紧张时也不便请假,双方相距遥远,往返不易,父母发生意外时,也是远水难解近渴。孩子在保父母与保工作之间,常是两难选择。

　　有调查显示,八成以上的外出打工者,超过半年才能见到父母一次,"常回家看看"无论是在经济上还是时间上都难以实现。换言之,通讯录与亲情之间隔着太多的无奈,能否及时找到通讯录上的子女,不仅取决于孩子有没有孝心,还与儿女们的尽孝能力有关,这包括经济上的支撑基础、工作上的顺心如意、用人单位的理解配合、养老社会化服务是否到位等因素,不是说拨通电话就能随叫随到的。

　　解决通讯录上"咫尺天涯"的无奈,还靠多方设法形成合力,比如社区推动邻里之间的守望相助,让"空巢老人"能24小时与物业联系,随时提供上门服务;政府部门为推动居家养老、健全配套措施,让志愿者与居家保姆解决老人的后顾之忧。老人们也不妨转变观念,要不怕麻烦子女,不怕麻烦他人,有事尽管呼,通讯录上的电话如果不能通讯,又有何意义呢!

(2017年9月26日红网)

　　通讯录上的亲情是很多人都会遭遇的现实无奈,也是一种心痛。古语

云,父母在,不远游。农耕社会里,围着土地打转,几代同堂,老人可以得到儿孙的就近照顾。如今年轻人就是在工作上也不乏"双城记"的,自己上班与居住的地方都相隔很远,忙于奔波,更不要说与父母的距离了。在现实面前,通讯录与亲人的鸿沟如何填补,是个社会问题,值得各方思量。

出租车载着大家共同的职业变迁

杭州出租车行业改革工作正式启动,拟自 2015 年 1 月 1 日起,停止收取经营权有偿使用金,每辆出租车每月将减少 400 多元"份子钱",还将放开出租车总量和价格管控。(据 2015 年 9 月 15 日《京华时报》)

这个改革方案明晰出租车产权关系后,将有效减少出租车经营利益阶层,提高驾驶员收入,被认为打破了多年的利益藩篱,也被视作对专车逼近的回应,顺应了出租车行业日益窘迫的现实。当然,这样的改革来得晚了些、少了些。这些年,围绕出租车行业改革的呼声一直居高不下,即便专车不来,出租车的行业地位也早已不比从前,的士司机的收入一直是个问题。一些管理部门总是落在市场的后面,要被市场倒逼得无路可走了才肯行动,才肯让渡那块吃了多年的"肥肉"。

在 20 世纪八九十年代,出租车行业可谓高大上的行业。那时油价低,大家收入也低,以出租车当时的起步价与里程价,算是收入丰厚,比较优势明显,开的士风光又体面。武汉余家湖还形成了众多的士司机聚居的"的士村"。当时城中村改造,村民有了闲钱都去开出租车赚钱,聚集在余家湖的的士多达 600 多台。到了 2000 年以后,的士生意开始走下坡路,来自鄂州、蔡甸、江夏等周边的"淘金者"渐渐代替了本地司机。

出租车行业是这个大变革时代众多行业的缩影,日新月异的沧桑巨变中,是不断的潮起潮落,不断有人被抛上风光的浪尖,又被抛下谷底,被搭上幸运的快车,又被抛离轨道。"粮食部门吃得饱,商业部门吃得好",曾经旱涝保收、风光无限的行业,都经历过光环快速消失的窘境,在一轮轮的大洗牌中,宠儿弃儿的角色风水轮流转,传统与新兴也是不断更替。

不久前出炉的新版《职业大典》,一口气取消了894个职业,"话务员""制版工"等已不复存在,同时也新增了快递员、网络信息安全管理员等347个职业。国务院还取消了62项职业资格认定,被取消的职业资格已达到211项。许多领域的技术正在发生着转变,全社会的职业结构也随之变化,这就是当今的现实,出租车载着大家共同的职业变迁与失落之忧。

技术革新与历史的潮流浩浩荡荡,在这个大变革中,谁也不要嘲笑谁的不识时务、不解风情,每一个人都会面临着的士司机眼下的无奈与迷惘,他们的起落在众多行业中都发生过,也正在其他行业中发生着,的士司机转型是大家都会面临的人生选择。

攻守易势,强弱易位,是各行业都要面临的职业前景问题。我们或可以用人力车夫抗议电车的历史,来隐喻劝诫的士司机"认清形势",但更要帮他们找到好的退场机制,找到出路解决生存之困才是正道,比如"份子钱"的问题、出租车行业的改革问题等都是无法回避的现实之困,不能市场变了,管理部门却麻木不仁,将所有的压力都由出租车司机来承担。每一个人也须做好应对技术转变的思想准备与技能储备,都要从容坦然面对可能发生的命运轮转,这样才不会陷入困顿之中难以自拔。

(2015年9月16日红网)

出租车改革让利于司机,这是好事,常见的评论角度就是讨论减少出租车公司的"份子钱",以及向网约车看齐,为司机松绑等。笔者却从中看到职业的起落,出租车司机风光不再,视网约车为竞争对手,甚至阻挠网约车上路。这是时代变革中的共同宿命。因为每个行业都有可能经历兴衰之痛,靠垄断性的保护不是出路,唯有坦然面对,早做准备,才能顺应潮流。

顺着出租车行业的困境，想到其他行业也有过的变迁，这就是由此及彼的散发，用发展的眼光看问题。以这个角度引导舆论，教人懂得面对现实，有助于抚慰人心。而讨论"份子钱"，只会让出租车司机纠结于自身的运行成本与收益，不能跳出困境来看问题，不利于这个行业的转型与变革，也就不能从根本上解决问题。而观照个体命运在时代大潮中的起落，反倒有助于正确看待世事变迁，或转型，或坚守，无论处境如何，都不怨天，不尤人。

有人说，时代要抛离一个人时，都不会说声再见。个体命运总是与时代走势结合在一起的，个体只有顺势而为，跟着时代的节拍，因时而动，及时应变，才不会被落得太远。

□记者当官照不亮新闻人的前程

"日前，中共中央批准：潘岳同志任环境保护部党组副书记。"8月4日，环境保护部官方网站的一则消息引起了媒体的注意。有网站在首页转发推介时，不忘加上"曾为记者""记者证号为001"字样，似乎这则新闻的看点在于这位副部级干部曾是一名记者。

副部级干部出身记者，不知编辑这样点题的含义何在，是饱含深深的期待寄托，还是因高官曾是同行，我亦幸与荣焉，或仅仅是对同行为官的一种亲切感。

新闻人守望社会，铁肩担道义，在环境污染问题突出、环保任务艰巨的当下，来了一位出身记者的环保官员，当能如新闻人一样勇于担当，无惧无畏，让环保工作有所作为，这或是大家的共同期待。据媒体公开的报道，潘岳身上也确实有新闻人的理想追求，他当年从事环保报道时，做过不少实地调查，也写了一些"批评报道"，担当了很大的责任，比如对云南滇池的报道。后来为官时，他以国家环境保护总局副局长和新闻发言人的身份宣布停建金沙江溪洛渡水电站，人称"敢为，气胜"。媒体人关注潘岳，原因之一或在于此。

记者当官，例子众多，并不是新鲜事，媒体人却似乎对此津津乐道。从接近性而言，媒体人喜欢关注同行的动向在情理之中。近年来，也时有一些新闻人去从政，引起媒体的较大兴趣与持续关注，如央视主持人王志到丽江挂职副市长，曾成为热谈。所谓物感其类，记者当官常吹皱一池春水，撩拨新闻人的心弦。我想，并不是新闻人想以此为荣为傲，而是深感这行业地位的尴尬与无奈，心中有落差，所以，借他人酒杯，浇自己垒块。

传媒是个特殊行业，在西方称"第四权力"，在国内也有"喉舌"一说。所谓记者见官大一级，遇谁都不矮三分，本不用谄媚官员、好奇官员，也不用去追求做官，以从政来取得认同，求得翻身。记者当官还常令人惋惜一个优秀新闻人才的流失，其专长的从此埋没。记者当官本身也不是新闻，不过是一种身份与角色的转换，是一种职业选择。再者，在有的官员履历中，记者生涯只是人生中的一朵浪花。从记者生涯历练出领导才能，一步一个脚印位至高官，身为干部，哪里需要哪里搬，服从组织安排，也是题中之义，再正常不过的变动。记者当官，好比天上一朵云，偶尔投掷在新闻人的湖心，本不必惊喜，也不必诧异。

记者当官之所以成为新闻，成了被聚焦与关注的热点，只能说新闻从业者需要在迷茫中看到亮光，希冀有人能体谅记者这行当的疾苦，有个好的报道环境。在媒体传播环境发生深刻转变的当下，在人人都是麦克风自媒体的时代，记者不再以稀为贵，这行业从业者如过江之鲫，地位不比从前。在"防火防盗防记者"的语境中，记者的正当采访权利得不到保障，想铁肩担道义十分不易，被打之事也常有发生，"小报小刊"一语里的非主流与鄙视不屑，成了记者的郁闷。尤其是纸媒的困境日益加剧，传统媒体风光不再。这些年，媒体人转行的转行，跳槽的跳槽，其命运与去向成了坐困愁城的同行关注的热点，以至于记者当官成了新闻，连一个评论员去当了副镇长都在媒体圈中传开了。

关注记者当官，并不是要透着官本位的意识，以官位来衡量成功与价值，落入俗套。因为行行出状元，从记者、环卫工、伐木工中走出领导干部并不稀奇，记者当官长不了记者这职业的脸，照不亮新闻人的前程，提升不了新闻行业的"颜值"，无关记者的尊荣，这只是某个个体命运的变迁，无关整个群体的兴衰荣辱。记者要成为时代的骄子与宠儿，还要靠在这个行业自身的突围与突破，以自身的成长来提高社会地位，而不必去艳羡同行当官或是其他行业的风光。

(2015年8月6日红网)

 复盘手记

　　面对成功人士，大家总爱津津乐道他们发迹前的身份，从中找到励志的成分。小丑鸭变成天鹅，底层的逆袭当然是佳话，但这只是他人的成功，并非可以简单复制的。

　　记者当官也是同理，并非哪个记者当官了，其他记者就可以因例而循，或是能从中受到庇佑。记者的尊严与光环，来自本身的努力；行业的尊严与颜面，同样来自同行业的努力，不是出了哪个大人物同行就可以跟着沾光的。

　　本文对媒体人的命运既表达了深深的关切，也保持了清醒与理性的探讨。

□每种职业选择都有必然的承担

5月1日，湖南长沙大三女生瓜瓜（网名）发微博称自己前一天夜里在殡仪馆点了单外卖，外卖员送餐时在陵园附近迷路被吓到崩溃。（据2019年5月6日央视网）

此事在网上引发了诸多讨论，对殡仪馆这类特殊地点，外卖小哥要不要拒送？会不会引起模仿，故意在殡仪馆点餐戏弄外卖员？外卖平台相关负责人表示，用户利益是第一位置的，会尽全力满足用户需求，但也希望不要故意为难小哥。

应该说，即便送餐地点是殡仪馆，外卖小哥可能忌讳或是畏惧，却没有拒绝的理由，因为这项工作是开放性的，并没有限定条件。正如出租车不能随便拒载，不能以路程远近或是否方便到达来取舍客人，外卖对送餐对象也没有选择余地。如果因为送餐地点是殡仪馆就放弃，其实是一种职业歧视，虽照顾了自己的心理感受，对殡葬行业的从业者却有失公平，没有一视同仁地对待客户。正如外卖小哥所纠结过的那样，对方是个女生都不怕，自己怎能胆小呢，还是硬着头皮坚持送单。

这位女生当时和同学在山顶的殡仪馆拍摄纪录片作业，晚上肚子饿了才叫了外卖。对她来说，这是正常的工作与点餐行为。外卖小哥的胆怯反过来提醒大家要正确认识殡葬行业，消除先入为主的偏见。对殡葬行业的工作人员来说，何尝没有不被人理解的苦衷：请客没人愿来，握手被人拒绝，也不能随便给人拜年。这个行业为逝者服务，崇高而神圣，工作的特殊性让他们经常沉浸在告别的悲伤中，心情抑郁，也是个需要被关爱的群体。

外卖小哥送餐到殡仪馆被吓到崩溃，只能说每个职业都有着逃不脱的承担，都有相伴的艰辛与委屈：记者不能选择采访现场，环卫工不能选择寒暑，消防员不能选择火场，医生不能选择疾病……工作没有轻重之分，岗位没有优劣之别，所有行业与劳动者都有一样的光荣与伟大，也都有咬牙承受危难的时候，都要在身体与心理上经受极限的考验，没有谁比谁更有资格矫情。有时候，哪里有危险有困难，还偏要往前冲，诸如救险救灾、应对疫情，根本就没有退缩的余地与空间。

想起另一则有关外卖小哥的故事。外卖小哥半夜冒雨将外卖送到客户地址，却联系不上客户，委屈不已，后来收到客户信息：因为工作太累太困，睡过去了。外卖小哥顿时心软了，谁都辛苦啊。在半夜点餐，谁还不是加班加点拼命干活给饿的。

没有一项工作是轻松的，要不要送餐到殡仪馆根本就不是个问题，既然选择了外卖行业，就只有风雨无阻，在所不辞。这没有不理解小哥的意思，这事恰恰说明每个行业都要得到理解与尊重，要理解自己工作的内涵，也要理解他人的工作，这样也能少一些委屈，多一些积极承担。

（2019年5月8日红网）

外卖小哥遇上点餐要送到殡仪馆的，吓了一跳，此事也引起热议。有的认为，外卖小哥可以拒送这种有特殊要求的客户。我则从另一个角度看问题，每个职业都有其特殊性，从事殡葬行业的无法逃避身上的责任，也得面对一些尴尬，克服困难去工作；对外卖行业来说，同样不能轻易选择客户或拒绝送餐，正如出租车不能随便拒载一样。

每项职业都有其要面对的艰苦，本文表达这个观点，不是不理解外卖行业，而是对所有行业去设身处地地理解，对所有劳动者表达尊重与关怀。

□落实休假不能仰仗领导开恩

近期召开的国务院常务会议提出"推动各地落实带薪休假制度",记者发现,今年以来,中国官方至少已五次公开强调落实带薪休假,未来还将鼓励有条件的地方和单位,在夏季灵活安排,使职工周五下午与周末时间相结合,实现小短假。(据2015年8月4日中国新闻网)

从一周休一天,到双休制,再到带薪休假,以及呼之欲出的"周五下午+周末"小短假,职工休息休假的权利日益得到重视与保障。中共中央、国务院在今年上半年印发《关于构建和谐劳动关系的意见》后,依法安排职工休息休假更是被提到了一个新的高度,一些地方出台相关细则,带薪休假的落实力度不断加大。但我们也要正视的一个现实是,这种权利在一些地方仍是纸上谈兵,不能休、不敢休,让职工如鲠在喉,不吐不快却不能吐槽。笔者注意到,某网站在转载这则带薪休假的新闻时,刻意在前面加了句"别人家的单位!"这真是有态度的新闻,小编的诉求与无奈溢于言表。是啊,休假对一些职工而言,热闹全是别人的,于自己,则什么都没有。

当求职者或劳动者处于一个相对弱势的环境中,休息休假全看用人单位与领导的心情,给或不给,给多给少,全由单位说了算,职工并没有多少议"假"权。这就是尴尬的现实,在中小企业,用人单位希望通过减少员工带薪休假时间来降低成本,因而不愿主动落实带薪休假;在一个快速发展的时期,各行各业也确实有做不完的工作与规划,时不我与,机不可失,恨不得向天再借500年。在一些企事业单位,工作往往又与领导的政绩思维、形象工程联系在一起,并不是那么单纯,工作成了向上级表功与献礼的符号,为此赶进度赶工期是常事。一个任务接一个任务,哪有余暇让职工休息,劳动者为了谋生,怕失去一份来之不易的工作,也没有多少资本去讨这几天休假。

所以,在一些单位,休假要看领导脸色,要看长官意志,要让领导先休,领导带头休后,职工才敢弱弱地、怯怯地递上请假条。这种不平等的思维与现实生态,让职工的正当休息休假成了缘木求鱼的奢望。

要让职工的休息休假得到保障,除了跟"五险一金"那样强制执行,加大劳动监察部门主动监督和追责力度外,也重在规范领导的权力,提高领导的民主素养与民生情怀,避免一个人可以左右全体职工命运的决策。因为现实中一些单位的领导漠视职工的权益,喜欢将"五加二""白加黑"视作职工积极干事创业的标志,视作对工作、对他个人的忠诚,将累倒在工作岗位上视为一种境界,莫说休假,职工就是平常的休息都难以保证。面对一把手的一言堂,谁敢不服从呢?谁都得掂量掂量,休息与工作孰轻孰重。

落实休假不能靠领导开恩,不能靠领导先职工之休而休的"觉悟",要有赖制度面前人人平等的权利意识与法律意识,政府须大力营造落实休假的氛围,并有切实可行的维护劳动者权益的制度设计与举措,将职工的休假变为领导与用人单位不能也不敢剥夺的职工合法权益。这样,休假制度才能普惠于民,皆大欢喜。

(2015年8月5日红网)

休假要看领导脸色行事是一种病态的现象。"五加二""白加黑"的病态加班文化,背后是因为领导掌控着员工的福利待遇与晋升,而不是以制度来安排一切,从而导致了不正常的现象。2019年还有某地出台规定,处级以上领导要带头休假,这样的规定本身就是多此一举。

带薪休假是国家政策，就该无条件执行落实，不管领导休不休假，员工都该理直气壮地休假。若以领导带头休假来带动员工休假，潜意识中，又是将领导置于特殊地位，这不是依法办事，还是变相地依领导办事。因此，本文观点仍有现实针对性。

上班听音乐被辞退须依规行事

5月17日上午,江西金溪县由县委主要领导带队对干部作风进行了一次突击暗访,打响该县整治"怕、慢、假、庸、散"五大作风顽疾"第一枪"。其中,一名便民服务中心的工作人员因上班时间戴着耳机当天被辞退。(据2018年6月4日上观新闻)

这则来自抚州发布的消息,旨在体现金溪县对江西全省作风建设会议精神的高度重视,且雷厉风行地狠抓落实。在当天的暗访中,有这样一段视频被转发:秀谷镇便民服务中心一位工作人员上班时间戴着耳机听音乐,当即遭到暗访人员责问,"你是这里的工作人员吗?那你是在工作,还是在干吗?怎么还戴着耳机?工作牌也没有佩戴?"当天上午,该镇党政班子召开会议研究决定,给予该员工以辞退处理,并于当日下午落实到位。

应该说,上班时间戴着耳机听音乐,确实不妥,被上级暗访组发现,撞到了枪口上,又影响了单位形象,被处分自是难免。但处分这么重,则引起了网友的争议。有人认为,不能因为遇到上级领导来暗访,就给辞退了。什么情形该辞退,应该有个规章制度,平时就要按制度来管理,不能平时听音乐没事,撞上暗访了就倒霉。

按《劳动法》与《劳动合同法》相关规定,劳动者有下列情形的,用人单位可以解除劳动合同:"严重违反劳动纪律或者用人单位规章制度的"或"严重违反用人单位的规章制度的"。无论按哪一个条款,用人单位都有权在劳动纪律或规章制度方面，视具体情形决定员工去留。上班戴耳机听音乐，算不算严重违反劳动纪律？这要看单位的具体规定。如果平时没有这方面的工作细则，以此辞退员工还有可商榷的余地；如果有白纸黑字的条款，被辞退也就只有认了。

不得不说，一些用人单位在管理上，习惯了看领导脸色行事，以领导发话说了算，并无固定的规章可循，或者有规章也只是个随意揉捏的面团。领导有指示、有检查时，就紧一阵，检查过后，就松下来了，说白了，还是个人治的局面。一些精明的员工，擅长揣摩风向，在领导面前一个样，在领导背后又是一个样。有人说，制度只能管老实人，真正偷奸耍滑的反倒是游刃有余，其实这是由于制度流于形式，没有发挥作用。

上班时间戴着耳机当天即被辞退，如此严肃地处理一位员工，并没有招来网友的一片叫好，反映的正是管理机制有待健全的问题。如果便民服务中心平时的管理到位，员工上班一向守规矩，又何惧抽查暗访，又何来有员工因此撞到风头上而丢饭碗？

（2018年6月5日《楚天都市报》，原题：《用制度给"上班听音乐"戴上紧箍》）

动不动就开除人，看起来是严格管理、严肃问责，却并非一个负责任的态度。只因员工上班期间戴着耳机听音乐，被领导暗访查到了，就要被开除，这是否符合用人的规定？是平常这样无人问，还是权力一时的发飙？上班态度不端正，不是说不能批评，但如果没有大错，不致就要让其丢饭碗吧！

2019年5月，长沙一名公交女司机上夜班时将女儿带到了车上。此事被传到网上后，女司机差点被辞退。在网友纷纷求情下，公司才收回成命，做了人性化安排，让她多上白班，以解决带孩子问题。这才是正确的应对方式。一些问题原本是能够这样处理的，并非只有简单辞退了事。对员工带娃开车，可以提醒劝止，也可以让她请一段时间的假，或是另换其他岗位，员工办法总比困难多。

对上班听音乐的员工，同样可以警告、教育，或处以其他处罚，但开除人就显得简单粗暴了些。也许有舆论会为这种严肃问责叫好，以为严明了上班纪律，我却从制度与管理上找问题，更多的是对个体命运进行观照，多了些体恤之情，也算是以人为本、与人为善吧！

☐ "小马云"的父亲才是生活的样本

2016年11月,一名8岁的江西小孩范小勤因长得像马云而在网络上备受追捧。2017年范小勤被人以带去读书为名接到河北,但他并没有好好上学。4年过后,他也没有长高。(据2020年12月23日《中国青年报》)

范小勤家住江西省永丰县石马镇严辉村,这是一个离县城有60多千米的偏远山村。范小勤的父亲范家发年轻时被蛇咬了右腿,因为延误了治疗,腿被截掉了;范家发的妻子智力残疾,年轻时右眼被牛角戳瞎了。这个残疾人组成的家庭,生活十分不易。

2015年,范小勤的表哥来走亲戚时,拍了张照片传到网上。范小勤酷似马云的那张脸,很快就在网上火了,人称"小马云"。范家从此穷在深山有人问,一些主播与老板纷至沓来。

2017年秋天,范家发让河北的一位"老板"带走了儿子。对方允诺他,带范小勤到石家庄的一所学校读书,好好培养。"如果他读书好,就考大学;如果没有考上,就安排他进老板的公司做事。"范家发说,"别的老板来都是说给钱,只有他提出带小勤去读书。"因此他相信了这位"老板"。

今年,范家发得知,范小勤已在学校消失了快两个学期。社交平台上的视频显示,"小马总"吃吃喝喝的背景里总有一个蓝色的书包。上下学有汽车接送,身边有"保姆"照顾,灯光闪烁的时装秀、冷餐高脚杯的晚宴……这些都是范小勤在网络上常见的模样。

"他一定要读书,没有文化将来不行的。"范家发说。12月22日,石家庄市裕华区教育局回复记者,目前孩子在正常上课。

"小马云"的命运令人牵挂,无论这孩子是坚持上学,还是被人带着继续到处商演,我觉得他最终还是应该活成他父亲的努力模样。

"小马云"的父亲是一个可敬的乡村汉子,只有一条腿,开三轮车时,左腿在油门和刹车间自如切换;种水稻,他靠一条腿在田里蹦;采油茶籽,他拄着双拐背下山。扶贫政策鼓励养牛养鸡、种蔬菜,他都做。范家因此在2014年就脱了贫。

网络蹭"小马云"的热度,生活其实更应向"小马云"的父亲致敬。他春种秋收,支撑着一家人的生活。同时,他又心怀希望,希望孩子能够靠读书改变命运。

范家发早就诠释了人生的意义,自强不息,靠踏实劳动改变生活,这才是世界的本来样子。"小马云"无论是出去闯世界,还是回到老家成长,最终还是得像他父亲一样去生活,靠自己的踏实劳动收获生活的回报。

(2020年12月23日《楚天都市报》)

因为与名人撞脸,"小马云"成为网红。也有其他长得像马云的网红,一时间受到流量的照顾,人生有了悲喜交加的起落,但他们多数红一阵后,还是做回了自己,该干吗干吗去了。只是长得像名人,除了被人当提线木偶,玩弄于股掌,成为他人捞钱的工具,自己还是什么都没有。只有8岁的"小马云",被人包装炒作,令人担忧,在光环被消费殆尽后,最终他还是要回归平静与贫困。

"小马云"终究没有逃脱回归平淡的现实。2021年1月初,范小勤和经纪公司解除合同,被送回了家乡。"小马云"的生活又回到了从前,甚至比之前更糟。他学业中断、生活窘迫,四年级的他还不会简单的加减法。

物质贫困不可怕，更可怕的是精神上的贫困。除了希望"小马云"要自立自强，也希望其他贫困家庭和儿童，能认识到真正得到幸运之神眷顾的只是少数，想要摆脱生活的困境，还是要靠自己的努力。从一个"小马云"想到同类的孩子，由此及彼，是怀有对弱者的关心与鼓励。

□ "三轮车夫博士"应有复制的意义

11年前,高中学历的辽宁三轮车夫蔡伟被上海复旦大学破格录取为博士研究生。如今,毕业后的蔡伟在贵州安顺学院工作,希望他的学生跟他一样,也被知识改变命运。(据2020年10月27日《中国青年报》)

蔡伟研究的领域是"小学",这是中国古代对文字学、音韵学和训诂学的统称。这一切,源自他从小的爱好与坚持。上小学时,他练过几年毛笔字。字帖上总有很多看不懂的繁体字,他捧着字典来回翻,从此迷上了古书。因重文轻理,严重偏科,他高考落榜了。他进过工厂,后来又以蹬三轮车摆摊为生,生活艰难,却依旧沉浸在古文字的孤岛里,从没有放弃过对古文的自学。

因在几所知名高校主办的学术网站上发表过自己的学术观点,蔡伟引起了相关专家的关注。2008年,复旦大学出土文献与古文字研究中心、中华书局和湖南省博物馆联合编纂《长沙马王堆汉墓简帛集成》,临时聘请蔡伟加入。一年下来,他的能力得到认可,几位教授想让蔡伟读博。可蔡伟只有高中学历,裘锡圭、李家浩、吴振武三位著名学者联名写了推荐信,连同复旦大学的申请一起报送教育部,为他谋求破格参加自主招生考试的机会。

蔡伟的经历很传奇,简直像童话一样温暖明亮。一位高中生,因为对某项领域的专注,积淀有成,获得幸运之神的垂青,改变了命运。这会让人坚定对读书的信心,坚定对知识的追求。这是一则励志的故事,也是一则伯乐识千里马的佳话。传奇中有他个人的努力，更有外界的助力。二者相辅相成，缺一不可。

蔡伟的幸运，有必然因素，是金子总会发光，时间不会辜负一个努力的人，但更有偶然因素。如果没有专家的爱才惜才，没有教育部批准对他的破格，没有复旦大学在自主招生中真正做到了自主，唯才是举，蔡伟不可能有读博士的机会。包括他后来找工作，也是处处受挫，因为第一学历的尴尬，很多单位将他筛掉。是贵州安顺学院再次不拘一格，录用他进图书馆的古籍特藏部，编写馆藏古籍书志，将合适的人放在了合适的岗位上。客观而言，现实中并不乏像蔡伟这样努力的人，因为坚持，而收获了成功。比蔡伟更难得的，是那些慧眼识才的伯乐，他们是改变蔡伟命运的贵人。所谓千里马常有，而伯乐不常有，伯乐更难能可贵。

从蔡伟的经历不难看出，对人才的破格录用是多么重要。如果高考时能给偏科者一个机会，蔡伟也许早就能成为有用之才。虽然一些重点中学有向北大等名校进行人才推荐的权限，但这种推荐或保送的机会也只是重点中学才有；虽然一些高校也有自主招生的权限，但这权限覆盖的范围也有限。如何让蔡伟这样的偏才与怪才不被考试选拔制度所困，不被淘汰在高考甚至是中考的起跑线上，还须在招生机制上有更灵活的设计。

在用人上，一些单位的学历歧视也是普遍现象，是不是"985"，是不是全日制，通常都是个门槛，达到了要求就是门，达不到要求就是个槛，这也造成一些真才实学者不得其门。因此，三轮车夫博士应有复制的意义，发生在他身上的那些偶然与幸运的因素，需要有机制的保障，从而把一个人的幸运变成更多人的幸运，把偶然的机遇变成必然的机遇。如果有更多的不拘一格与唯才是举，就会有更多的蔡伟能脱颖而出。如此，人尽其才，才尽其用，也是社会之福。

（2020年10月28日红网）

　　一个三轮车夫成长为一名博士,并成功找到一份合适的工作,这是一则佳话。这里有个人努力的因素,也有外界垂青的幸运,难脱贵人相助的理想化色彩。指望命运的改变、伯乐的赏识,是很多人的愿望,也是一种奢侈,因为千里马常有,而伯乐不常有。因此,三轮车夫的故事如果可以复制的话,就要寄望于让人才脱颖而出的制度建设、不拘一格的选拔机制,要不然,这样的事情就难以成为常态,只是个例的存在。

　　评论对三轮车夫博士这一个体的关注,提出了一个课题与希望,也是对某一类人物命运的改变秉持同理心的善意,为其他人呼吁多一些唯才是举的机会,透着深厚的人文情怀。

□ "杜拉拉"可拉得起底层的困顿

25日,昆明两名拾荒兄弟,因对生活绝望挥刀自残,弟弟当场死亡,哥哥被邻居及时发现送医,暂无生命危险。(据2010年4月26日《云南信息报》)

两兄弟靠捡垃圾维生,住所只有脏烂的被子和鞋子。"早就不想活了,几十岁的人了,没老婆、没孩子,又有点小毛病……"这样的自戕让人想起郑民生:工作无着、恋爱失败、受一些闲言刺激,结果报复社会,制造出南平惨案。

不难想象,如果拾荒兄弟将个人的挫折迁怒于世,又会是怎样的惨痛?这并非唯恐不乱的不堪臆想,有郑民生的前车之鉴,我对底层失败者哀怨情绪的宣泄,不得不有所思考。

这个喧嚣的时代,强者的狞笑不时上演,弱者只有愈加挣扎。当村支书指挥地痞轧死村民,奔驰越野车从女交警胳膊上扬长而去,富豪相亲团大行其道……那些诸事不顺的困顿者会是一种怎样的自卑与无助?而占有资源之利者又无视自己的张狂给弱者带来的心理落差,使隐患已然而生。那些绝望者手握的利刃,只有向里或向外的问题,而无论是在沉默中自弃还是歇斯底里地对外倾泄,都是社会难以承受之重。

就在这些天,徐静蕾自导自演的《杜拉拉升职记》成了热议的对象。一个"没有背景,走正规路子,靠个人奋斗获得成功"的符号,一下子让人找到向上的力量与安慰。

社会的确需要这样的励志故事，需要理由来支撑弱者前行。无论是之前的《贫民窟里的百万富翁》，还是早年的《阿甘正传》，都传递了小人物可以获得成功的希望，契合了众多底层群众的心理需求。可惜，众多的底层人物和拾荒兄弟一样，连看一部电影的条件都不具备，无法从中感受力量接受教化。除了恪守"君子固穷，小人穷斯滥矣"的古训，实在没有好的手段来排遣穷愁。虽然他们同普通民众一样渴望成功，但"破烂也很难捡"的现实困境一旦跌破所能承受的生存底线，进一步沉沦的风险便会加剧。

同样是智力障碍患者，武汉的舟舟有幸生逢于一个较好的家庭环境，得以尽展指挥天才，成为明星式的人物。而在四川雷波的大山中，智力障碍患者被一些山民当牲口一样圈养，沦为他们赚钱甚至是制造矿难骗保的工具。同样人物的不同命运，取决于个人机遇与奋斗，也取决社会所能提供的保障。

一个社会无论如何也不能让人动摇最基本的信念：再苦再难，通过奋斗就能获得成功。只有社会让人们不断印证这一真理，印证常识的可靠，人们才不会感到迷茫，不会因绝望而自暴。天空中，一根羽毛随风飘过，飞向蓝天……这是《阿甘正传》的一个场景。"杜拉拉"来了，愿她的故事如一根希望的羽毛飘在世人的天空，带给底层小人物以奋斗的希望，让一个个悲苦的历程都能最终换来喜剧结局。

（2010年4月29日《中国青年报》）

比贫穷更可怕的是令人绝望，类似昆明这对拾荒兄弟因绝望而自伤的事件时有所闻。2016年8月，甘肃康乐县一名叫杨改兰的年轻母亲，先后让4个孩子服毒，然后自己服毒自杀不治身亡，丈夫随后也服毒自杀。一家六口全部身亡的悲剧震惊了世人，其起因也有与贫穷引发的矛盾有关。

世间有贫穷下的绝望，也有贫不坠青云之志的坚韧不拔与积极向上，

《杜拉拉升职记》就讲述了一个"没有背景，走正规路子，靠个人奋斗获得成功"的励志故事，《阿甘正传》也是这样的电影，然而，也有穷得看不起电影，没机会接受励志故事教育的人们。本文提出了一个现实问题，从拾荒兄弟的命运中，找到反思的突破口：如何让底层小人物找到向上的力量与安慰。希望他们能保持生活的信念，这比什么都重要。

□范雨素让生活更坚强励志

范雨素，一个从湖北襄阳到北京打工的女子突然火了，皆因一篇《我是范雨素》的文章刷爆了朋友圈。这位初中毕业的普通女人，在文中记录了她的命运沉浮与不屈，引来众多围观与共鸣。（据2017年4月27日《楚天都市报》）

她的身份是一位农民工，做过餐馆服务员，更多的时候是一名月嫂，有过失败的婚姻。工作之余，她想记录自己的生活，在吃饭之余有些精神寄托。她谈不上是文学爱好者，更没想过靠文字摆弄出什么，她清楚自己就是一个做苦力的人，写下那些文字，只为记叙自己及家庭十多年来的经历，她所能下笔的内容，也只有这些。正是这种没有目的、没有企图的写作，因其真实，让人阅后如经历人世轮回，沉浸其中，感受分外深刻。

那些文字，是她感情的自然流露，在网上走红，并非有什么猎奇或揭秘之处，只因大家从中看到一个普通人的真实生存状况，为她在困难中的坚持、对理想的追求、对美好的向往而感同身受。范雨素只是一个符号，她的经历、她的故事，是很多底层劳动者的写照，大家都能从中找到自己的影子。有人不由自主地想到余秀华，同样是生长于湖北的农村女子，以文字唤来周围对底层人物的关注，她们都有着不幸的经历，生活是有缺憾的，但她们痛并努力地追求完整，以我手写我心，尽情流露对美好生活的渴盼与呐喊。

或许不能简单地将范雨素与余秀华归类作比,更不必去消费苦难,拿人家的痛点当卖点。她们的作品,也许谈不上多高的文学价值,我想,她们打动人的,其实并非文字本身,而是背后的灵魂和对生活的态度。

余秀华向往更好的爱情,范雨素则希望孩子可以上重点大学,在自己蒙受磨难后,懂得了对他人的关爱,她拥抱流浪者,向社会传递爱与尊严——人与人之间除了利益纠葛,还应有内心的观照。正如网友所言,她们身份卑微,但有骨子里的高贵。她们的动人之处,就在于穷且益坚,坚持着自己的善良与高尚。

无论范雨素还是余秀华,都因对命运的不屈而显得别具一格,她们也只是众多坚强女性的一个缩影。正如那些坚持写诗的宿管阿姨、学富五车的保安,以及众多平凡中不坠青云之志的草根人物,无论性别年龄,处于何方,感动人心的永远是他们积极向上的身影。每次我们追逐这样的网红,不是为了流行或时髦,而是他们身上的精神令人敬仰,也是大家可以共同借鉴的力量。

读懂范雨素,就让生活更加坚强而励志。

(2017年4月28日《楚天都市报》)

复盘手记

范雨素,一位普通的北漂农民工,因一篇微信文章,突然间走红了。她并没有什么惊天动地的故事,展现的也就是常人在世间挣扎的种种模样,诸如拆迁带来的麻烦、想着孩子能上一个好大学,但不乏一颗善心。这种人间烟火气,正是芸芸众生的写照,也许她的平实与普通触到了每个人的内心,成了他人用来浇块垒的素材。

范雨素,就这么素颜朴实地走向了大家,如我们的某位熟人或邻居,又如一位熟悉的陌生人,陌生中有着太多的熟悉。这样的一个女子,这样的一种生存,让大家推人及己,从而有了传播的价值。本文肯定了范雨素的坚强,也是鼓励每一个普通人,在平凡中不屈,积极向上,遇到一个更好的自己.。

□ "奖痴"何止是一个杜老师

50岁的杜伟新是广东肇庆市德庆县的一名普通乡村教师，他17年来省吃俭用，倾尽10多万元的毕生积蓄，换来200多个证书，被称为奖痴，穷得只剩下证书了。（据2012年5月16日《广州日报》）

这名理科生出身的教师有着诗人情怀，发表过不少诗歌，因此与"获奖"结下不解之缘。那些奖项的套路是大家再熟悉不过的"作品入围""杰出人物"之类，有花钱的，也有货真价实的。对从天而降的奖项，多数人可能会一笑置之，或偶尔受之，杜伟新则是来者不拒，悉数收入囊中。你说他乐在其中，以此为精神寄托也好，或是为了被人夸赞的虚荣也罢，但如此持续成瘾成魔，工作荒废，从重点中学来到普通中学，再到镇中心小学，再到农村小学，生活也日益窘迫，以致母亲患上癌症都难以尽力，不免令人喟叹。

杜伟新的故事看上去似一则寓言，离奇得不合常理却又在现实中能找到影子，各行各业都有为沽名钓誉无所不用其极的存在，尤其是热衷于获取奖项光环的政府部门与官员不在少数。2006年至2009年，全国共清查出各种评比达标表彰项目148405个，总撤销率为97.16%。如此数量庞大的评比达标表彰项目以及如此高的总撤销率令人吃惊，这些奖项又被谁拿去了？当然是跟杜伟新一样有着获奖爱好的政府部门成为终端的接盘者。

杜伟新身上见证的是针对个人的评奖泛滥之痛，他为获奖所迷所累付出的是个体代价。相较之下，那些针对政府部门的乱设奖项危害更大。相关部门为了获奖，做得低级一点的，为创卫关闭店铺逃避检查，或是要求所有临街单位和门店统一摆置鲜花迎接检查，斥资给沿街楼层搞"穿衣戴帽"；高级一点的，动辄以亿数的重金搞大树进城冲刺绿化率，或是亮化工程、建广场楼堂馆所之类的花架子工程；巧妙一点的则是将形象工程化于无形，以打造"某某城市""某某之乡"的名义，堂而皇之地规划几百亿元的大手笔不在话下。

这不，云南贫困县富源刚刚叫停了一项千万元的"唱响富源"演唱会以及"谋略富源""品味富源"活动，类似这样的主题活动近年也较热门。而不管是富源还是别的地方，很多时候，不管提出什么样的口号，打出什么样的牌子，骨子里都是想叫响、唱响政绩，这擦亮那擦亮，无非擦亮前程，所做的都是为了一个"奖"——显示一项政绩来获得上级的奖赏，至于要花多少钱、离民生有多远，则不是其所考量的，甚至是不计成本的。

利用发奖来捞钱牟利，利用获奖来博取名声头衔捞取政治资本，已是浮躁社会中的病态利益链。于杜伟新或是真成"奖痴"，欲罢不能，纯朴得可爱，而有些部门的评比中，颁奖与领奖的，却是假痴，被群众讥为"糊奖""唬奖"。杜伟新现象不仅是他个人的荒诞，更是社会评价图虚名轻实际的荒唐与悲哀。所以，莫笑杜伟新痴，谁解脸面工程政绩工程的诱人滋味？

（2012年5月18日《中国青年报》，2012年第7期《杂文选刊（上旬版）》）

都云作者痴，谁解其中味，说的就是杜老师这样的人。对这样的奖项，大家并不陌生，很多某某丛书编委会、某某英才评委会，就是干这营生的，专门找名目出书或发奖。受到邀请的人，只要出钱就可以参加，就可以有文章被结集，或获得一个奖项。这种民间的奖项没有权威性，也没有含金量，却能满足一些人的虚荣心，包括发表欲与获奖欲。杜老师就是这样的一个人，17 年来省吃俭用，倾尽 10 多万元的毕生积蓄，换来 200 多个各种各样的证书。

杜老师或是一个上当受骗者，却沉迷其中，自得其乐。这样的角色是可悲的，活在自己的世界中，却浑然不觉是误入歧途。这样的角色，都让人不忍心去喊醒、去批评，倒不如让他快乐着他的快乐。

所以，这篇评论指向的是那些乱发奖、乱评比的歪风，杜老师只是一个受害者的缩影。正是因为畸形的政绩观、功利观，才造成了社会评价图虚名轻实际的荒唐与悲哀，这样的反思显然比嘲笑杜老师更贴近现实，也是找到问题的根本。诸如花钱找中介发论文，代写代发论文成了一种产业，那些花钱买论文的人都是畸形评价体系的受害者。只有扭转这样的风气，才避免杜老师这种被动卷入的角色扮演。

把个体的命运放到社会大环境中审视，体现了对个体的悲悯，也是应有的情感温度。

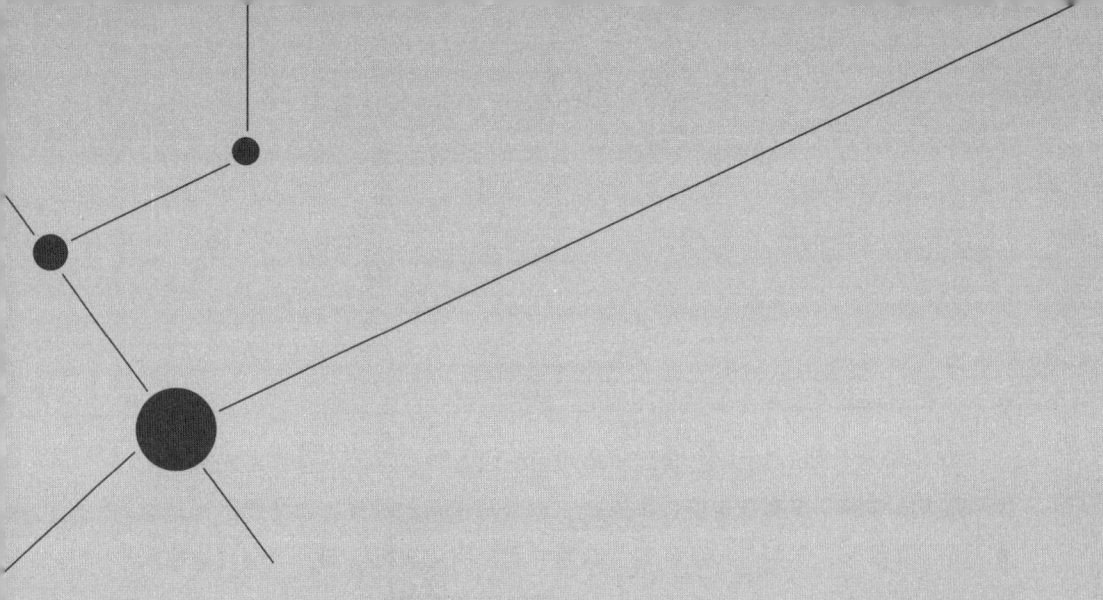

第五辑

生命敬畏

——传递对生命的热爱之情

仁者爱人,人文精神的核心在于敬畏生命,唯有敬天爱人的文字,才能散发同理心的温暖。

2021年8月26日上午，福建省福州市中级人民法院依法对被告人吴谢宇故意杀人、诈骗、买卖身份证件案进行一审公开宣判。以被告人吴谢宇犯故意杀人罪、诈骗罪、买卖身份证件罪，数罪并罚，决定执行死刑，剥夺政治权利终身，并处罚金人民币十万三千元。（据2021年8月26日新华社）

吴谢宇因"北大学子"的身份犯下"弑母案"而受到关注，他2015年杀害母亲时，已经是北大经济学院大四学生，本有着美好的前程，却走上如此极端的犯罪道路。

法院认为，被告人吴谢宇杀害母亲的行为严重违背家庭人伦，践踏人类社会的正常情感，社会影响极其恶劣，罪行极其严重。

此案中的吴谢宇，不仅违背家庭人伦，也缺乏应有的生命意识。法院经审理查明：被告人吴谢宇悲观厌世，曾产生自杀之念，其父病故后，认为母亲谢天琴生活已失去意义，于2015年上半年产生杀害谢天琴的念头，并网购作案工具。2015年7月10日17时许，吴谢宇在家中将谢天琴杀害。

此案令人唏嘘，就是吴谢宇对生命的漠视，也毫无敬畏意识。

更早一点的2002年，一名清华大学生惹下的伤熊事件风波，也曾引发生命教育的话题。

2002年，清华大学一名四年级学生已经通过了该校研究生考试，却做出一件荒唐之事，让他成为舆论的焦点。

他把硫酸泼向了北京动物园的黑熊……"我就想验证狗熊笨不笨"，动机就这么简单，只是为了测试黑熊的灵敏性，竟买来硫酸做如此试验。

大学生伤熊事件震惊了各方，大家为他的无知与无畏感到不可思议，纷纷反思，大学生除了学习成绩，其他素质的培养真的很重要。

在2002年全国两会上，时任教育部副部长袁贵仁就此接受记者采访，认为伤熊不是简单的个案，这样的学生还有一部分，只是程度不同而已，我们应该从小学教育开始反思，不能把全部责任都推给大学。

袁贵仁分析,有四个方面的教育有所欠缺。一是心理教育。具有正常心理的人都不会这样做,这位同学的心理方面有些缺欠。二是环境教育。从这个角度来说,这位同学是单亲家庭、内向、不爱交流,与人和谐相处的能力不是非常好。如果一开始他能与人交流自己的想法,可能就不会发生这样的事情。三是人文精神教育。所谓人文教育就是教学生怎样做人,与自然、人和社会和谐相处。可不少学校目前更重视自然科学的传授,对人文教育的重视还不够。四是家庭、学校和社会教育作为一个整体。当下这三者之间缺乏沟通,没有统一的努力目标。要通过此事把素质教育向前推进,使我们的孩子真正成为健康的人。(据 2002 年 3 月 4 日《中国青年报》)

袁贵仁说得很好,看到了问题的本质,对孩子的教育我们侧重于知识的传授,对其他方面着重的不多。

大学生伤熊事件最明显的就是缺乏对生命的敬畏,生命教育没有跟上。袁贵仁提到的四个方面,都与生命教育有关,如何善待人类与他类、如何对世界温柔以待,包括与他人之间的关系、与自然环境的关系,都要有一个正确的观念与行为指引,需要一颗有人文情怀的善良之心。

《周易》说,"天地之大德曰生",赐予万物生长是天地最大的厚德。孔子曰,"君子不器",主张人的价值高于物;又说"己所不欲,勿施于人",这是强调人既要自立自尊,又要尊重他人。孟子说,仁者爱人。在中国的传统文化中,一向有敬畏生命的觉悟,处处表达出对生命的热爱,对他人生命的关心与尊重。

庄子说,"泛爱万物,天地一体也"。芸芸众生,任何生命都与我们息息相关,大自然的命运往往也是我们的命运。所以,中国人对大自然也是敬畏与感恩的,敬河神、水神、山神的民间文化,就是感谢大自然的赐予。

现代人提倡生命教育,跟古人朴素的敬天爱人是一个理。生命教育不仅只是教人珍爱生命,更能启发人完整理解生命的意义,积极创造生命的价值;既教人关注自身生命,也教人尊重、热爱他人生命;生命教育不只是惠泽人类的教育,也是让人明白其他生命物种与人类和谐地生活在一片蓝天下。

有人说,生命教育是一切教育的前提,是教育的最高追求。因此,评论的情怀理应有对公众进行生命教育的意识,应引导公众懂得敬畏生命,珍惜生命的美好。

泰戈尔曾说,"教育的目的是向人传送生命的气息",即教化人的灵魂,唤醒良知，敬畏生命。对新闻评论来说，也当有这样的觉悟与自觉。

一、评论的生命情怀，首先是体现对人类自身的关爱

地球上的大小生灵都是自然的宠儿，都值得珍惜。因为人类的命运与其他物种的命运是浑然一体、紧密相连的，作为生态圈与食物链顶端的人类，要靠其他物种提供生存的资源。相较而言，敬畏生命首先是敬畏人类的生命，热爱人类自身，在不损害其他物种福利的前提下，优先照顾人类的福祉，这应该是没有异议的。

本人在评论写作中，倾注了对人类自身的热爱与关怀。如《"第一人"的脚步将永不会停歇》对那些为人类命运而勇敢探索的"第一人"给予了肯定，缅怀他们的贡献；《人机大战的赢家永远是人》同样是这样的主题，鼓舞人类在科技上的探索，以更好地造福人类自身；《野猪进校园别当网红看》则提醒人们在面临野生动物时，要先注意保护自己，毕竟人命关天，人类自身的安危是第一位的。

二、评论的生命情怀，要体现尊重生命、敬畏生命的主题

面对与生命有关的新闻事件，不妨以生命至上来思考问题，站在以人为本的角度来衡量是非，以保护人命作为评论价值判断的优先选项。

《医学有禁区，科学有红线》这篇评论，讲的是"世界首例免疫艾滋病的基因编辑婴儿在中国诞生"这样的热点与敏感事件。如何评判这样的行为？本人认为，这时候，科学探索应让位于整个人类命运这个大伦理，体现整个人类命运至上的主题。对整个人类命运的关切，才是真正的敬畏生命，没有什么比这个主题更宏大的了。因此，在这样的一个价值取向下，草率进行的基因编辑婴儿就显得不负责任，应当给予批评。这样，评论的态度是鲜明的，也站得住脚。

《川航迫降事件：查清原因是对机长的最好致敬》这篇评论的主题是体现对生命的尊重。机长的行为当然坚毅勇敢，值得肯定，不过，正如机长妻子事后所言，并不愿意机长成为英雄人物，宁愿他不经受这样的考验，因为岁月静好，没有危险，才是最好的平常日子。机长要挺身而出，面对险情，那是因处于迫不得已的情况，飞机遭遇气流出了故障。因此，做好日常的维护工作，提供安全保障，不让生命冒无谓的风险，对生命尽到保护之责，才是最重要的。

三、评论的生命情怀，还在于以同理心唤醒人们的生命意识，唤醒大家的生命平等观念

谁的命都是命，要让同命同权同价的观念深入人心，不能厚此薄彼，所有生命应该是同一个砝码、同一个重量,这才是生命至上的真谛。2019年9月,最高人民法院印发《关于授权开展人身损害赔偿标准城乡统一试点的通知》,即俗称的"同命同价",这一司法实践也表明了生命权的平等。人生而平等,没有高低尊卑的区别。

本辑中《医生先人后己诠释了生命权平等》一文,以一名医生在手术中发病,却坚持让同事先救治手术台上的患者为例,诠释了生命平等权。指出医生这个做法的可贵之处,即把生的希望留给病人,将危险留给自己,体现出一种精神的崇高,更指出从规则上也应如此,即在同等条件下,救人也有个先来后到的顺序,医生的命与患者的命并没有孰轻孰重的问题,救治的逻辑与排序理当是一个标准。

评论指出,医生的精神固然可嘉,但这不是单纯的"好人好事",不宜过度拔高医生的精神,因为这是就诊中必须遵循的原则,医生本人对此认识得很清楚,先后的顺序不能乱。因为生命是平等的,患者的身份没有高低之分,没有谁可以因身份不同而获得优先救治,只有病情的危急可以优先获得照顾。医院与医生都是按照常识来做了一次正确的选择。

本篇评论在肯定医生的境界时,主要肯定了医院对生命权平等的坚持。这样的视角更深入新闻事件的内核,也更接近真谛,是对生命平等权的生动诠释。

《生命教育不提倡捉蜗牛》一文则从保护大自然与环境的角度,表达了对生命的敬畏之情。

评论指出,既然是对小学生进行科学课的教育,捉蜗牛和蚯蚓之类就不是好的教学方法,它虽然可以引导学生观察生命的成长,却是在"杀生"并破坏环境。因为全杭州3年级3万名学生,每个人至少要捉2只蜗牛、2条蚯蚓,大约有6万只蜗牛和6万条蚯蚓要因此"献身"了。这是每年都要上的课,意味着每年都要有这么多的蜗牛和蚯蚓会因此被牺牲掉。而且,有的学生可能不喜欢这样的小动物,去捉蚯蚓、蜗牛等动物会引起某些学生的不适。

在提倡人与自然和谐相处的今天,捕捉野生动物不是一种好习惯,这个观点的提出有理有据,体现的就是生命平等意识。生命教育应该是教孩子敬畏生命,热爱大自然,而不是残害生命。评论观点鲜明地表达了对此的应有态度。

□ "第一人"的脚步将永不会停歇

世界上首名进行太空行走的宇航员阿列克谢·列昂诺夫11日在莫斯科因病去世，享年85岁。(据2019年10月12日《北京晚报》)

1965年3月18日，列昂诺夫穿着白色宇航服首次太空"出舱"，飘出飞船5.3米，成为太空行走的第一人。那次太空行走持续12分钟，说起来短暂，却十分不易，其间他的航天服膨胀起来，为了回仓，他不得不降低航天服内的压强。

每一步太空之行，都激动人心，也充满了危险。人类在走向太空的过程中，经历了各种挑战，迄今共有20多位宇航员牺牲。人们在电视机前，目睹了"阿波罗11号"的成功，分享了阿姆斯特朗走出登月舱的历史时刻；也在电视机前目睹了"挑战者号"航天飞机的失事，为7名航天员的丧生而哀恸。

每一位代表人类前行的"第一人"，都是令人敬仰的英雄，他们以大无畏的精神，为人类的探索迈出了第一步，是人类共同的荣耀。正如阿姆斯特朗登月时所说，"这是我个人的一小步，但却是全人类的一大步"。这也是至理名言，科学没有国界，人类的探索也没有国界，人类与生俱来的就是不断挑战极限，不断拓宽生存空间，有史以来不知经历了多少第一步，走出了多少"第一人"，才有了人类今天的成就。

2019年度诺贝尔物理学奖刚刚授予了三位天文学家，以表彰他们为人类在宇宙探索中的贡献。就在 12 日，肯尼亚运动员基普乔创造了一项纪录，成为 2 小时内跑完马拉松的第一人，被认为与人类登月一样有意义。无论是仰望星空、探索太空，还是脚踏实地、在地球上奋斗，人类都需要这种对极限的突破，以跨越前行的障碍。事实上，无论是发现第一颗太阳系外的行星，还是第一次登上珠穆朗玛峰，在智力与体力的开发上，都是一样的不容易。因为这都是人类对自身潜能的挖掘，也是对生存能力的提升，当然都是一样的振奋精神、鼓舞人心。

每个时期的每个领域总有各种各样的"第一人"在克难前行，有的名垂史册，有的默默无闻，许多的"第一人"已无从可考，他们为人类所做的探索却彪炳千秋，为人类所共同铭记与感念。太空行走"第一人"走了，马拉松的"第一人"又来了，人类就是这样不断自我挑战，迈出的第一步永远在路上，以永不停歇的姿态奋勇前行，以更高更快更远的精神，不断履行自己的使命，为人类创造最大的福祉。

（2019 年 10 月 13 日红网）

人类是地球的主宰，在大自然面前却又渺小卑微。无穷的宇宙有着无数的远方，等待人类去涉足。评论以对"第一人"的歌颂，弘扬了人类不断挑战自我的精神，对人类的未来充满期待，表达了对人类本身的崇敬与热爱之情。敬畏生命，关怀生灵，首先是热爱人类自己。为了人类自身的生存与可持续发展，任何做出努力探索与奉献的先驱，都是值得尊敬的。

评论由一及众、由此及彼，表达了对先行者的敬意、对人类命运的关切。这就是一种大情怀，因为热爱人类就是对生命的最好礼赞。

从"泰坦尼克号"到法航空难人类走了多远

2009年5月31日,"泰坦尼克号"沉船的最后一位幸存者米尔维娜·迪安去世,享年97岁。2009年6月1日,法航AF447班机在大西洋上失踪,228人可能已全部遇难。1912年,当时世界上最先进的船只"泰坦尼克号"被冰山一角无情撞沉。此次遇难的法航空客A330型客机,也一向被视为是最安全的机种,从未出过事故。

从轮船到飞机,人类这一百年来的交通工具以及各种科技取得了飞速发展,然而,同是最先进的交通工具,仍不可避免失事。人类的脚步依然不能从容跨过那片海。

法航空难为近10年来最悲惨的空难,虽然人们对事故原因莫衷一是——技术故障、系统失灵、恐怖袭击等,还有人再次想起百慕大神秘三角传说,但已知的事实是,法航客机在大西洋上失踪暴露了雷达的缺陷:大西洋有一大片面积并不为雷达覆盖,飞越北大西洋上空时,要经历数小时的"雷达黑洞",仍要靠类似"泰坦尼克号"式的无线电方式通信。至于飞机本身,空客A330型客机原来就有计算机失灵的"前科",去年险些酿成澳航客机空难。

无论是何种原因,皆说明人类在自然面前,远没达到可以随心所欲的境界。虽然可以在太空上来往了,但从"泰坦尼克号"到空客,人类只前行了一小步,大自然仍有众多的盲区远没有被认知,远没有被人类的目光、智力所覆盖。

在那场海难中，米尔维娜幸运存活，得以度过 97 年的人生风雨。97 年来，米尔维娜目睹了太多太多的人间奇迹，享受了众多科技进步带来的生活便利，也经历了两次世界大战、高科技战争的沧桑。米尔维娜的 97 年是人类的一个缩影。在浩渺的大自然面前，人类不过仍是"泰坦尼克号"上的米尔维娜那样懵懂的婴儿，在未知的领域面前懵懂而幸运地生存着。在太空中，再安全的地球也不过如一艘船只或飞机，经不起任何碰撞。

在自然面前，人类应永远感到谦卑，不断求索以寻找更安全的生存方式与空间，并彼此同舟共济，相怜相惜。在自然面前，人类不过是在海边拾贝壳的孩子，只是偶尔幸运地捡到一些知识。人类若用这点可怜的技术自大或自相残害，只会让自然觉得可笑与失望。

在米尔维娜的身后，人类仍不能避免类似"泰坦尼克号"的不幸事故。这些事故是全人类共同的悲剧，也是一种特殊的财富，人类正是在这些事故中逐渐成长与进步。

（2009 年 6 月 4 日《中国青年报》）

又一起空难发生，笔者没有止步于对这起空难的就事论事，而是联想到空难的前一天，"泰坦尼克号"的最后一位幸存者离世，从那场海难到这起空难，有没有内在的联系可以一起说说。

虽然这海难与空难发生的时间与空间不同，但说明了从当年的豪华客轮到如今的先进客机，都不能保证人类远行的安全。笔者当即反思人类虽然在交通工具上取得了很大进步，但在自然面前仍有力不从心的时候。每一次的灾难，仍是人类前行必然要付出的代价与学费。这样的灾难反思，比具体的原因寻找更有深远的意义。而且，从"泰坦尼克号"说到法航空难，一眼越百年，也有新鲜度。

这种横跨百年的反思，也是提醒人们，在自然面前切勿自大，人类前行的每一步，注定都只是一小步，而不是一大步，不能沾沾自喜。因为未知的领域实在是太大，而人类的认知又实在太渺小。"在浩渺的大自然面前，人类不过仍是'泰坦尼克号'上的米尔维娜那样懵懂的婴儿。"这个论断并不悲观，就在此文发表的5年后，2014年发生的马航空难，就如"泰坦尼克号"一样悲剧，连飞机残骸至今都没有下落。由此可见人类前行的步履艰难，交通工具的速度虽快，人类文明跨越的距离却不是很远。

  本文以联想与发散思维，从"泰坦尼克号"说到法航空难，如一线穿珠，让人从灾难中深切感受到大自然的高深莫测，感受到人类向前探索的不易。让人类多一些敬畏与谦卑之心，也是对生命的呵护，对人类自身命运的牵挂与观照。

□ 人机大战的赢家永远是人

9日,人工智能"阿尔法围棋"与韩国棋手李世石的人机大战打响,第一局的较量中,李世石中盘即告负。

有人惊叹,人类"阵地"失守来得如此之快,人类尊严何在?我说,这仍是人类的胜利,因为任何机器都是人发明创造的,背后离不开人的智慧结晶。机器取胜的每一步,实是人类科技前行的每一步,人类总是真正的赢家。

在工业4.0版的革命中,智能制造、机器人时代正大步走来,如同蒸汽机到内燃机的工业革命,每次升级换代带来的必是生产力的提高。

机器人做家务、机器人写稿……我们的生活早已在享受机器人带来的便利服务,同时又面对它的威胁,越来越多的岗位或被机器人取代。这也是无法绕过的竞争,每一次生产方式的转变,都会导致传统的生产者被挤下舞台。但几百年来,科技越来越发达,人类并没有失去工作,只是工作的方式随之而变。

围棋人机大战,并不太新鲜。之前,在国际象棋领域,机器人"深蓝"就取得了成功。由于围棋存在更多变数,人的直观感受和洞察力可以发挥决定性作用,通常认为人工智能难以取胜人类。事实上也是如此,围棋软件做了20多年,到去年11月,还连一个小学生都下不过。

这次,"阿尔法围棋"的神勇令人惊讶,也说明人工智能取得了突破。

尤其让中国棋迷感兴趣的是，程序设计中采用的是中国规则，因为其简便，对电脑计算有利。软件中包含的精确合法棋局数是 171 位数，人要跟它比计算，还真要费些功夫。人输了，依然是输给了人脑，输给了程序设计员，输给了科技的大脑。

就在 5 日，"电子邮件之父"雷·汤姆林森去世。他当时是在工作中开小差，顺手发出了世界上第一封电子邮件。人类的科技进步，如牛顿从苹果落地发现万有引力，瓦特从开水壶现象发明蒸汽机一样，常在无意中妙手偶得。

围棋人机大战，这种生活的花絮，何尝不是推动人类前行的创举呢？人输了，也依然值得我们高兴。

（2016 年 3 月 10 日《楚天都市报》）

本篇评论站位高远，从人工智能与人类竞赛肯定了人类对科技的追求与掌控，让人看到光亮与希望。科技是用来造福人类的，但也可能为人类带来风险，人工智能的发展就是如此，科技的进步有令人不安的成分。

对此，本篇评论提出了积极与鲜明的观点，角度与众不同，却有说服力，这样的观点鼓舞人心，体现了对人类的尊重。出发点也如之前的评论一样是对人类的热爱与礼赞。

医学有禁区，科学有红线

26日，一则"世界首例免疫艾滋病的基因编辑婴儿在中国诞生"的消息引爆网络。来自深圳的科学家贺建奎声称，一对名为露露和娜娜的双胞胎，有一个基因经过修改，使她们出生后即能天然抵抗艾滋病。（据2018年11月27日《楚天都市报》）

这个世界首创并没有带来惊喜与欢呼，反而是令舆论哗然，无论科学界还是网民，对此都报以质疑与不安。122位科学家联名予以谴责，表示此项技术没有任何创新，呼吁大家不去做、不能做，就是因为其脱靶的不确定性、其他巨大风险以及涉及重大的伦理问题。

换言之，这不是什么可喜的进步，反倒是鲁莽之举。因为基因修改后，对孩子个体来说，不是抵抗艾滋病的好方法，还可能面临其他风险；对人类来说，贸然进行可遗传的人体胚胎基因编辑，可能导致整个人类的基因库将因此受到污染，存在太多未知因素，后果难以估量。无论是对受试的这对双胞胎，还是对其他人群，这项研究都有着不可承受之重。引起大家不安的，既是对基因编辑婴儿这一生的成长关切，也是对整个人类命运的关切。虽然这是"别人家的孩子"，却也是整个人类的孩子，事关公共安全，大家有理由担忧。

虽然贺建奎一再解释，这只是帮助孩子避免遗传疾病的痛苦，并非"设计婴儿"。但科学界普遍的声音是，在胚胎上进行基因编辑，不同于在人体上做实验，因为前者有遗传风险，这一步迈得过于草率。而且这项研究已涉嫌违规，试验也未经医学伦理报备，国家卫健委已表示高度重视，会依法依规处理。

原卫生部副部长黄洁夫就曾说，医学有禁区，科学有红线。技术可以解决的问题太多了，比如说孕期检测胎儿性别、地下非法代孕，这都是不被允许的。对医生来说，最重要的就是敬畏生命，不能对病人造成伤害。对基因编辑婴儿来说，也是如此，大家关切的核心点在于对生命的敬畏，技术手段不可超越伦理。任何科技当是为人类造福，而不是带来危害。大家关注这项研究，也是关注每一个人自身的祸福，大家有理由等待相关方面给一个明确的调查结果与说法。

（2018年11月28日《楚天都市报》）

首例基因编辑婴儿的诞生，震惊了世人，令舆论哗然，虽然科学是需要探索的，但也是有伦理的、有禁区的，并非法外之地，可以肆意妄为。悠悠天地，生命为大，人类的任何技术手段当以呵护生命为根本，如果失去对生命的敬畏，技术进步带来的可能是灾难，打开潘多拉魔盒，不可不慎。

2017年11月17号，意大利神经外科专家卡纳瓦罗在奥地利维也纳的一场新闻发布会上宣布：世界第一例人类头部移植手术已经在一具遗体上成功实施，哈尔滨医科大学的任晓平教授是合作者。此事也引起各方关切。在这之前传出风声时，北京大学医学伦理与法律研究中心主任王岳于2016年的一次接受采访中表示，"一旦实施，就是中国临床界的耻辱。"

王岳在这次有关"换头术"的采访中透露，2015年年底在美国开了一个关于基因编码技术的国际研讨会。这个会议得出一个共识，此项技术不能应用于临床生育，不能对胎儿去做基因筛选。不幸的是，在几年后，基因编码用于婴儿身上，竟然成真了。

王岳说，2014年中国医师协会已经发布了中国医师道德行为准则，他在参加一次国内的医院院长论坛上随机问了一下,在座大概200家医院中,有多少医院组织学习过中国医师道德行为准则?非常可怜,现场只有两个人举手。

王岳说,医学要敬畏自然规律,否则医学早晚是毁灭人类的最后一根稻草。如果一个行业没有职业操守,技术再好,钱再多,能赢得患者、社会和国际同行对你的尊重吗?这是很可悲的。(据2016年6月20日凤凰网)

王岳的话发人深省,转录于此,可供人思考。本文正是依据这一些思想,从医学伦理与公共安全角度,对基因编辑婴儿的鲁莽之举进行了质疑,表达了对生命安全的关切,以及关照人类命运的忧患意识。

□川航迫降事件：查清原因是对机长的最好致敬

5月14日上午，四川航空一架重庆飞往拉萨的航班因机械故障备降成都。该航班在成都区域巡航阶段，驾驶舱右座前风挡玻璃破裂脱落，机组人员在采取相应措施后安全备降。（据2018年5月15日央广网）

这一事件很快在网上刷屏，驾驶舱风挡玻璃脱落，要在高速、低温、缺氧状态下去操纵一架飞机，难度可想而知。当时，巨大的"吸力"让副驾驶的半个身体都悬挂到了窗外。飞机的成功降落，让大家又惊又赞，执飞的刘传健成了传奇式的英雄人物。有业内人士认为，此次的处置难度甚至比国外发生过的同类事故还要大些。

在高度肯定机组与指挥系统成功应对的同时，我们心有余悸的是，这起成功备降有一定的幸运因素，一是机长个人拥有丰富经验，二是"天公作美"。刘传健此前在飞行学院的执教生涯中，曾多次带学员进行过类似训练，为处置民航飞机突发事件打下了基础；二是事发时几乎无云，能见度非常好，否则后果无法预料。

这也给航空安全敲响了警钟，因为不是每次发生险情时都会有幸运相伴，稍有不慎，就是机毁人亡的悲剧。玻璃为什么会破裂脱落？是材料因素，还是安装因素，或是外力波及？这都有必要弄个清楚明白。1990年英国航空的一架飞机前风挡玻璃在飞行过程中也脱落过，是因为机务没用规定的螺丝而是用了小一号的，埋下了隐患。此次事件发生后，西南民航局第一时间赶赴现场展开调查。根据相关规定,飞机制造商、发动机公司和航空公司也会被要求参与协助。不管是何原因,这个调查很有必要,只有搞清楚原因,才能举一反三,防止类似的险情再次出现。

根据海恩法则与墨菲定律,每次事故的发生看似偶然,其实是各种因素积累到一定程度的必然结果,只要发生事故的可能性存在,潜在的隐患迟早会演变成现实。只有将每次事故的隐患或苗头及时清除,事故才可以避免。在航空界还有一个圆盘漏洞理论。每一航班的运行有众多的保障环节,最基本的有人、机、料、法、环五个因素。即操作的人;飞机以及所用的材料、燃料;飞机运行和维修必须遵守的法则;飞机运行的外部环境。这五个因素构成一个系统的圆盘,只要有一处漏洞就会埋下隐患。

成功处置险情当然是可歌可泣的壮举,但更要从源头上防范险情的发生,保障航空安全的"圆盘"是完美无缺的。调查事发的原因,做好事先的排查预防工作,比事后赞美英雄更重要,也是对英雄的最好慰藉。因为不用去面对险情,不用去成为英雄,才是航空安全的真谛。

(2018年5月16日红网)

川航班机空中遇险,驾驶舱风挡玻璃脱落,实乃罕见的一起故障。机长以惊人的个人意志力,克服了不可描述的困难,将飞机成功备降,避免了机毁人亡的悲剧。消息传出,英雄机长被刷屏了。这确实是壮举,危难之中见真章,怎么肯定都不为过。

在一片欢呼声中,我保持了冷静,纵观网上的大量报道,发现这次成功备降实有幸运的因素。因为航班上执飞的是一位经验丰富又开过战机的机长,有个人出色的素质,还有就是天气条件利于备降,要不然,后果不堪设想。

这个幸运,实是令人感到后怕,所谓天时、地利、人和,缺一不可,如果没有这些幸运因素,可能就是一出惨剧。正如机长的妻子在接受采访时所说，宁愿不要机长是英雄。这个话，也只有机长的家人能讲出，她不在乎自己的丈夫惊天动地，名扬四方，只愿他能平安归来，做个普通的飞行员。丈夫生命的宝贵，只有深爱他的妻子最懂。这不是贪生怕死，实是道出了生命为大的真谛。

　　危险造英雄并不是一件可以额手称庆的事，航班经受不起这样的考验，我们宁愿其一路顺利。所以，死里逃生之后，庆幸之余，我们更要反思为什么会出现这样的险情，以避免下次的厄运，因为不是每次遇险都会碰巧是有经验丰富的机长，都会有幸运化解的机会。

　　任何险情的出现都不是偶然的，一定是有必然的隐患存在所致，反思险情，找到原因，才是对机长的最好致敬。因为排除安全飞行的隐患，是对机组人员，也是对所有生命的敬畏与负责。安全无小事，宁愿不要英雄，不要惊心动魄，只要岁月静好。表达这个观点，不是杂音，不是漠视英雄的壮举与精神，而是对生命的关怀，对机长以及机上乘客命运的关照。回到以人为本的视角，少一些对英雄的礼赞，多一些对安全的关注，多一些对生命的呵护，才更符合人性的生存本能需求，也是对生命负责任的态度。

☆医生先人后己诠释了生命权平等

近日,在辽宁营口市中心医院进行的一场手术中,主刀医生周兴文突发心梗。危急时刻,这名医生坚持让同事先救治手术台上的患者,把生的希望留给病人,将危险留给自己。(据 2019 年 12 月 7 日央视网)

周兴文的精神确实感人,他同事的精神同样感人。面对手术台上的患者以及周兴文的病情,先救谁都是一道考验人性的选择题,放下谁都有"见死不救"的亏欠感。这件事情体现的是周兴文与所在医院的崇高风范、对患者的高度负责与生命至上的医者仁心。周兴文与医院都遵循了先来后到的原则,并没有因为有医生病倒,就近水楼台先得月,利用工作条件上的便利先救医生。

周兴文在为患者手术时是一名医生,他在手术中发病后,身份也就变为一名患者。这时,摆在医院面前的,就是又有一位需要手术的患者,虽然身份有些特别,但在作为患者的身份上,周兴文与其他患者又是一样的,并没有区别。在医院里,救死扶伤只有一个原则,就是生命至上,所有患者都是平等的,每个生命都是宝贵的。就诊顺序排第一位的是病情,再就是按接诊先后,并不看身份高低。周兴文与其他患者都亟须手术,如果不能同时进行,只有遵循先来后到的原则。

正如周兴文自己所说,要先治疗患者,这是一定不能乱了先后顺序的,因为"生命对每个人都是可贵的"。这是生命至上的原则,放在谁身上都适用。周兴文发扬了风格,彰显了一名医生的责任心与高尚境界。更要看到的是,他维护了就诊规则的严肃性,让规则体现出了人性光芒的力量。他没有因为自己是医生就破坏规则,就抢先占有医疗资源,而是平等地与患者分享手术的机会,平等地承受疾病风险与救命希望。

医生的精神难能可贵,令人动容。也要看到的是,医生在手术室累倒的新闻时有发生。就是这起事件中,周兴文在被救回一命后,休息两天就又重新投入工作,个中辛苦令人心疼。周兴文病发的那一天,所在科室给他安排了十台手术,正是在做第十台手术时,周兴文累倒了,并面临没有空余手术室可救急的危险情形,所幸没有影响到治疗。相关医院如何加强医生力量与医疗资源的配备,以便能保障医生的休息与健康,这是值得重视的课题,也是对患者负责。试想,患者正在手术,主刀医生却累倒了,患者的安危又该如何保障?感动于周兴文的先人后己,更要防止这样的窘迫情况出现才行。

(2019年12月10日《楚天都市报》)

医学是人文科学,有道是,德不近佛者,才不近仙者,不可为医,医生本当自带一份甘为他人的奉献精神。这起新闻事件中,舆论多是为医生的精神所感动,本文在肯定医生的境界时,也肯定了医院对生命权平等的坚持,视角更深入,也更接近真谛。

医生的精神固然可嘉,但这不是单纯的"好人好事",不宜过度拔高医生的精神。实际上,这是就诊中必须遵循的原则,医生本人对此认识得很清楚,先后的顺序不能乱。因为生命是平等的,患者的身份没有高低之分,没有谁可以因身份不同而获得优先救治,只有病情的危急可以优先获得照顾。

在同样的病情下,医生与医院都只能遵守先来后到的原则,如果先救医生,造成其他患者的不治,医院会陷入舆论风暴中,没法对外界交代。医院与医生都是按照常识来做了一次正确的选择,这也是无奈的选择。所以,本文也提出了要防止这样的痛苦选择,避免先救谁的纠结,才是对所有生命的保障。

□ 追思牺牲毕业生的传统令人起敬

中国刑事警察学院在短短一周的时间里连续发出三封唁电,因为有三名毕业于该校的民警先后牺牲在不同地方的岗位上。(据2019年1月7日人民网微博)

这三名民警是河北衡水市公安局刑警张伟涛、广东深圳市公安局民警贾伟、内蒙古赤峰市公安局刑警王琰,他们均在工作岗位上发病,不幸牺牲。中国刑事警察学院向他们致以深切的悼念与敬意。

所有的岁月静好,皆因有人为我们负重前行。数据显示,改革开放40年来,全国共有1.3万余名公安民警因公牺牲,他们用生命守护着社会的发展,保护着每一个家庭的平安;他们用生命践诺自己的誓言,奉行当年唱过的校歌:英雄虎胆,除暴安良,服务人民。

据统计,近年来,每年倒在岗位上的民警平均在400名上下,牺牲时的平均年龄都为40多岁。这是一个上有老下有小的年龄,每一个民警的离去,背后都连着一个家庭,他们是好民警,是为民顶天立地的好汉;也是家庭的顶梁柱,是家中的好孩子、好父母……他们的离去,是社会的损失,也是一个家庭的损失。

三封唁电写着缅怀与尊敬,也写着心痛与不舍。这三封唁电,既道出民警在平凡岗位上的不凡历程,化作他们的伟岸与丰碑,也道出一所学校的令人尊敬与伟大之处。据了解,中国刑事警察学院历来有一个传统,毕业的同学不幸牺牲,学院会发唁电、送花圈、派员参加追悼会,以寄托母校师生对他们的哀思……

该校多年坚持的传统,不仅是暖心之举,也从侧面折射出民警工作的艰辛。学子们即便离校,无论相隔多远,分别多久,永远是母校惦记的孩子,母校为他们的安危担心,为他们的家人牵挂。这是一所胸怀大爱的学校,有着慈母般的情怀,对每一位牺牲同学的追思,浸透着慈母般的思念,也浸透着民警工作的奉献与牺牲。

能做到这点的学校真的不多,一些学校除了对知名校友的离去会追忆怀念,可能并不会记得众多普通校友跌宕平凡的一生。中国刑事警察学院能记住一个学生,也许正诠释着"警校"二字沉甸甸的含义,也诠释着民警工作的意义:这是一群立警为公、执法为民的英雄群体,他们理当被人所尊敬,所铭记。

一所学校怎样,学生便会怎样,正是因为学校的有情,学生也会有义,也会在工作中铁肩担道义。中国刑事警察学院的传统写着铁骨柔情,这是对学生最好的教育。践行了学校宗旨与民警义务的学子,学校不会忘记他们,这种传统令人起敬,也令人感怀。

(2019 年 1 月 9 日红网)

中国刑事警察学院的这个传统在其他学校真是很少见。因为中国刑事警察学院的特殊性、毕业生工作的特殊性,学校坚持这样的传统,体现了母校对毕业生的终生牵挂,拳拳之情,令人动容。这样的学校,对得起"母校"二字。这样的学校,也当令人肃然起敬。感谢中国刑事警察学院,让我们见证了一所学校的真正内涵,这是教育的真正含义。这样的义举,是对警校宗旨的最好诠释,胜过任何的说教。

□ 有故事的毕业戒指才值得珍藏

又是一年毕业季，西南石油大学为8400名毕业生每人定制了一枚专属的钛钢戒指，外圈刻有校徽和校名，内圈则是学生的名字和学号。同学们表示很惊喜，网友表示很羡慕。（据2019年6月12日央视网）

毕业戒指虽然不多见，却是由来已久。资料显示，1835年，美国西点军校诞生了第一枚毕业戒指，到20世纪毕业戒指逐渐流行，同大学毕业证一样，成为一段时光的见证与纪念。毕业戒指在国内也时有出现，吉林大学、中国科学技术大学都尝试过打造戒指送给毕业生。

这些毕业戒指大同小异，都具有一般的纪念意义。真正有分量的毕业戒指，当属加拿大几所工程学院的"耻辱戒指"。那源于100多年前的一场重大事故，魁北克大桥在建造过程中垮塌，造成75名工人遇难的惨剧，事故原因与设计有关。事后，加拿大几所工程学院联合买下倒塌残骸的废钢材，打造成一枚枚戒指发给毕业生。戒指被设计成扭曲的钢条形状，以纪念这起事故和在事故中被夺去的生命，提醒工程师的职责所系。

"耻辱戒指"无疑有着沉甸甸的不可承受之重，后来又发展成"工程师之戒"。工程师绘图或者计算时会有"受硌"感，以时刻提醒他们：笔下有人命关天，有工程质量大计，当慎之又慎。工程师有千钧之责，当遵循严谨求实的科学精神，不迷信权威，不盲从他人，不屈于压力，不苟且名利，对工程安全负责，对生命安全负责，这才是根本。有此精神内核的戒指，才是真正的"硬核礼物"。

纵观一些毕业戒指，流于形式且千篇一律，只是一枚戒指，有编号与学号，跟毕业证书没什么两样。其实，每所学校悠久的历史中，一定能找到那些具有特别含义的标志性人物、事件，从中撷取素材，用以正面激励或警示学生，是完全可以别出心裁的。如"工程师之戒"这样的戒指，有了特别的内涵，才有劝诫的作用。

校训不宜只是大话，毕业典礼致辞不能是空话，毕业戒指同样不宜空洞无物。毕业戒指最好能凝结学校文化的精髓，如同精神坐标，让人睹物思义，铭记使命与嘱托，化作人生的动力，去努力实现一名毕业生的社会理想，这样的毕业戒指才有珍藏的价值。

（2019 年 6 月 13 日《楚天都市报》）

此评论所述毕业戒指之事也是一所学校如何对待毕业生的事。毕业戒指在国内还是新鲜事，在国外却早已有之，还有"耻辱戒指"这样的励志故事。本文通过对"工程师之戒"的介绍，提出了对毕业戒指的更高期望：不仅是一段学习之旅的纪念，更有深层的人文精神含义，成为毕业生的精神路标，以敬畏生命，为人类的美好前途而牢记使命。

□ 站着吃饭的教育其实已经跪了

8月26日中午，河南商丘睢县高级中学食堂内，因板凳被撤，学生们排队买饭后只能站着就餐。27日，该校办公室工作人员回复称，此举是借鉴外地先进经验，提高学生就餐效率，以便节约时间去学习。（据2018年8月27日《重庆晨报》）

据介绍，暑假时校方撤掉了带凳子的餐桌，"下一步，还将给学生划好指定位置，就站在自己的位置上吃。吃个饭花10分钟就好了"。学生也表示，以前吃个饭要花20分钟，现在10分钟差不多了。时间是节约了，可这真的好吗？医生说，吃饭要细嚼慢咽，吃快了对身体不好，时间长了会引发消化上的慢性病。心理上，催人快吃，被催促者也会增加焦虑感，不利于降压减负。学习是项很紧张的工作，吃饭原本是放松身心的好时机，在与同学的交流中，一边填饱肚子，一边让思绪飞扬，是难得的食物与精神上的双重享受。如果人为压缩吃饭时间，让吃饭变成一项任务来完成，仅仅是补充能量，这样的吃饭又有什么快乐与意义呢？

校方说是学习外地先进经验，从以往的报道来看，有的学校确实是充分管理学生的每一分钟时间。比如河北衡水中学，媒体以"超级高考工厂"来形容该校，学生如同流水线上的工人，每天5：30开始作业，到22：10才停止，其间的每一分钟都被精确管理，一环套一环，如同齿轮一样向前运行，学生没有半点自主的空间。这种管理方式始终伴随着争议，不少参观的校长表示没有办法模仿借鉴。

　　教育是以一个灵魂感染另一个灵魂,培养学生的全面素质,而以升学率为指挥棒的教育,唯分数与学习效率是从,一切都是扭曲变形的。每个学生原本是一个鲜活的人,而不是学习机器。俗话说,催工不催饭,不挤压他人吃饭时间是美德也是尊重,严格限定吃饭时间,起码缺少对他人权利的尊重。这样的教育即使逼出了高分考生,在人格培养这一块也是缺失的,因为学生从来就没有感受到尊重,没有感受到优雅与从容,以后又如何做一个人格健全的人。

　　经历过的这种严格管理的学生,懂得了规划时间与节约时间,却也同时会背负上如影相随的焦虑,缺少幸福感。撤掉餐桌凳子的学校,让学生站着吃饭,这种教育已然跪下,做了应试教育的附庸。何况,如此节约出来的时间,未必对学习就有加分效果,机械化的重复填鸭式教学还真不差这 10 分钟,有再多时间也都是浪费在反复的记忆与刷题上。给学生一些空余与喘息,也许能学得更好。

(2018 年 8 月 29 日《楚天都市报》)

　　学生在食堂吃饭,连板凳都撤掉,以促其能抓紧时间,这种所谓的提高效率,就是把学生当成了高考流水线上的工人,在管理上精确到了每一分钟,这实在太残酷,也毫无生命的尊严可言。考大学是为了有机会继续求知与深造,获得人的全面发展,唯分数唯升学率的指挥棒,将学生逼成学习机器,即便过了高考关,学生心理上也会有阴影,压迫与紧张会导致焦虑情绪。

　　教育是以一个灵魂去感染另一个灵魂,也是为了实现人的全面发展,当以人为本、尊重人、体恤人。有温度的教育,首先是生命教育,让人懂得自尊。让人站着吃饭,以提高进餐的效率,实是对生命本身的侮辱。本文对此进行了批驳,观点鲜明,指出站着吃饭的教育其实已经跪了,直击问题要害,发人深省。

□ 别把喝厕所水的荒诞当励志

日前，一段"保洁员喝厕所水"的视频流传网络。保洁员从蹲便池里舀出一杯水，当众一饮而尽，并说，"也是希望公司的各个岗位都能把自己的工作做到极致"。（据 2020 年 10 月 15 日《楚天都市报》）

该视频录制地为山东一家饲料公司。10 月 13 日，该公司办公室一位工作人员回应称，视频中的保洁员为公司"标杆员工"罗某，喝厕所水并非公司要求，"她是我们的一个榜样，这是她工作做到极致了"，"因为经过各方面检测，到了便池水能喝的程度"。

面对外界质疑，工作人员表示，"我们也是经历了从不理解到理解再到震撼的过程。可能在人的观念里，便池就是盛大小便的，如果是一个盛水容器的话，可能就比较容易让人接受"。这名员工说得没错，思想决定行动，有什么样的观念，就能接受什么样的行为。

为什么在外界看来很荒唐的举动，在这家公司显得很正常？视频中，围观的人群对保洁员喝厕所水是报以掌声，没有谁觉得难堪，这种现实中的荒诞说明了什么？就是一些人的观念错位了，把不正常的事看作正常了，反常之举就成了合情合理的存在。

媒体多次报道过，有公司为了惩罚没有完成任务的员工，逼喝马桶水，甚至将其成为拓展训练与内部培训的项目，鞭策员工知耻后勇。网上也流传过一则励志故事，一名日本女学生在酒店的受训期间，对擦马桶感到难堪，上司当面舀了一杯马桶水喝了下去。女学生感到十分惭愧,从此打扫厕所异常认真,也能喝马桶里的水了。这经历成为了她一生的力量,她以后成了女大臣。这则故事无从考证,却并不妨碍以讹传讹,成为一些酒店培训员工的励志案例。

　　山东这家公司的喝马桶水逻辑正是这样的。可见,喝马桶水有其生存的土壤,这不过是观念错位后的奇葩。把工作做到极致是必须的,马桶干净到里面的水能喝,可以视作一种工作要求,却不等于要喝马桶水。毕竟,从卫生角度,肉眼看到的洁净与水质的真正达标是有差距的;从心理角度,喝马桶水也是难为情的。如果是有人愿意喝马桶水,喜欢喝,还喝上了瘾,也不能表明此行为就是合理的,这时,只怕他要去看心理医生了。

　　正如律师所说,喝马桶水即便是员工的自愿行为,也有违公序良俗,不应提倡。若是公司诱导,员工可请求包括精神损害赔偿在内的赔偿。那些把侮辱人格的行为当励志的,才是脑子进水,该醒醒了。

(2020 年 10 月 15 日《楚天都市报》)

　　敬畏生命不仅是敬畏肉体上的生命,还有精神层次上的人格尊严。人格尊严是生命的组成部分,不可侮辱。这篇评论对职场中常见的无视人格尊严的行为提出了批评。这是从心灵上体现对生命的关怀之情。

□ 救援队员遇难当警醒任性游客

8月24日晚，24名驴友在广东惠州白马山野外溯溪，其中一名女子坠崖受伤。当日在惠州境内开展技能交流活动的深圳蓝天救援队闻讯前往施救。驴友找到了，也全部安全撤下，两名掩护的救援队员却突遇溪水暴涨，紧急避险后失联，在找到后均已遇难。（据2019年8月28日《晶报》）

这真是令人痛心的消息。近期多起游客遇险的事故一直在给出游安全敲警钟，这次又是驴友遇险，还搭上救援人员的宝贵生命，让人无法接受。网友唏嘘不已，向遇难队员表示致敬与哀悼，也呼吁驴友们不要倔强，不要去危险的地方，以免自己遇险，也给救援人员带来生死劫难。

8月25日，一名孩子在黄果树瀑布景区天星桥下游区域落水，三名大人下水营救未果，母亲与孩子一起遇难；8月2日，湖北十堰一名男孩在四川海螺沟景区失踪，到现在都没有找到；8月10日下午，六名游客在南津关大峡谷附近的溪流中游泳，因上游突发大水被困，所幸获救。三起事故都与游客缺乏安全意识有关。

网友说，黄果树景区天星桥下游的水流湍急，在桥上都能感受得到水流冲击的震动，即便没有警示牌，游客也应该知道危险，不能到水边。海螺沟景区则是有警示的，孩子失联时已跨越了警戒线，大人当看好孩子别离开视线。南津关大峡谷沿路都有严禁游泳的标识标牌，游客置若罔闻，获救后在支付救援费方面，个别人还有抵触情绪，说公共资源就该施救，凭什么还要付费。

遇险是应该救援，因为生命无价。正因如此，对每个生命都该敬畏，游客的命是命，救援人员的命也是命啊！人家凭什么冒险来救？还不是出于对生命的爱护和对工作的负责。尊重是彼此的，游客岂能我行我素，不珍惜自己也不珍惜他人。深圳救援队员遇难，律师认为可向游客请求承担人身损害的赔偿责任，这就说明二者相关。游客遇险，景区固然有安全设施欠完善方面的责任，可任何安全警示牌，只有立在游客的心里才有作用，如果对其视而不见，放哪里都没用。

挺身而出的救援人员是伟大的，他们的奋不顾身、舍己为人，可以说是英雄之举。愿逝者安息，也愿以后救援的路上不再有牺牲。救援队员遇难当警醒那些任性的游客，别再视安全如儿戏，你拿命不当回事，别人还要活命呢！连累救援人员牺牲了，下次遇险又有谁来施救。

(2019年8月28日红网)

常有游客不顾景区提示与劝阻，不惜冒险进入未开发区域，一旦遇险，惊动社会各方救援，耗费不少的社会成本。因个人的任性之举，让社会力量买单，常引发争议，这次还有救援人员搭上了生命，确实令人痛心，也令人深思。本文对此进行了入情入理的剖析，呼吁游客对生命多些敬畏意识，愿这种牺牲的代价能让人警醒，不要盲目行事而连累他人。

野猪进校园别当网红看

1月8日晚，华中科技大学出现两头野猪，大摇大摆在校园里溜达。目击者称，校园内生态环境比较好，平时经常出现野生动物。目前，野猪已被妥善处理，未发生人员或野猪受伤情况。（据2021年1月9日《北京青年报》）

网上对此津津乐道，纷纷以"画风清奇"来报道，调侃野猪来学习的也有。依山傍水的武汉大学与华中科技大学，绿化率高，常吸引着野生动物来晃荡。前几年，武汉大学珞珈山上的一只红色小狐狸成了网红，华中科技大学校内的喻家山也因一只小白狐引来关注。

如今环保观念深入人心，野生动物进市区受到追捧，体现了大家对大自然的兴趣与热爱。野猪的出现，同样被认为是生态环境向好的结果。不过，野猪的画风可不是狐狸，并不呆萌可爱，这是具有攻击性的动物，发现野猪时，远观都须谨慎，更不可近玩，这可不是看热闹的对象。

近年来，随着野猪种群的增加，野猪进城并不鲜见。2019年3月21日晚，就有三头野猪闯入华中科技大学校园内，在草坪与道路上走走停停。更早的2015年7月，曾有一头野猪跑进该校留学生公寓内横冲直撞，后被警方捕杀。也就是从那时起，该校就在校内可能看到野猪的地方竖了警示牌，以提醒经过这些地方时，务必注意安全。

与武汉地理环境相似的南京，近年来市区就多次有野猪出没，南京大学和南京邮电大学仙林校区都出现过野猪的身影。2020年10月29日下午，一头野猪冲进南京建邺区的一家奶茶店,又冲到公交站场,将人吓得不轻。后被民警找到,用麻醉枪放倒送到动物园。这家奶茶店却冲上了网络热搜,阅读量过亿,前来打卡的顾客络绎不绝。这也是过度热捧了,野猪真不是什么值得追逐的网红。据介绍,野猪瞬间爆发的速度可达时速六七十公里,攻击性不容小觑。2017年8月,一头野猪闯入南京浦口医院,撞倒一名儿童,还咬伤了女保洁员。

因此,野猪闯入校园可不是趣闻,相关部门当重视安全防范工作,让野猪待到合适的地方。专家介绍,秋末冬初,野猪活动范围大,一是找寻食物过冬,二是发情期"找对象"。这个时节,误闯进城里的野猪相对就多了起来。对此,看到野猪时,不可刺激它们,尤其是带着幼崽的母猪,攻击性更强,不可冒犯。城内看到野猪时,不要惊动它们,立刻报警才是正确的应对之道。

(2021年1月11日《楚天都市报》极目新闻)

华中科技大学出现野猪,似乎已成常态。2021年4月27日,又有媒体报道,野猪在华中科技大学校园遛猪崽,一头大野猪在前面奔跑,后面跟着好几只猪崽。通常,校园或城市内发现野生动物都可视作稀奇事,被认为是生态环境变好的表现,但发现野猪并不是值得高兴的事,因为野猪有攻击性,觅食时也有破坏性,比如损毁庄稼。野猪在一些地方泛滥成灾,已是需要正视的问题。

本文对野猪在校园出没表达了担忧,这是出于对人命安危的担心。在野生动物面前,人命是第一位的,是首先需要保护的,这是毫无疑义的。评论提醒师生和市民注意自我保护,这是人本意识的体现,也理当如此。

□ 敬畏生命就是在保护自己

11月13日上午，东航一架由无锡飞往广州的航班上，一名旅客突感心脏不适，机组人员立即向上级进行汇报，航班备降南昌。旅客纷纷表示理解，但也有人在朋友圈抱怨称浪费时间，被网友斥为"太自私"。（据2018年11月14日澎湃新闻）

对于选择乘坐飞机出行的乘客来说，时间因素确实是个考量，本以为可以快捷一些，谁知因故不能正常飞行，欲速而不达，有急躁情绪可以理解。尤其是国内航班经常遇到晚点问题，常让旅客头疼，折腾之下，有吐槽的、有抱怨的，但因飞机救人影响了行程而表达不满的，则很少见。

就这起备降事件来说，发病旅客有心脏病史，在最快时间得到救治很有必要。无论从人道主义还是航班的安全责任，备降救人都是应有之义。在南昌落地后，发病旅客因及时送医转危为安。航班稍后复飞，救人善举可谓功德圆满。个别人吐槽浪费时间，显然有失偏颇，因为悠悠万事，生命为重，没有什么事比救人一命更有价值。

多少好汉为救人于危难之中，不惜赴汤蹈火，冒着自己的生命危险去殊死一搏，以命换命都在所不辞，正是因为生命无价，才驱使救人者迸发出惊天勇气与毅力。乘坐的航班因救人备降，大家都应为守护生命，为见证并参与到这样的一起成功救人之举而欣慰。因为大家都为生命让出了行程与时间，都有功其中，理当受到保护生命尊严的教育与洗礼才是，何怨之有！

诚如网友所言,浪费时间之说太荒唐,因为我们每个人都可能遇到需要救助的情况。如果今天抱怨救他人,明天也许就轮到自己,且将心比心,以同理心面对他人的危难。其实,就航空公司来说,每次临时迫降与备降都是需要成本的,少的以万元计,多的则达数十万元。航空公司不惜一切代价将乘客生命放在第一位,因此产生的损失也都是由航空公司无条件负担的。这样做,还是因为生命无价,责无旁贷。对生命的敬畏是对所有人的保护,必须如此,义不容辞。

所以,无论在哪个场合,遇到人命关天的事,请自觉为生命守护,让出急救通道,这也是给自己一条生路。

(2018年11月15日《楚天都市报》)

飞机为救人备降,有旅客觉得浪费了自己的时间,这真是匪夷所思的想法。行程受影响,有委屈可以理解,但人命关天,这个时候当以救人为第一要务,悠悠万事,以此为大,任何其他事项,在生命面前都可以退而居其次。本文摆事实、讲道理,也是苦口婆心晓以大义,为倡导守护生命的良好社会氛围而尽评论之责。

□ 生命教育不提倡捉蜗牛

这个国庆长假，杭州很多小学 3 年级的小朋友都在为科学课做准备，到处找蜗牛和蚯蚓。有家长测算了一下，全杭州小学 3 年级有 3 万名学生，每个人至少需要 2 只蜗牛、2 条蚯蚓，大约有 6 万只蜗牛和 6 万条蚯蚓要因此"献身"了。（据 2018 年 10 月 6 日央视网）

由于科学课多与动植物有关，观察它们的生长习性是常见的课外作业。自 2012 年开始，杭州的小学生便开始捉蜗牛。有家长表示烦恼，"年年要弄这种事情，以前是养蚕宝宝，到处找桑叶。接下来要观察蚯蚓，太折腾了"。

老师表示，观察动物是想让学生形成生命体的概念。比如观察蜗牛的结构，了解每个结构的作用和功能，碰到突然刺激会有什么反应。纸上得来终觉浅，在实践中掌握科学知识，当然能学得更深刻，只是生命教育未必非要将小动物捉回家。尤其是在城市里，要寻找野生小动物并不容易。2016 年 4 月 9 日下午，在杭州市内的一条人工景观河中，为完成老师布置的作业，父亲带儿子观察蝌蚪，因小孩不慎滑进河中，父亲为救儿子落水身亡。就在那个周末，杭州西溪湿地有不少家长在那捉蝌蚪，成为一道景观。而这个国庆长假，家长在街头到处翻找蜗牛与蚯蚓，或到花鸟市场购买，也成为一景。

此类观察动物的作业，初衷当然是好的，但如果脱离实际，就成了一种形式主义与负担，考学生变成了考家长。何况，在环境的变迁中，许多可爱的小物种都离我们越来越远，在城里难得一见，就是在野外也不太好找，我们要保护这些小生灵都来不及,将其捉回家观察,实有暴殄天物之嫌。众多的野生小动物被捉来观察,其命运可想而知,这不是生命教育,实是在摧残生命。再说,蚯蚓、蜗牛等动物还能引起某些人的不适感,这种学习又有何快乐可言?

在提倡人与自然和谐相处的今天,捕捉野生动物不是一种好习惯,观察动物可以在室外完成,不一定非要将其捉回家饲养,也可以提倡有条件的自愿进行,而不必强求一律。

(2018年10月8日《楚天都市报》)

一些地方的自然课程,布置学生捉小动物,或是饲养动物,以观察生物的习性,更好地理解课文中的知识。从实践中进行教学的初衷是好的,却不必蔚然成风,或是强制推行。以杭州的这次作业类推,约有6万只蜗牛和6万条蚯蚓要因此"献身",若年年如此,得捉掉多少野外的蜗牛啊!从心理学上讲,不是每个学生都能热爱这类小动物,有的可能会害怕,如果逼着学生都来接触它们,也会给一些孩子留下阴影。

生命教育应该是教孩子敬畏生命,热爱大自然,而不是残害生命。本文观点鲜明地表达了对此应有的态度。

□ 待产孕妇跳楼身亡：
保护产妇安全比分娩方式更重要

近日，陕西榆林市第一医院称，8月31日，该院绥德院区妇产科二病区产妇马某坠楼身亡。目前官方已介入调查。（据2017年9月6日《新京报》）

医院与家属各执一词：医院称家属多次拒绝剖宫产，家属表示要求医院剖宫产被拒。不管事出何因，这是一起令人扼腕的悲剧。目前不少人认为是没有及时进行剖宫产，以致产妇因疼痛难忍自杀。客观而言，保护产妇安全比选择何种分娩方式更重要，因为无论顺产还是剖宫产，都存在诸多风险。剖宫产会面对羊水栓塞、出血、伤口感染等难题，剖宫产一是取决于患者的生理状况，二是孕妇的疼痛耐受力。选择剖宫产与否，并不是简单的判断题。

另外，中国剖宫产率远高于世卫推荐的15%的上限，给产妇和胎儿带来的并发症远高于自然分娩。控制剖宫产率，推广无痛分娩，鼓励自然分娩已是一项共识。无痛分娩虽然技术上已成熟多年，但人力物力成本较高，在我国的实际使用率较低。所以，简单指责哪一方不愿选择剖宫产或顺产，可能都有些片面。

不得不说，除去身体上的疼痛，产妇还常被情绪上的抑郁焦虑所困扰。据统计，产后抑郁症的比例高达10%至15%，这往往被人忽视。坠楼产妇情绪如此失控，无论是选择顺产还是剖宫产，都需要心理关怀与抚慰，各方对此可能认识不足，缺乏及时有效的心理疏导与干预措施。

产妇坠楼的教训值得各方汲取，除了查明真相，厘清责任，需要做的更有从中反思：如何让产妇根据具体情况选择科学的分娩方式？如何健全防范类似事件再次发生？

(2017年9月7日《楚天都市报》)

陕西榆林市第一医院绥德院区，一名产妇因害怕生产的疼痛跳楼身亡，此事引起各方关注。有人指责医院没有尽到责任，没有及时进行剖宫产，也有人指责患者家属坚持顺产，无视产妇痛苦与诉求，不顾产妇感受。其实，无论顺产或剖宫产，都没有绝对的安全可言。从医学上讲，能够顺产的话，对胎儿与产妇还更有利些。我国的剖宫产率不是低了，而是高了，医院无论从利益驱使还是省事方面，更愿意选择剖宫产手术。

舆论不加思索的指责，实是不分青红皂白。本文在写作上跳出了这种纷争，而是客观地指出，无论哪种生产方式，对产妇的心理抚慰与人性关怀更加重要，即便是顺产，做好安抚也并非不可能完成的任务。这为思考类似问题指出了人文关怀的努力方向，也是一种同理心的思维，而不是做一名指手画脚的看客。因为纠结于顺产还是剖宫产没有实质上的意义，重要的是抚慰人心。

敬畏医学才是对生命的最好保护

9月22日，北京大学第一医院妇产科三名医生被病患家属殴打。10月13日，北京市公安局西城分局通报称，产妇丈夫被刑拘，医生没有责任。（据2018年10月14日《人民日报》官微）

这起20多天前发生的医患纠纷，因北京大学第一医院的一份声明引发舆论关注。警方调查认定，产妇孙某（女，44岁）在北京大学医院妇产科待产，因已超预产期，就能否剖宫产问题，产妇丈夫与医生发生纠纷，并情绪激动，挥拳击打医生。虽然事情在法律框架内得到了处理，但在谴责暴力伤医之恶行的同时，我们不妨回到医疗本身来进行思考，以唤起更多患者及家属对医学的尊重与敬畏，对医生多一些理解与耐心，少一些烦恼与医闹。

这起医闹的起因，与患者丈夫不同意医师建议的分娩方式有关。在此想到去年陕西榆林一产妇因疼痛难忍，要求剖宫产遭拒后跳楼身亡的悲剧。当时事发后，围绕"究竟是谁拒绝为产妇实施剖宫产"，医院和家属各执一词。其实，无论顺产还是剖宫产，对产妇都有一定的风险，选择哪种方式要视产妇的身体条件与具体情况而定。这也是妇产科经常要遇到的两难选择。有人说，患者有自决权，而医学界又有剖宫产临床指征标准，不是患者想剖就能剖的。通常是条件许可的情况下，孕妇能顺产则更好。

北京大学第一医院因分娩方式引发的暴力伤医事件中，我们不能仅盯着医闹。如何惩处这类肇事者，以维护良好的医疗秩序、保障医务人员和患者人身安全，这可以通过一系列安保措施来解决，但最重要的，仍是对医学常识的尊重。硬性的制度规定，并不能带来真正的安全。拿妇产科来说，唯有医患双方建立"产房里的共识"最靠谱，既要尊重医学，也要尊重患者意愿，双方能"以人为本"达成共识，方是对生命的最好保护。

有人说，妇产科是仅次于急诊科的高危诊室，就是指这个科室容易发生意外与纠纷。北京妇产医院曾有项统计，2017 年 1 月至 10 月，有 1.2 万余名婴儿在该院出生，其中有超过 80% 的产妇属于高危人群。这与二胎政策后的高龄产妇增多有关，北京大学第一医院的这个产妇正是这类生二胎的高龄产妇，医院方面其实更清楚个中厉害，更懂得如何保障母婴平安。越是在这种时候，患者与家属越要懂得尊重医学，敬畏医学，光是自己急是没有用的。无论何种情况就医，都不妨正确认识医疗风险，尊重医学的严肃性，不必动不动就迁怒医生。

（2018 年 10 月 15 日红网）

这篇评论涉及的新闻事件与上一篇文章类似，医患纠纷也是由要不要剖宫产引起。其实，无论顺产还是剖宫产，原本是个医学选择，可现实中，往往又并非医学问题，与产妇意愿、家属意愿以及其他因素相关，简单的问题会复杂化。有的是产妇怕疼，有的是医生图省事，非医学的因素掺杂进来，给选择增加了难度，也给纠纷留下种子。

本文在此主张回到敬畏生命的本源上来，回到医学常识上来，少了其他因素羁绊，事情也就变得简单一些。这也是以人为本，真正从母婴的安全着想，以安全为前提，达成"产房里的共识"。

□读懂男助产士对母婴的关爱

浙江中医药大学护理专业有张照片刷爆了朋友圈,因为系里有唯一的一个男助产士,在一群女同学的合影中显得另类,其强烈的反差和喜感让人过目难忘。(据 2018 年 4 月 10 日《钱江晚报》)

一个大男生为什么选护理专业,而且是助产方向?"系草"的出现,背后是一个悲伤而励志的故事。来自浙江舟山的娄聪裕,7 年前有段刻骨铭心的经历。初一那年,表姐怀了双胞胎,喜讯传遍亲朋好友。然而,其中一个女婴出生时体重只有 3 斤 2 两,最终在暖箱里夭折了。表姐用了几年的时间才走出这段阴影,娄聪裕至今记得她给孩子写的信:"宝贝,不管你在哪里,我永远是爱你的妈妈。"这让娄聪裕很伤感也很触动,决定将来要做医护人员守护小生命。

娄聪裕后来果然考上了浙江中医药大学护理学专业,如今,像他这样的妇产科男医生、男护理、男助产士已越来越多,也越来越得到外界的理解。因为男性医护人员有他们的优势,体力好,遇到紧急情况冷静果断,能较快作出反应,让患者更有温暖感和安全感。对待这个群体,除了不必有异样的眼光,更要从中读懂他们对母婴的关爱。

正如娄聪裕在医院见习中所看到的,女人生孩子如同要度过人生的一难,每个小生命的降临,对母婴都是生死考验。有胆小的女生在目睹分娩的痛苦与艰难后,当场吓昏了过去,有妈妈生完孩子连喝水的力气都没有了,让人深感做女人的不易。此情此景,让娄聪裕在心中暗暗发誓,以后一定要对老婆好、对孩子好。

可以说,妇产科是最好的生命课堂。在这里,男人可以对女人肃然起敬,对生命心生敬畏,找回良心与责任感。女本柔弱,为母则刚,也是从婴儿坠地那一刻就开始了。妇产科也是一个神圣的职业,见证着医护人员的爱心与献身精神。我国著名妇产科医生林巧稚,一生经由她手来到世界的小天使有5万多人,被尊称为东方圣母,但她终身未婚未育,把全部生命献给了医院。她投身医学,也是因为从小就失去母亲的伤痛,让她化悲痛为大爱,矢志救护世间千千万万的母亲。

医者仁心,医生是一门需要情怀的职业,中华"儿科鼻祖"、北宋名医钱乙有句名言:"幼者无横夭之苦,老者无哭子之悲。"一语道尽儿科医生同时也是妇产科医生的追求。所以,我们不妨从男助产士的追求中,读懂他对母婴的关爱,愿更多的医护人员加入对母婴的呵护中,也愿更多的常人多一些对医护人员的尊重,多一些对老婆孩子的关心。

(2018年4月10日红网)

男助产士是个新鲜职业,多数人对此是看稀奇,或是怪腔怪调。我通读新闻稿后,从这名医学生的报考动因中,看到了女性生产的不易。生孩子是很多女人都会面临的一次生死考验,能刺痛所有人类的悲悯之心,产妇们需要更多尽心尽责的医生(无论男女),为她们的生产保驾护航。

这是从新闻的细节与情节中发现评论着眼点,这也是生命敬畏的角度,从这个角度切入,再散发开去,引导社会正确看待男助产士,呼吁外界对妇产科的男性医护人员多一份理解,可谓善莫大焉。男助产士的出现,要多看到其对生命的呵护,要撇开性别本身来看医学问题。

□治癌医生患癌去世验证医学不易

荣获"中国好医生"称号的结直肠癌专家、中山大学附属第六医院副院长王磊，因患癌症病情恶化，于6月23日不幸去世，年仅50岁。（据2019年6月25日《广州日报》）

治癌专家自己不幸因患癌症去世，网友为失去一位好医生而深感惋惜，也有网友觉得，医生自己患癌都治不好，普通患者就不要治了，以免花冤枉钱。癌症难治，这是不争的事实。一些癌症患者在花掉数十万乃至以百万元计的治疗费用后，仍是未能挽回生命，"人财两空"也确实是癌症患者家庭要面对的难题。对一些晚期癌症，由于医学上没有好的办法，治疗效果不佳，各方对要不要放弃治疗也常意见不一。治癌专家患癌去世，折射的正是这种现实。在面对绝症时，医生与普通人一样无力，并没有"豁免权"，只能寄望于医学上的突破来提供生命保障。

治癌专家患癌去世令人痛惜，更说明人类与癌症的斗争任重道远，唯有努力攻克难关，积极战胜疾病，而不能抱着"反正是治不好，不治算了"的消极思想。人类对疾病的攻克，从来是一步一个脚印，没有一蹴而就的事。比如，治疗疟疾的良药。青蒿素的发现就经历了不凡的过程，随着长时间的应用，又出现了抗药性的问题。人类对抗生素的发现与应用也是如此，抗生素让一些细菌感染性疾病得到了有效抑制，但随着抗生素被滥用，耐药的超级细菌又出现了。人类与疾病的斗争就是这样永无止境。

王磊身上就见证了人类与疾病斗争的艰辛。他是一名帮助患者抗癌达27年的医生，数十年如一日的付出，已获得有益的成就，他创立的独有术式——直肠癌近侧扩大切除，被中山大学附属第六医院所在的天河区命名为"天河术"；与同伴建立的术前"单纯全量化疗"，被美国NCCN指南引用。他自己不幸患癌后，仍是心系患者到最后一刻。生命倒计时39天：他坚持参与对疑难病人的会诊；生命倒计时22天：他坚持在网上回答一位病人的用药咨询；生命倒计时8天：他见了即将赴非洲援助医疗的弟子一面……每一个日子，他自己在与疾病作斗争，又在帮助患者与疾病作斗争。

疾病无情人有情，人类也有智慧与力量去战胜疾病。2007年，王磊从美国博士后学成归国，与30多位同事在一栋简陋楼房中驻扎，成为中山大学附属第六医院创院的"开荒牛"之一。"我热爱手术，一在手术台上就充满了力量。我热爱科研，外科医学有太多可以创新的地方，这些细微的改变可以直接影响人们的命运。"王磊的追求是众多医护工作者的写照，正因为一代代医学人员的克难奋进，人类在对付疾病上才不断取得突破。

治癌专家患癌去世，见证了人类与疾病作斗争的不易，即便医生患癌，与普通人享受的其实是一样的医术待遇，能治好医生的也能治好普通人，治不好普通人的也治不好医生。对患者来说，不妨对医生多一些体谅与理解，在对付疾病上，医患双方实是命运共同体，须相向而行。对任何疾病，都须正确对待，坚持早发现早治疗与科学治疗。难治就放弃，或治不好就医闹，都不是应有的态度。

（2019年6月26日红网）

治癌医生都患癌去世，医生自己得了病都治不好，普通人得了病还要不要治？一些网友表达出了疑虑。本文对此及时发声，引导大家正确看待疾病，正确看待医生这个职业，这也是一种生命教育，并将话题引导到医患关系上来，可谓因势利导，用心良苦，体现了媒体人的社会责任感。

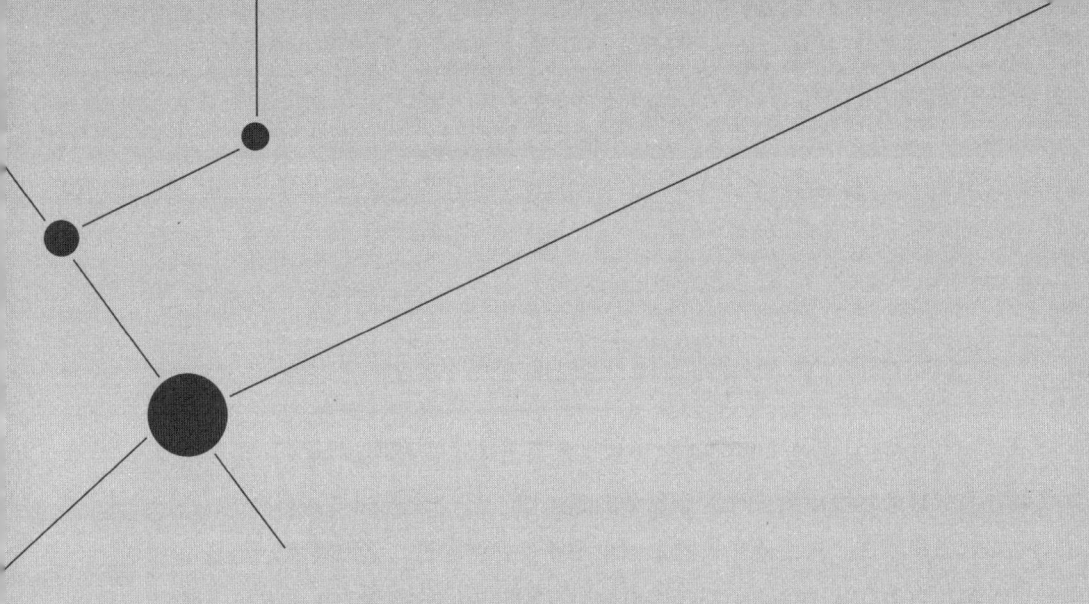

第六辑

人性体察
——彰显感动人心的力量

人性中的那些真善美，爱与温暖，奉献与付出，从来都有着感动人心的力量，需要评论的眼光来发现放大，让生活多些美好与向往。

沈从文曾说："这世界或有在沙基或水面上建造崇楼杰阁的人，那可不是我，我只想造希腊小庙……这庙供奉的是人性。"

什么是人性，人性就是人的本性中那些美好的内在，诸如善良、忠诚、怜悯、感恩之类的优秀品质，那些发自内心又触动人心的情愫，总是显出人区别于其他动物的基本特质。人性既有自然的属性，又有社会的属性，有与生俱来的，也有后天养成的。

沈从文的《边城》便是一部供奉"人性"之作，老船夫的勤劳善良、古道热肠，船总顺顺的慷慨大义，天保、傩送对爱情的忠贞、坚定及甘愿为对方而自我牺牲的精神，翠翠没有任何污染的自然脱俗之美等，都是人性所表现出的动人之处。爷孙之情、兄弟之情、情侣之情、邻里之情，与那里的小溪、白塔、墨竹、渡口、独户的人家，等等，共同构成一幅美丽的生活画卷，展现出纯粹的美。

马克思说，我是个人，凡是合乎人性的东西，我都觉得亲切。人性之美是世间之大美，也是推动人类社会不断进步的因子。只有不断地完善自我的人性，人性美才能得到充分实现和肯定。因此，评论的情怀也就离不开对人性之美进行捕捉挖掘，以鼓励社会成员见贤思齐，以人性的光辉照亮前行的道路。

我以为，人性之中向内的柔软，向上的努力，向外的无私，总是显得特别感动人。在评论写作中，我也特别注意捕捉这三方面的人性之美，诸如《临危惦记父母闪耀英雄的人性光芒》就包含了人性中最柔软的人伦之情；《像田家炳那样诠释财富的意义》《用义工阿福的精神为国家造福》则展现了人性中舍己为人的最灿烂光辉。那些人性中的坚强不屈与积极向上，同样是值得肯定的。本辑评论，可谓是多角度展现、供奉人性的美。

当然，不是所有的人性都显得那么美好，也有纠结与晦暗的一面，如《3.6亿元成了揣进我们怀里的兔子？》则体察那些微妙的因素，也是让人自省，以让人性能有更多的完美与闪光点。

从大的方面讲，新闻工作要育新人，就是要坚持立德树人、以文化人，提高人民的思想觉悟、道德水准、文明素养。那么，新闻事件中展现出的那些人性中的真善美、优秀的品质、可贵的担当，那些爱与温暖、奉献与付出，从来都有着感动人心的力量，需要评论写作者的眼光来将其发现放大，以振奋精神，激励人心向上，让生活多些美好与向往。

一、捕捉人性亮点，将人物体现出来的人性闪光点放大，以照耀感染他人

常言道，世上还是好人多。孟子说，人之初，性本善。人性中不乏至真至善、让人心灵柔软之处。即便是坏人，也可能有一半是魔鬼、一半是天使的复杂性与复合性。

评论彰显人性光辉的一面，就是善于捕捉新闻事件中所透出的人性闪光点，放大那些美好的积极面。

如《生命纸条透出的修养令人起敬》一文讲的是山东栖霞笏山金矿爆炸事故中，井下被困人员临危不乱，有条不紊开展自救的可贵。

2012年1月10日14时，位于山东栖霞市西城镇正在建设的五彩龙金矿发生爆炸事故，造成井下22名工人被困。7天过去了，救援队才收到井下被困人员的信息，让人悲喜交加。纸条除了告之井下人员情况、急需相关药品，还不忘加上礼貌用语，诸如"请把药带下来""望救援不停，谢谢你们了"。网友说，这么艰难的情况下，还没有忘记谢谢，让人热泪盈眶。

这7天，矿工们是靠喝泥水维持生命，身体已极度虚弱，体力透支严重。在这样的危难中，他们没有抱怨，没有灰心，也没有烦躁，而是异常冷静且耐心地等待救援，向地面告之情况。即便遭遇不幸与至暗时刻，他们仍然在心中怀有温暖与善良，回报给世界以笑容，记得说声感谢。

这张纸条让人看到井下被困人员的超高素质，我因此写了评论，专门肯定这张纸条所透出的人性美好。

《"7元公益餐"因尊重而温馨长久》一文则肯定了普通人的另一种自尊自爱。从2018年7月开始，重庆一家叫作"乡阿姨"的饭馆针对环卫工推出了免费午餐。在10月的时候，突然没有环卫工来吃了，因为他们觉得一直白吃人家的心里过意不去。于是，饭馆便改推收费7元的公益餐，象征性地收下饭钱，这样环卫工也吃得心安且开心。

这则新闻的暖心之处，在于双向的善意，体现出双方的相互尊重。这就是人性中的可贵之处，一方助人为乐，愿意做好事，另一方觉得不能亏欠人家的，双方都很善良。

评论敏锐地看到了这点，将人性中美好的一面拿出来放大，展现给世人，让大家都能收获感动，受到洗礼。

二、从人性的需要中解读新闻事件

"我要有事，替我照顾好我父母。"这是江苏徐州睢宁县"90后"民警张文章跳河救人前，执法记录仪录下的一句话。2017年3月5日，徐州警方官方微信发布了这个视频，网友纷纷点赞。

这是2017年1月18日晚发生在睢宁睢城镇的一幕，当时该县城东派出所接警救助一名落水女子，"90后"民警张文章在跳水前跟同事无意间的对话，被执法记录仪记录下来。当天，该民警跳进冰冷的河中，将一名落水女子救上了岸，两人均无大碍。

"我要有事，替我照顾好我父母"，说出这句话，不是这位民警胆怯，也不是他贪生怕死，而是因为下河救人是充满风险的事。之前，这位民警多次下河救人，并因此遭遇过生死考验，有次连抓住绳子的力气都没有，已经绝望了。水火无情，下河救人与冲进火场一样，都可能有去无回，随时要有献出生命的准备。

因此，在面对危险之时，想起自己的父母，是人之常情，恰恰体现了民警深藏于心的大孝与对亲人的牵挂。评论从人性的角度，解读了民警的这句话，加深了社会对民警的理解：无情未必真豪杰，怜子如何不丈夫。民警也是有血有肉的人，也有家人需要牵挂，世上本无英雄，只是平凡人的挺身而出。民警出警救危时，交代让同事替他照顾好父母，跟战士上战场前写好遗书、向家人道别是一个道理，是真性情的体现，根本无损于他的英雄形象。

评论从人性的角度切入，很好地诠释了救人民警的内心思想，让民警的形象变得更加丰满，更接地气了。

《"仙女寝室"闪亮生活的美好追求》一文也是从人性的需要中解读新闻事件。江西师范大学几名女研究生花费近万元，将宿舍用各种灯饰打造成"仙女寝室"。孰料，该宿舍在走红网络后却引发消防部门关注，因存在安全问题，灯饰很快便被拆除。

我的评论中指出，"仙女寝室"虽然有消防隐患，但这种对生活的热情与投入是需要看到的闪光点。因为凡是显示出生活或使我们想起生活的事物都是美的。

这种理解与体谅，是基于对人性中真善美因子的保护。爱美之心人皆有之，追求仪式感与生活的新颖别致，是社会原本需要的情怀，这个初衷与动机是美好的。给予鼓励，是不忍扑灭她们对生活的热情。

三、态度鲜明地批评非人性的行为，以扶正祛邪，肯定人性中的真善美

例如"爱心冷柜"本来是夏日送清凉的公益活动，有人却以此来作秀。类似这种消费他人善良与同情心的伪慈善，评论要毫不客气地给予批评，要为正气鸣锣开道。

《火晶柿子红了，给树上留点诚信吧》一文，就是批评不诚信的劣习。由于一部网剧的热播，剧中出现的一款临潼特产火晶柿子也跟着走红了。网上随即冒出售卖"火晶柿子"的店铺，并表示可发现货，实际上，真正的火晶柿子要到 10 月才能成熟。

火晶柿子并没有成熟，还没到上市的季节，网上却叫卖开了，这种蹭热点促销的行情，少不了有鱼目混珠的。炒短线，捞一把就走，是一些不良商家的生财之道。评论以《留一些柿子在树上》这篇文章的主题为切入点，顺势牵出诚信经营的重要性，告诫商家不要将事情做绝。

评论既批评了不诚信的行为，也是在呼唤人性向美向善，呼吁坚守诚信，别为利益而蒙蔽了双眼。

临危惦记父母闪耀英雄的人性光芒

"我要有事,替我照顾好我父母。"这是江苏徐州睢宁县"90后"民警张文章跳河救人前,执法记录仪录下的一句话。3月5日,徐州警方官方微信发布了这个视频,网友纷纷点赞,视频很快刷爆朋友圈,阅读数近3万次,点赞约2000次。(据2017年3月8日《中国青年报》)

当时,他一边脱去外衣,准备救人时,一边无意间跟同事交代了几句,其中就有"我要有事,替我照顾好我父母"。是他有些胆怯吗?有贪生怕死之念吗?我以为,这话无损救人民警作为英雄的正面形象。因为下河救人是充满风险的事,之前,这位民警多次下河救人,并因此遭遇过生死考验,有次连抓住绳子的力气都没有了,都已经绝望了。这次也正是大冷天,救人后双手、膝盖以下都失去了知觉,另一名下水的辅警则连着发烧好几天。水火无情,下河救人与冲进火场一样,都可能有去无回,随时要有献出生命的准备。

在面对危险之时,想起自己的父母是人之常情,恰恰体现了民警深藏于心的大孝与对亲人的牵挂。

无情未必真豪杰,怜子如何不丈夫。儿女情长,本是英雄本色,谁无父母,谁无子女,民警出警救危时,交代让同事替他照顾好父母,跟战士上战场前写好遗书、向家人道别是一个道理。唯以此明志,了无牵挂,没了后顾之忧,才能更加从容赴难。

英雄以大无畏的精神舍己救人、舍己为公，与心系亲人并不矛盾。这恰恰体现了一个血肉之躯的真性情，有对亲人的血浓于水的深情，方能推己及人，才有对他人的同生共死，才能幼吾幼以及人之幼、老吾老以及人之老，这是人性逻辑与舍生取义的高度契合，也是必然的逻辑，英雄民警真不必为此不好意思。网友为此泪奔，被救女子也因此泪奔，正说明这话闪耀着英雄的人性光芒，直抵人心，直击人们心灵最柔软的地方，激起他人的强烈共鸣，这才是英雄本色，大家对此也是高度认同的。

大连广播电视台新闻中心记者卢建伟在 2010 年 7 月 16 日的大连新港石油大火中，坚守火场 10 多个小时，拍摄了 7 盘录像带，真实记录了 540 多辆消防车、几千名消防官兵在大火中鏖战的场面。后来他在全国巡回讲演个人事迹时，特地提到当时在火灾现场，有消防战士得知他是记者后，要求录下他带着哭腔向父母告别的镜头。此情此景，令人震颤落泪。石油大火的危险，与战场无异。消防员的举动与救人民警的叮嘱是一样的，想起爹娘就情不自禁。面对危险，壮士可能一去不复返，难舍家中亲人，唯留片言只语，放下对亲人的至爱转作对他人的大爱。

无论这位消防员还是救人的民警，他们都是新时代的英雄。他们能舍生忘死，挺身而出，面对危险，绝不退缩，有着英雄的大无畏气概与崇高的奉献精神，但他们身上也有着儿女情长的正常人性反应，这正是他们可爱可敬的一面。爱家人方能爱他人，有小爱方有对社会的大爱，也才能舍小爱为大爱，舍小家为大家。

其实，无论是过去的英雄人物还是当代的新时期英雄，都是一样的有血有肉，既有着伟岸高大的形象，也有着细腻可敬的灵魂，只是有时候大家放大了某一面而忽略了另一面。英雄临危时可以什么都不想，顾不上许多，可以想到一些高尚伟大的壮举，也可以想到家中亲人，这都是正常的行为，无损英雄的大义凛然本色。

（2017 年 3 月 8 日中青在线）

一位民警在跳河救人前向同伴交代,"我要有事,替我照顾好我父母"。视频传出后,看哭了网友。

救人是高尚的,也是危险的,不测的因素与意外让民警不得不有备无患。这个细节并不影响英雄勇于牺牲的光辉形象,恰恰是人性的真实流露。英雄面对困难与危险,是大无畏的,能舍己救人,虽万死不辞,虽赴汤蹈火也在所不惜。但无情未必真豪杰,敢于挺身而出,敢于为他人献身,心中却有放不下的牵挂,二者并不矛盾,如同战士上战场先写好遗书一样的嘱咐,并非胆小怕死,实是胸怀对亲人的大爱,令人动容。人性中最柔软的部分,就是善与爱。

本文从多个方面诠释了救人民警此举的微言大义,为英雄点赞,分析入情入理,有助于让社会理解当事民警的内心波澜与献身精神,也从侧面道出了他们的不易:和平年代的英雄于寻常中的壮举同样可歌可泣。

□生命纸条透出的修养令人起敬

山东栖霞笏山金矿爆炸事故救援取得进展，救援队向被困人员所在区域通过钻孔投放给养后，取回一张纸条，上面写有被困人员的嘱托，其中的礼貌用语让网友感动不已。（据2021年3月18日《山东商报》官微）

纸条除了告之井下人员情况、急需相关药品，还不忘加上礼貌用语，诸如"请把药带下来""望救援不停，谢谢你们了"。网友说，这么艰难的情况下被困人员还没有忘记谢谢，让人热泪盈眶。

1月10日14时，位于栖霞市西城镇正在建设的五彩龙金矿发生爆炸事故，造成井下22名工人被困。7天过去了，救援队才收到井下被困人员的信息，让人悲喜交加。这是一张生命的纸条，透出被困人员的坚强与冷静。他们文化程度或许不高，纸条上有多处错别字，却言简意赅地介绍了井下情况与需求，为施救的针对性与有效性提供了重要指南。纸条中没有废话，一共有多少人，几人受伤，几人失联，需要什么，都写得清楚明白。这7天，矿工们是靠喝泥水维持生命，身体已极度虚弱，体力透支严重。在这样的危难中，他们没有抱怨，没有灰心，也没有烦躁，而是异常冷静且耐心地等待救援，向地面告之情况，并记得谢谢救援人员。

有一种修养就是临危不惊不乱，即便遭遇不幸与至暗时刻，仍然在心中怀有温暖与善良，回报给世界以笑容。也许正是这种可贵的品质，让他们有了惊人的毅力，得以在井下坚持了7天，等到救援人员送来的补给，给生命的延续带来了希望,为最终的获救赢来了机会。地面不放弃任何一丝救援的希望,井下被困者也不放过任何一线的生机,彼此的共同坚强才是救援成功的保障。

这张生命的纸条,让人看到井下被困人员的超高素质,他们坚韧不拔的精神令人起敬。地面救援的人们也一样,一直在想尽各种办法,坚强而冷静,有序而不乱。在事故现场,村民张女士目睹救援人员的辛苦,见他们连饭都吃不上,就找卖煎饼的定做了 100 份煎饼果子送来,以让他们吃口热的。国家矿山应急救援淮南队 19 台车辆 58 名指战员,又千里驰援金矿事故现场。有此勠力同心,有井下与井上的共同坚强,相信救援会有一个好的结果。

矿难终将过去,这场危难中写下的纸条却弥足珍贵,它定格了被困者的坚韧冷静,见证了为生命至上而进行的救援行动,闪耀着至暗时刻依然不灭的人性光辉,值得有关方面收藏起来,以激励更多的生命向上向善。

(2021 年 1 月 19 日极目新闻)

这次事故中,井下 22 名被困人员有 11 人升井获救。1 月 26 日,事故幸存者张某在医院讲述了井下经历,在事故救援期间,正是他写了两张纸条向井上救援人员传递消息。他说,自己是党员,又年纪最大,理当鼓励和安抚其他被困人员,并带头组织人员自救。

在井下的困境中,被困人员相互鼓励。媒体也报道了这样一个细节,由体力最好的一位工人来敲击钻杆,以便向上传递信息。后来升井时,这位工人又排在最后一位,也是因为他体力最好。需要奉献时他挺身在前,生的机会来时他又留在最后,这真是崇高的精神,也是人性中最可贵的地方。

患难见真情,井下被困人员的团结互助让人感怀。评论捕捉到了这些闪光点,将一张纸条的意义放大,传递了美好与向上的力量。

□ 那位组织自救的女士才是灾难中的主角

3月2日,各网站都热传这样的一条新闻:马来西亚沉船获救女子喝了男士的三滴尿。

今年1月28日,一艘载有28名中国游客的快艇,在马来西亚哥打基纳巴卢市前往沙巴著名旅游景点环滩岛途中失去联系。一位江苏女子幸运获救回国后,向记者回忆了海上那煎熬的33小时。

她说,从上午10点多,到傍晚五六点,太阳下山了,大家始终没有等到救援。"我们一直在自救,特别是其中有一个带着9岁女孩的年轻妈妈一直鼓励大家。"大家度过了无望无助的一夜,又相互鼓励着坚持到第二天。这时,麻烦来了,"因为救生衣质量不好,经过海水长时间泡过后,有些救生衣破了。从中午开始,因为脱水,我们又不断地呛到海水,有的人处于没有意识的状态,最后就慢慢死去。"

那位年轻的妈妈因为前一天一直组织大家自救,消耗了太多体力。第二天中午救生衣又坏了,她没有力气再支撑下去。她9岁的女儿虽然也一直很坚强,但也没能支撑到最后……

在大海里不能喝海水,最后受困的人们就想到一个办法——喝男同志的尿来维持体力。媒体报道时,多以此入题。当然,这有助于传播,却有猎奇的成分,也偏离了主题。

三滴尿顶多大用?我想,这名女子讲这个情节,只是对困境中的努力求生，对大家的抱团取暖，感慨良多。

其实，那个组织大家自救的年轻妈妈才可敬，她因此消耗了太多体力，没能坚持到最后，倒在了获救前夕，一同遇难的还有她的孩子。她先生在获救后哭了半天。幸存者特地提到了这些，也是心存感激。

且缅怀这位热心妈妈的牺牲吧，她是可敬的人，她的镇定让大家懂得自救，她却因此透支体力。我们应感谢她的舍己为人，帮大家延迟了生命的维持，灾难中需要这样的挺身而出。

众所周知，灾难中的人们容易陷入惊慌，迷失中又会造成新的伤害，导致不必要的损失。灾难中的临场自救非常重要，懂得自救知识，对于保护生命、及时逃生或等待救援，都是极其重要的一环。这位年轻的妈妈充当了救火队长的角色，临危不乱指挥大家自救，体现了可贵的素养与担当，避免了大家的慌乱，对稳定情绪，稳住局面，起了关键作用。媒体不妨多借此传播灾难中的自救常识，这才是保存生命火种的宝典。

我想，即便这船人不幸全部遇难，那位女士的临场组织施救也当令人起敬，虽然我们不知她的容貌，但她一定很美。

很不幸，她自己没有坚持到获救，但她所作出的努力与奉献，无疑是宝贵的，这为他人最终的获救筑起了生命的屏障。我们对此不应忘怀，不应只聚焦那些生还者，这个组织自救的女子才是灾难中的主角，且让我们致以崇高的敬意与深切的悼念。

她的精神，将永远陪伴着生者前行。

（2017年3月3日红网，原题《别盯着喝尿，应向组织自救的女士致以崇敬》）

一条载有中国游客的快艇出事了，这是一次海难，幸好还有获救的。各网站在推送1月28日这条海滩新闻时，多以女子喝男士的尿求生为题，其实是庸俗化了一条感人的新闻，这样做是以低俗作为卖点博眼球，充满着猎奇

的浅薄。

　　我细读新闻，发现了一位女子在海难中站出来组织大家自救的可贵。虽然那位女子最终不幸遇难却为他人的获救，争取了时间与空间。我查找资料后发现，海难中组织自救无比重要，可以避免落水后在乱扑腾与折腾中过早消耗了体力，而不能坚持到救援的到来。这名组织自救的女子很有公民素养，也懂得这方面的知识，她在危难中挺身而出，真的很可贵。虽然她自己没有生还，却让其他人有机会获救，这个已沉没的身影，才是我们要铭记并致敬的。放大这一点，既传播了自救知识，又打捞了一位沉没的高贵灵魂。灾难中，需要这种有人文关怀的情愫，而不是只盯着花边。

　　电影《泰坦尼克号》打动人的不只是露丝与杰克的爱情，而是船在下沉的时候，普通人把生的机会让给他人的义无反顾。这包括了总设计师因自责没有把船造稳固，选择和这艘船一起沉入大海，服务员们选择为乘客送上救生衣，演奏团坚持演出，等等。船沉之后，杰克为了救露丝，牺牲了自己。当露丝把杰克已经冻僵的身体推到海里的时候，这一幕令人动容。在灾难面前，人性的光辉最为耀眼，足以让灾难感到无地自容。

　　在马来西亚的这起海难中，那个组织自救的女士最终因体力消耗过大，没有坚持到获救，虽然不知道她是谁，但她恰恰是最不能被遗忘的人。正是由于她的举动，才让其他人获得了生还的机会，因此，此事不能只盯着喝尿的花边新闻。我的这个角度，是从新闻的事件叙述中发现的，是从隐藏的细节中找到的闪光点。几乎所有的新闻都没有将此作为重点突出，我能发现这一点，是因为没有跟着新闻的猎奇与低级趣味走，而是怀有一份对生命的敬畏与人性关怀，逆向寻找有价值的细节。正是由于这种纯朴的价值观，才让我能作出超出他人的判断。

用义工阿福的精神为国家造福

玉树地震后,在倒下的房舍与生命中,有一位人称"阿福"的中国香港义工巍然屹立在我们面前,其舍身救人的义举让国人为之动容。

他叫黄福荣,抵达玉树不足一周便遇上地震。其时,他在一家孤儿院担任义工,本已及时逃离,但为营救被困人员又冒险折返,在废墟中救出4名孤儿及教师后,不幸被倒塌的瓦砾击倒而罹难,年仅46岁。

"这样的事迹,不但点亮了黄福荣个人生命的光辉,也点亮了香港义工无私奉献精神的光辉。"(据2010年4月19日中国新闻网)阿福用生命诠释了什么是真正的助人为乐,践行了一个志愿者的可贵精神。这精神属于中国香港义工,也属于全体志愿者。我们要看到阿福的义工精神,更要看到他为西部奉献的赤子情怀。

阿福与青海结缘,源自对落后地区的关心。阿福是位义工,具体来说,是"西部爱心公益网"的义工,其义之所向,就是贫困的西部地区。阿福生前从事货柜运输工作,乐善好施。汶川地震时,曾到访灾区当义工3个月。普通人身上的善良质朴,于他都有。

在此想起另一位为西部献身的台胞温世仁先生,他的事迹同样与扶贫有关。甘肃古浪黄羊川是他"千乡万才"计划的起点。他集资5000万美元,欲在大陆最穷的1000个乡,培养1万名计算机人才以助脱贫。3年间他走遍了西部12个省区市,不幸积劳成疾溘然长逝。

"西部有3亿多的同胞,跟我们一样是炎黄子孙,一直以来过着与我们相差很多的生活,若还要让他们过这样的生活,说不过去。"温世仁的愿望也是阿福的愿望,更是我们共同为之奋斗的目标。

阿福同温世仁一样,为改变西部身体力行,最终"以我生命荐轩辕"。他们留给我们的不仅是血浓于水的同胞情深与奉献精神,也是让西部脱贫的殷切期盼与千钧之责。

斯人已去,风范长存。他们的离去,"意味的不是消失,而是播下一串种子,萌发更多的新苗"。

感谢阿福,感谢温世仁。我们在纪念他们的同时,且承接他们身上的报国情怀,让无数新苗在土地上萌发,给贫困的人们带来希望。

(2010年4月21日《楚天都市报》)

复盘手记

无私奉献,舍小我为大我,是人性中最光辉的一面,中国香港义工阿福就有着这样的可贵精神,不禁令人联想到台胞温世仁先生,热心为西部培养人才,这种同胞情深难能可贵。他们本来就有普通人身上的善良质朴,热爱国家、热爱人民让他们的善良又得到了升华。

本文肯定了他们的赤子情怀,希望更多的人像他们一样为国家造福,如此,把他们人性中的光辉给放大了来看,也是为了让他们的精神得到弘扬,给世人一个榜样。

□ 像田家炳那样诠释财富的意义

7月10日上午，田家炳基金会官网发布消息，我国香港企业家、慈善家田家炳先生辞世，享年99岁。生前，田家炳及其基金会捐助捐建了300多个教育机构，享有"百校之父"的美誉。

田家炳不是捐钱最多的企业家，却把自己总资产的80%都用于慈善事业，可谓最慷慨的一个。从20世纪80年代开始，田家炳就以捐办公益为业。1997年受金融风暴影响，为完成捐资承诺，他还不惜卖掉售价5000多万元的别墅，"卖了楼之后，他无产、无车，将所有都捐赠出来"。（据2018年7月11日《南方都市报》网络账号）直到去世，他一直住在租来的房子里。

这真是赤子情怀，捧着一颗心来，不带半根草去，毕生都在倾其所有践行教育强国的理念。他无私捐资助学，却低到尘埃里去。参加"田家炳中学校长论坛"时，他表示"我的学历低，与诸位谈教育，实在惭愧"，退场时"向着全场的中学校长们深深鞠了一躬"。（据2018年7月11日《人民日报》网络账号）这种谦卑与尊师重教，令人动容。

田家炳用他的行动诠释了他对财富的态度、对教育的使命、对人生的追求，也让人想起与他类似的邵逸夫。从1985年开始，邵逸夫持续捐助内地。有关资料显示，邵逸夫共捐赠内地的科教文卫事业47.5亿港元，捐建项目总数超6000个，其中80%以上为教育项目，受惠学校千余所。

邵逸夫说："一个企业家最高的境界是慈善家"，"我的财富取之于民众，应用回到民众"。邵逸夫与田家炳是众多慈善家的代表，他们的家国情怀，他们的心系苍生，他们的不求回报，体现着中国人达则兼济天下的传统美德，以及个人财富当为社会服务的现代工商业精神。比尔·盖茨说："财富是一种责任。"这是财富的真谛，强调财富的责任，意味着财富要为社会服务才有意义，这也是人生的价值所在。富人践行慈善的示范与风范，对社会的慈善风尚也是一种积极引领。

1990年，紫金山天文台将一颗小行星命名为"邵逸夫星"；1993年，紫金山天文台又将一颗小行星命名为"田家炳星"。邵逸夫与田家炳是天上不灭的两颗星星，也是光耀人间的慈善助学双星。每一个人心目中，都有一所逸夫楼，有一所田家炳楼。邵逸夫、田家炳捐建的学校与教学楼，改变了无数人的命运，让无数学子们举目仰望，也指引着他们人生的方向。斯人已逝，他们的大名与功德，就如那两颗行星一样，与日月同辉，在天地永恒，昭示着人生的意义在于助人为乐。

（2018年7月11日红网）

　　田家炳跟上一篇评论提到的阿福、温世仁一样，也是具有家国情怀的慈善人物，他对财富的态度，对同胞的关爱，对教育事业的投入，让他的人生活出了财富之上的高度。田家炳、邵逸夫是爱国人士的代表，这是大爱、至善，写这样的人物，就是要写出超越普通慈善的意义与高度。

□救摔倒老人就是最合格的答卷

3月4日,河南大三女生靳金梓在求职返程途中,路遇一老人摔倒,学过护理专业的她上前救助老人,直到老人被救护车运走。靳金梓求职的济源市第二人民医院得知此义举,免试录取了她。(据2019年3月6日《北京青年报》)

这真是一个温暖人心的故事,路遇跌倒老人出手相助,自己也因此收获了一份工作,正可谓度人者度己,助人者人助,符合好人有好报的社会期待,受到网友的一致赞许。

这并非有意上演的佳话,无论靳金梓救人,还是医院录取靳金梓,都是发自内心的行为。是路人将靳金梓救人的一幕拍下视频发到网上后,被济源市第二人民医院院长薛继东发现,并转发到医院微信群。院长表示,如果这个女孩来应聘,不用考试就可以直接录用。当得知靳金梓救人当天正好给医院投了简历时,院长当即决定录用。

这一连串的巧合,反映出医院与靳金梓的共同价值观,即都怀有深沉的医者仁心。因为志同所以道合。靳金梓救人发乎情动于心,医院录用她也是如此,双方都把救人的天职摆在第一位,都作出了符合自身价值取向的本能选择。靳金梓是名敬畏生命的好学生,医院也是所重医德的好医院,二者共同奏出一曲敬天爱人的正气歌。

对医学生来说,最好的考试不仅是技能与知识,还有面对危难时的勇于救死扶伤。现代护理教育的奠基人南丁格尔说,护士必须具有一颗同情的心和一双愿意工作的手。正是因为南丁格尔的身体力行,她的爱心与奉献让护士的社会地位与形象都大为提高,这才有了护士节。靳金梓求职途中见危施救,用实际行动诠释了护理精神,这就是最好的答卷啊!

中学有篇《第二次考试》的课文讲到,一名音乐考生为了帮助安置灾民,忙得整夜没有睡,影响了嗓子与第二天的复试。考官得知真相后,当即决定录取这名学生。这篇文章被翻译成多国文字发行世界各地,说明大家都认同一个道理,优秀品质是成才的第一位,一个能舍己为人的人,能为公共利益牺牲的人,理当受人尊敬,这也是最好的人生考试。靳金梓的被录用,与此如出一辙,可谓现实版的在考场外交出合格答卷。这样的结果总是鼓舞人心,为人抱薪者理当得到社会的温暖,让好人得好报,也是激励社会形成向善崇善的良好环境。

(2019 年 3 月 8 日《楚天都市报》)

摔倒的老人要不要扶一度成为沉重的社会话题,这是因为担心被讹,或蒙受不白之冤,扶老人会扶出麻烦。这种担忧让见义勇为成了棘手的考题。面对难题,如何选择?真正的善良之士在义举面前从不会因此却步。大三女生靳金梓在求职返程途中就交出了一份完美的答卷。这也是舍己为人的崇高精神、无私无我的境界。这种优秀品格已足以胜过任何知识的说教。为人抱薪者,不可冻于风雪,对这样的奉献,就是要给以适当的回报。

那个唯一没参与调包的服务员是谁

9月5日上午，郑州市公安局郑东分局召开新闻发布会称，8月30日成功破获一起调包茅台酒的团伙盗窃案件，抓获嫌疑人21人，涉案金额60余万元。（据2016年9月6日《郑州晚报》）

事情回到8月5日，一客人来到预订的郑州某饭店就餐，因之前发觉自带的茅台酒口感发生了变化，这回多了个心眼儿，在自带的酒瓶上做了些标记。吃饭时，客人再次发现酒味不对，也找不到自己在茅台酒瓶子上做的标记，在包间翻找后，结果在备餐柜里发现一瓶有自己标记的酒，于是客人向饭店老板投诉。

老板感觉不对劲，暗中观察，发现服务员有调包客人真酒的嫌疑，警方由此成功破案。这是一起内外勾结的作案，案情就不细说了，目前发现，酒店15名服务员，有14人涉嫌其中。最初是个别人与外界"合作"，后来其他知情者见利心动，纷纷下水。

这种窝案并不鲜见，一些官场的腐败案都是这样一挖一大串。因从众心理与法不责众的侥幸，导致在一些坏事中，不少人如广场效应般一哄而上。社会道德常在集体沦陷中丧失，电信诈骗之乡、盗抢之乡、假证之乡、PS敲诈之乡等都是如此。

我懒得谴责这种集体的失掉底线，说多了都是泪。我好奇的是，那15名服务员中唯一没参与调包的是谁，到底是何原因让她或他坚守了做人的原则，没有同流合污。这名服务员身上体现的才是我们社会可贵的品质与操守。对这样的服务员，我们要大力赞赏才是。

保护这样一粒善良的种子，是我们共同的责任。曾经有个 15 岁即在深圳"砍手党"团伙里做饭炒菜的小伙子，一直拒绝同流合污。18 岁开始，他便离开"砍手党"团伙，在工厂里兢兢业业打工。然而他最终还是走上了犯罪的道路。他的事被报道后，人们为之唏嘘。

一个不想作恶的人最终还是作恶了，为什么？因为做正事实在是不容易。穷且益坚，需要内心无比强大，才能抵挡外界的诱惑。

所以，在集体参与调包的作恶中，有一名服务员没有卷入其中，这是案件中最动人的亮色，比破案本身还令人激动。这对那些环境影响人的论调，对贫困滋生犯罪的论调，是另一种有力的回应。即，任何外因都只是外因，不是堕落的借口与理由，内在的修为才是决定因素，总还是有不为所动的意志坚定者。

这真是"酒精考验"的好服务员，她（他）是谁？我不认识你，也不知道你的姓名或是性别，但我谢谢你。谢谢你为我们守住了做人的良知，守住了父母的嘱托，守住了一份纯善，也守住了文明的火种。你将来也会是一位母亲或是父亲，一定能培养出有道德的好孩子，我先谢谢你。感谢你让我们看到了光亮，看到了希望，看到了温暖，看到了力量。

虽然你只是这家饭店中唯一没有参与调包的服务员，但你并不孤独。世上有许多跟你一样的人，在坚守着做人的底线，包括良知、正义、善良。所以，你很陌生，又很熟悉，这世界上大多数人，我们周围的大多数人，都是你的影子，我们或都见过。

你没有舍身救人的壮举，没有以命相搏的激烈，但你就是人间最美的天使。

让我们一起，为这唯一一名没有参与调包的好服务员点个赞。

（2016 年 9 月 8 日红网）

  这个独到的发现与上一篇评论类似。佛说，心中有花的人，看到的世界是花；心中有粪的，看到的世界有粪。境由心生，外部世界是个体内心的投射。在酒店 15 名服务员中有 14 人涉嫌参与假酒的掉包中，多数人会从中看到坏，这么多服务员都集体失守底线，沦陷了，可悲啊！我则以反向思维，从中看到亮点，有一名没有同流合污的，这才是很珍贵的啊！多少窝案串案，不正是因为"和尚摸得，我也摸得"的从众心理，而自降人格，深陷其中。能不受同伴压力驱使，能不为外界利益所惑，坚守内心的原则与价值观，这种独善其身是多么可贵。

  我敏锐地发现并拎出这一点，放大这种难得的慎独，对引导人们如何不要以从众行为参与作恶，很有劝世的意义。发现这个亮点，就得有佛心佛眼，心怀善念，并有一双看到美好的眼睛才行。

□ "仙女寝室"闪亮生活的美好追求

江西师范大学几名女研究生花费近万元，将宿舍用各种灯饰打造成"仙女寝室"。孰料，该宿舍在走红网络后却引发消防部门关注，因存在安全问题，灯饰很快便被拆除。（据2019年1月6日澎湃新闻）

消防部门闻讯来拆除，自有其道理。根据相关规定，学生宿舍属于人员密集场所，不得随意乱接电线、擅自增加用电设备。这就跟学生宿舍里不准用电炉烧火做饭是一个道理。

这几名研究生用兼职所得，好不容易将宿舍营造出一种梦幻境界，人见人赞，这一拆自是有些扫兴。我以为，她们不必沮丧，对生活的美好追求并没有错。提及动因，一名女生解释称："我们都觉得生活是需要仪式感的，我们平常把它打扮得这么好，就像家一样，就很温暖。"这种对仪式感的重视，就是美的存在，装万元灯饰只是一种表现形式，不造"仙女寝室"，也可以通过其他形式来表现对生活质量的在乎。

王国维说，美之性质，可爱玩而不可利用者是已。席勒说，在人类的一切情况中能使人达到完美的，能同时发展人的双重天性的，正是游戏，并且也只有游戏……中外名人对美的认识如此一致，即美是一种好玩的游戏，就是闲情逸致。"仙女寝室"是女大学生的一种闲情，虽然灯饰被拆除，但心中的仪式感不会被拆除，希望在以后的生活中，她们能永远保有这种追求。

生活离不开这种仪式感来装点。常有报道，保洁员、环卫工在清扫落叶时，将叶子扫到一起，拼成各种图画，为人们增添了一道道别致的景观。虽然这些落叶最终会退场，就如下雪时堆的雪人会融化一样，但这种好玩不会是徒劳的，给了自己也给他人以美的享受。这种仪式感也随处可见，小到街边的一个花盆、一道涂鸦墙，大到市政建设、城市布局，都有着别出心裁之下的风景，诸如将公交站房设计成"后花园"、公厕设计成庭院、停车架设计成绿化架之类。历史照进现实，艺术展现生活，正是这样的种种仪式感，我们的身边才到处充满了美好，将生活过成了诗。

车尔尼雪夫斯基说，任何事物凡是显示出生活或使我们想起生活的，那就是美的。"仙女寝室"虽然被整改了，但这种对生活的热情与投入，仍会装点着我们的每一个幸福。

(2019年1月6日红网)

几名女研究生花费近万元，将宿舍用各种灯饰打造成"仙女寝室"，有人从消防角度提出了批评，校方也因此给予了处理。本文心怀善意，既指出其安全隐患所在，又肯定了这些学生内心深处对美好生活的追求，不希望因灯被扑灭而熄了她们对生活的热情。

这种理解与体谅，也是基于对人性中真善美因子的保护。爱美之心人皆有之，追求仪式感与生活的新颖别致，是社会原本需要的情怀，这个初衷与动机是美好的，给以鼓励，期待她们将来在适当的时间与空间继续绽放这种热情，并不为过。人民对美好生活的向往，就是大家共同的奋斗目标啊！

□爱心厨房生着人间友爱的烟火

江西省肿瘤医院旁边有一条巷道，每到饭点，一些病人家属就会带着他们购买的食材在这里烧制饭菜，享受低价共享的便利，人们把这里称为"抗癌爱心厨房"。（据 2020 年 8 月 29 日《人民日报》官微）

厨房的主人万佐成、熊庚香夫妇，原本在这条巷子里摆早点摊卖油条。2003 年的一天，一位患儿妈妈找到油条摊，想借炉灶给孩子做顿饭，万佐成没有迟疑就答应了，并告诉这位母亲，以后可以天天来炒菜，并以"是多余的火"为由拒绝收钱。"多余的火"从此就传开了，闻者纷至。"炉子不够用了，我一口气买了十套炉灶，来了好多人。"

刚开始都是免费的，后来应病人家属要求，收取成本费用：炒菜一块钱、炖汤两块五毛钱、米饭一盒一块钱。巷子里，20 多个小煤炉一字排开，五六十人同时洗菜做饭，在陌生的城市，素不相识的人们来这里找一捧寻常烟火。万佐成说，这里对于病人及其家属来说是一个短期的家。

的确，有烟火气的地方才是家。这个爱心共享厨房不仅给患者家属提供了一个做饭的场所，也是大家交流信息，找到精神慰藉的家园。这是爱心厨房，也是救命厨房，患者没有胃口，能吃上家人做的饭菜，不仅可以改善营养，也能提振治病的信心。家人做的饭菜，有着物质与精神上的双重滋养作用。

在河南省肿瘤医院附近，同样有一家共享厨房，每天都会接待大量病人和家属,他们在这里做一锅饭只需五元,各种调料免费用。本人以前住院的时候,医院除了食堂,也提供了一间共享厨房,大家可以在里面做自己想吃的饭菜,这种经历令人永生难忘。

无论是医院自备的,还是医院外面自发形成的共享厨房,都为病人康复提供了很大的促进作用。可以说,这是在治疗之外,提供的第二种帮助。"有时是治愈,常常去帮助,总是去安慰",共享厨房的作用,以上兼而有之,功莫大焉。

一间小小的厨房,锅铲碰撞的声音里,有因疾病带来的无奈,更有大家拱手托起的希望。这既是特殊群体的生存经济学,省钱省心,又可以抱团取暖。炉火生生不灭,爱心绵延不绝。共享厨房见证着人间友爱的美好,这烟火气温暖着病人与家属,也让观者动容,温暖着全社会。

(2020年9月1日《楚天都市报》)

2003年,万佐成和熊庚香夫妇在江西省肿瘤医院附近开了家"抗癌厨房"。在这里,他们为病人家属提供灶台,病人家属炒菜只收一块钱。18年不打烊、年近古稀的万佐成和熊庚香夫妇所坚持的善举,引来了社会关注,也因此,他们被评为"感动中国2020年度人物"。随后,南昌当地政府部门出资进行了改造升级——贴新瓷砖、加盖雨棚、增加消防设备,使"抗癌厨房"焕然一新。从民间善举激发出政府善治,爱心佳话有了好的续篇。

□ "勿需让座"胸牌自带了一份善良

6月24日以来，大连地铁上出现的一名老人，因挂出"勿需让座"的胸牌引发了全国网友狂赞，被称为"硬核大爷"。（据2019年7月1日《中国青年报》官微）

老人叫刘增盛，今年76岁，每天都乘坐公共交通工具，往返于大连市区与旅顺之间，路途漫长，但老人坚持全程站着，不要他人让座，还在胸前挂一个LED显示牌，以"勿需让座"四个字昭告乘客。老人说："现在的年轻人不易，我身体还可以，站着也没有问题。"以此避免给其他乘客增加负担。

这真是一个为人着想的老人，他的自带"勿需让座"胸牌，实是自带了一份善良，自带了体谅他人的可贵品质，真是胸有善良气自华，一出场便不同凡响。不用年轻人让座的老人，常有报道，都是体谅年轻人上班辛苦。这样的老人对年轻人视若自己的下一代那样，怜惜呵护，有着"幼吾幼以及人之幼"的博大胸怀，心中是充满了大爱，也因此受到年轻人的敬重。自带"勿需让座"胸牌的老人经常还是会遇到他人让座，即说明大家心中自有杆秤，如此互敬互让，让车厢里多了不少温馨。

然而社会中也有逼人让座的老人，他们秉持着"我老我有理"的态度，却并不能得到他人理解。虽然尊老爱幼是社会公德，让座也是美德，但逼人让座显得霸道蛮横，与文明背道而驰。给老年人让座是应该倡导的，尽量让老年人优先也是应该的。不过，如何让座也可看具体情况，年轻人也有疲劳与体力不支的时候,也有生病虚弱的时候,老年人也有老当益壮的,各自量力而行,互相关心体贴,谁累了让给谁歇歇,更能绽放人性关怀的光芒。

自带"勿需让座"胸牌的老人,高风亮节让人感动,这样的老人总是让人肃然起敬。本报以前也报道过一位老人,自带另外一种善意,凡是为他让座的,他都要送出一张感谢卡,他坚持了多年,已送出了800多张卡片。每张卡片都见证了一次爱心,也送出了一份暖心,800多张感谢卡就是800多次的温情互动。受人玫瑰,又赠人余香,双方都因此铭记感念,都是付出者,又都是收获者,何其美哉。

社会需要彼此关怀的温暖,"勿需让座"胸牌让人看到了自带善良的不凡气度,其冲上微博热搜第三,即说明社会对此的肯定与热切希望。如果大家都能多一些相互理解,多一些"不用管我"的自强与对他人的体恤,生活一定会美好得多。

(2019年7月2日《楚天都市报》)

老人自带"勿需让座"胸牌,如公共交通车厢中的一股清流,让占座霸座者无地自容,同时也是一股暖流,温润人心。网友纷纷点赞,好人变老了还是好人,你大爷还是你大爷。仁者爱人,敬人者人恒敬之。老人的举动,透着他的仁爱之心,也教会了他人懂得互谅互让,在相互理解中,社会也多了一份和谐。这么美好的人性呈现,评论当然要为之唱赞歌。

□ "7元公益餐"因尊重而温馨长久

从2018年7月开始,重庆一家叫作"乡阿姨"的饭馆针对环卫工推出了免费午餐。到了10月的时候,突然没有环卫工来吃了,因为他们感到心里过意不去。饭馆便改推收费7元的公益餐,这下环卫工吃得很开心,饭馆也一直坚持到现在。(据2018年2月2日《人民日报》)

这则新闻的暖心之处就在于双向的善意,体现出对双方的相互尊重。近年来,向特定人群推出免费午餐或早餐的餐厅常有报道,有的坚持多年,有的只是热闹了一阵。俗话说,做好事不难,难的是一辈子做好事。这个难,难在施恩的与受惠的都要能懂得良性互动,让慈善的热情能够长时间维持,任何一方伤了另一方的心,就会难以为继。慈善需要爱心,也是一门艺术,既然是爱心,就要懂得以心换心,懂得如何滋养人心。

重庆这家饭馆的免费午餐推出三个月后没人来吃了,是店方心不诚,伤了人自尊吗?不是,店方发自内心地想做公益,没有任何怠慢之处,然而人心都是肉长的,免费的吃长了,谁也不好意思再来了。大家过意不去,用"罢吃"的方式"逼迫"店方收费。公益餐便从免费变为7元钱,两荤两素骨头汤,米饭随便加,这基本是良心价,为互敬互让了。环卫工说,如果长期理所当然地吃免费餐,也是一种不讲良心。这话透着骨子里的善,也道出慈善将心比心的重要。

平心而论,有一种慈善,因得不到理解,受惠的把救急济困当作常态,以为就该这样,还提出不合理的要求,得寸进尺,让行善的望而生畏。现实中,做好事不愿留名的,一方面确实是不愿张扬,施恩不图名不图报;另一方面,也有怕麻烦的顾虑,担心会有新的索求超出了个人能力而难以处理。慈善的艺术在于双方都要懂得尊重之道,施恩的不能居高临下,不宜掺杂功利,受恩的也要懂得体谅,不能凉了好人心。

2018年12月,杭州上演了感人的一幕,自2013年开始推出微公益活动的面馆老板张成良因病去世,吃过他免费面条的环卫工以及参与公益的义工们,闻讯纷纷赶来送行。张成良的这家面馆自开张以来,5年时间送出了5万多份面,他有情,世间也有义,他用公益温暖了人心,人们用追思温暖他在天堂的灵魂。人们纪念他说,愿天堂也有一碗暖心面。

人间自有真情在,暖心公益餐从来就不缺,众多张成良们,正在与重庆的这家饭馆一样,默默践行着公益的意义。愿这样的暖心餐,在相互尊重中吃得温馨长久,能温暖着更多的世道人心。

(2019年1月4日红网)

"7元公益餐"也是一则有关人性的故事,一个愿做好事,提供免费的午餐,可受助的人心理微妙,觉得不能白吃他人的,最后双方达成默契,以平价公益餐来达到二者的心理平衡,这边表达了善意,那边也不必难为情。

有些慈善以高高在上的施舍态度,伤害了受助人的自尊,形如"嗟来之食",虽然提供了物质上的帮助,却在精神上显得欠缺。"7元公益餐"实是一次慈善之举的样本,给所有人上了一课。慈善的内核当离不开彼此的尊重,而并非单方的同情或是乞怜。

☐ "爱心冰柜"需要真爱来温暖人心

连日来,武汉持续高温,一台"爱心冰柜"出现在武汉街头,号称为户外工作者提供"免费冷饮",然而这台无人值守的"爱心冰柜"两天后就撤走了,被质疑是用来炒作圈粉的。(据2018年7月29日《长江日报》)

受杭州的"爱心冰柜"启发,武汉的活动由本地一家互联网公司发起,在中山公园和中南路设立了两个驿站,意图通过一场公益活动引起大众对高温下劳动者的关注,由于场地、电路等问题,驿站只设立了两天便撤走了。该公司负责人说,他们躲在暗处,用摄像头记录下市民的反应和举动,多数人不会乱拿,还有市民主动送来饮品。该公司自媒体的文章发出后,阅读量已达到15万次,粉丝也大增,确实是一次有效的曝光。

也许这场活动确有宣传公益的初衷,但如此昙花一现,不免让人想起去年的那起"零钱盒"活动:在江汉路等多处繁华路口,摆出多个"零钱盒","如果你急需用钱,请自取,每人最多5元;如果你想帮助他人,请留下1元爱心"。虽说无人看管这些"零钱盒",但在暗处都藏着活动组织者在全程关注或录像,然后在微信推送文章,介绍"零钱盒"一天的经历。此活动在当时也是引发质疑,认为以公益活动之名测试人心,有炒作之嫌,也不靠谱。

与"零钱盒"一样,这次的"爱心冰柜"也是借鉴外地出现过的活动,公益的面目下藏着窥视的眼睛,总让人不是滋味。目前,多个城市的街头都已出现类似活动。如果是真的做慈善,且捧出一颗心来,不带半根草去,将"爱心冰柜"摆上街头,做好服务与管理工作,引导大家共献清凉即可,而不是刷够流量就跑路。

再看看杭州的"爱心冰柜",其由菜鸟网络设置,作为"城市超人"计划的一种补给方式,共联合了18个城市的445个菜鸟驿站,为快递小哥、外卖员送清凉,前来捐冷饮的比取用的还多,感动了众多市民。之前,在广州也出现过"公益冰箱",里面放着饭菜和饮用水供需要的人取用,也引发过舆论关注。这类"爱心冰箱"近年来方兴未艾,在一些城市竞相出现。作为民间公益的一种,这种方式花费不多,却实用,也能激发市民的支持。但可惜的是,其少了些持之以恒,往往一阵风过后就无影无踪,起不到推广慈善的作用,反让爱心被消费。

我并不怀疑一些策划者的美好初衷,而是认为这类好事完全可以办好,不妨少些套路,多些真诚。诸如类似菜鸟网络这样的操作,有明确的计划与可行的方式,方能可持续性地扩大公益的影响。如果真有心推出"爱心冰柜"之类,不妨与城市街头现有的环卫工驿站之类合作,不仅场地与用电问题都能解决,还可以常态化运作,发动社会力量提供冷饮、热饭之类的服务,让爱心落地生根。"爱心冰柜"唯有真爱,才能持久地温暖人心。

(2018年7月29日红网)

公益事业应该是发乎情动于心,真心实意献爱心,才能让人感动。可"爱心冰柜"与"零钱盒"之类,似乎策划圈粉骗流量的嫌疑更大,反而做好事的动机并不那么让人信服。这其实折射出人性中的晦暗,对此,评论当予以揭露,直面这种不光彩行为,这也是抚慰人心,匡扶良善,让爱心不被亵渎,让社会多些美好。

3.6亿元成了揣进我们怀里的兔子?

河南安阳一彩民独中双色球3.6亿元巨奖,成了令各方困惑的公共事件,有质疑公正性的,有穷追得主身份的。沸沸扬扬,犹了未了。

自有彩票以来,中奖的拍案惊奇就没少过,甘肃一彩民2007年创过中奖1.138亿元的纪录,这次不过"多收了三五斗",为何仍让人心旌摇荡?除了摇奖中有损公信力的前车之鉴、对公共秩序的守护让人关注外,于财富本身,我们仍缺乏一个成熟的心态。

一是追求财富不理性。不少人梦想一夜暴富,不劳而获。在赌一把的心态之下,对彩票之类一本万利"项目"竞折腰,甚至贪污、盗窃、抢劫。遇有暴富"样本",便趋之若鹜想复制。哪怕是荒诞不经的,也痴迷不已。

二是处理财富不科学。3.6亿元怎么花?"买中国最贵的别墅"或"直奔钻石店"等,仍未脱离富则奢靡的俗套。不懂花钱仍是一个问题。

三是面对财富不雍容。不少人对他人的钱财,或想沾点光,或妒忌眼红。自古以来,就少有能对待他人鼓起的荷包乐观其成的,以致"财不露白"至今都是处世的真谛。在家家户户离不开防盗门的现实语境中,要剥出中奖者的隐私,不厚道。"中奖者举家逃离"的传言一再上演,本身说明财富给人的不是快乐而是负担。

财富不能让人泰然坦然,中了奖跟做了贼一样心虚,怕被怀疑来路不正,担心被吃唐僧肉,实是一种悲哀。一些反面例子让我们面对财富茫然惶然，尚不能"事理通达心气平和"。"连看惯了大奖的福彩中心的头头们都激动不已，深夜跑到办公室开起了碰头会。"

3.6亿元成了我们揣进怀里的兔子，让人心神不宁、坐立不安。这不是一个成熟社会应有的气度。几时，对大奖能做到花开花落两由之，不侧目，不癫狂，我们的财富观才是成熟了，社会才是成熟了。

(2009年10月16日《楚天都市报》)

有了钱不知怎么花，也怕让人知道，彩民"中奖后举家逃离"的传言一再上演，并不是哪个彩民的笑话，实是社会整体上对财富还缺乏正确的态度，不懂得接纳财富，也不懂得接纳财富的拥有者。财富给人的不是快乐而是负担，是社会的尴尬，有财富文明的养成问题，也有人性存在某些弱点的原因，眼红、妒忌之类的心理让人在财富面前会失去理智。直面这种人性，也是让人扪心自问，如何克服弱点，光大人性中的美好一面，建设性地处理一些不可避免遇到的问题，让社会步入良性循环。

□火晶柿子红了,给树上留点诚信吧

随着今年夏天一部网剧的热播,剧中出现的一款临潼特产火晶柿子也跟着走红了。网上冒出售卖"火晶柿子"的店铺,表示可发现货。实际上,真正的火晶柿子要到10月才能成熟,现在还在树上长着呢!(据2019年8月26日《北京青年报》)

据报道,火晶柿子以前并不太受待见。由于树高,摘起来费劲,果实小,售价又低,经济效益不大,所以没有人成片种植。火晶柿子突然走红之后,网上出现了数十户卖家,明显有蹭热点的,并且鱼目混珠兜售假货,连产地都不在陕西了。据称,现在卖的柿子其实是"七月红",与火晶柿子的口感区别较大,但外形上差不多,想尝鲜的消费者难以分辨。从《舌尖上的中国》带动章丘铁锅走红开始,这类因影视节目一举成名天下知的产品有过多例,如用于佩戴的饰品南京"绒花"、零食小吃义乌红糖麻花等,都有过一哄而上的热闹。章丘铁锅在纪录片播出后,销量剧增,一锅难求,但很快又冷却下来,从"章丘无锅"到"假锅横行"再到"无人问锅",只是半年光景。有人说,这是贪婪造成的,都想趁热打铁,从中分一杯羹,却吃紧弄破碗,假货砸了锅,让真货也受牵连。

这回,又轮到火晶柿子火了,搭网红便车的就又来了。在此想起一篇阅读课文《留一些柿子在树上》,大意是某地果农在采摘柿子时,总要有意留些柿子不摘,以给喜鹊作食物。游客不解。果农说,喜鹊有了过冬的食物,就能留下来,来年会捕捉果树上的虫子,这样柿子的丰收就有保障;如果喜鹊没有食物飞走了,柿树发生虫害,果农也就没有收获了。这故事告诉人们不可贪婪,再有利可图都要留有余地。对商家来说,就好比果农,产品再红火,利益再诱人,也不可一口吃尽,不能因贪婪眼前的市场而透支信用,要保持产品之树的可持续结果与发展。

果农懂得给树上留一些柿子,商家也当懂得诚信经营,给树上留点诚信,给产品留点口碑,给市场留点后路,不要将其他树上的柿子摘来当火晶柿子。临潼"火晶柿子"系国家地理标志保护产品,卖假货既侵权,对消费者也是欺诈。由于假冒网红产品的都是蹭流量赚快钱打一枪就跑,制假售假者,哪怕搞坏了正宗品牌的名声,对他们也没什么损失。因此,诚信经营除了呼吁商家自律,还要靠监管部门维护市场秩序、打击不法行为,以外在力量约束规范商家经营,制止肆意的侵权行为。对消费者来说,也当保持一份理性、不要盲目跟风,以免为假货推波助澜。

(2019 年 8 月 27 日红网)

　　火晶柿子并没有成熟,还没到上市的季节,网上却叫卖开了,这种蹭热点促销的行情,少不了有鱼目混珠的。炒短线,捞一把就走,是一些不良商家的生财之道。评论以《留一些柿子在树上》这篇文章的主题为切入点,顺势牵出诚信经营的重要性,告诫商家不要将事情做绝,既苦口婆心,又有一定的说服力。这也是在呼唤人性向美向善,坚守诚信,别为利益而蒙蔽了双眼。

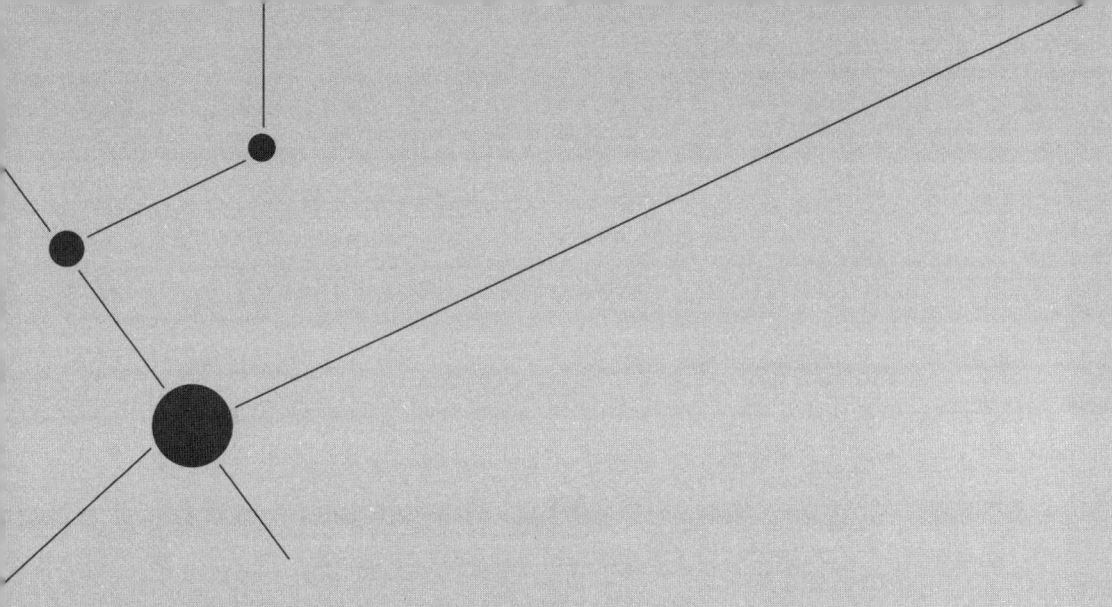

第七辑

环境牵挂

——以环保视角关切人类命运

每一个人的生存，都离不开社会环境与生态环境，环境好我们才能生活得更好，评论对生存环境的深沉牵挂，就是对人类命运的深切关怀。

马尔克斯在《百年孤独》里描写了这样一个小镇，从充满阳光、遍布花朵与蝴蝶，到垃圾遍地、疾病流行、生物变异，只是一百年的时间，而镇上的人们浑然不觉，依然醉生梦死，小镇最终被飓风刮走，永远消失。这一切，都是小镇从农业村庄变为工业小镇后悄然转换的，下了一场持续几年的大雨后，土壤与植被受损，人物命运也因此急转直下。

人类破坏环境，不知珍惜，最终会遭到大自然的报复。这不是小说，是现实中的必然。《百年孤独》看似魔幻，却有着对人类命运的深沉现实牵挂。后工业化时代，人类仍在承受因环境恶化带来的种种灾难，飓风、高温、干旱、荒漠化……人类沦为生态难民，也并不遥远。

每一个人的生存，都离不开环境所提供的资源。环境好我们才能生活得更好。评论对生存环境的深沉牵挂，就是对人类命运的深切关怀。

这个生存环境是多方面的，包括自然环境、社会环境。我国《环境保护法》对环境的定义为：影响人类生存和发展的各种天然的和经过人工改造的自然因素的总体，包括大气、水、海洋、土地、矿藏、森林、草原、野生生物、自然遗迹、人文遗迹、自然保护区、风景名胜区、城市和乡村等。这个说法比较全面，涵盖了自然环境与社会环境。

1972 年，联合国大会通过决议，将每年的 6 月 5 日定为"世界环境日"，表达了人类对美好环境的向往和追求，旨在提醒全世界注意地球状况和人类活动对环境的危害。

自然环境和社会环境都是人类生存、繁衍和发展的摇篮。根据科学发展的要求，保护和改善环境，建设环境友好型社会，是人类维护自身生存与发展的需要。

2019 年，法国巴黎圣母院发生大火。国内有网友幸灾乐祸，认为这是上天对法国的惩罚，是对火烧圆明园一事的报应。对网友的感情可以理解，不过,文物并没有国界之别,是人类的共同财富,损毁了就不可复制,人类的文明记忆因此就缺失了一块。因此,无论哪个地方的文物被毁,都是人类的共同损失,当哀矜勿喜。当年英法联军闯进圆明园,法国作家雨果说,这是来了两个强盗,对他们野蛮的劫掠行径进行了无情的鞭笞与谴责。雨果所站的,即是对人类文明与文化遗产一视同仁珍惜的高度。

因此,对火烧圆明园的那些强盗们自然是要进行谴责,因为他们破坏了人类共同的文化遗产,犯下不可饶恕的罪恶。法国巴黎圣母院发生大火,不能视作是那些强盗们的报应,因为这并非哪个强盗的家产,而与圆明园同样是人类共同的文化遗产,都需要保护。

没有谁生活在孤岛上,人类已然是个命运共同体,对那些事关大家共同命运的环境变迁,评论理当表达深切的关怀,反对任何形式的破坏与以邻为壑,要求社会成员共同珍惜我们的生存环境。那些物质的与非物质的环境因素,都是一样的宝贵财富,诸如文物古迹、绿地园林、社会风俗、文化艺术,等等。

"万物各得其和以生,各得其养以成。"中华文明历来强调天人合一、尊重自然、敬天爱人,这个思想实际是将保护自然环境与社会环境融为一体,敬天是珍惜自然环境,爱人是保护社会环境,倡导人与自然的和谐共生。敬天是为了爱人,爱人也是为了敬天,二者相互依存。所以,我们的老祖宗从来就反对竭泽而渔、焚林而猎的搞法,而在大力建设生态文明的今天,更是要保护好绿水青山,以及各类事关人类生存与发展的环境。

本辑中收录的多系有关自然环境保护的评论,实际上,社会环境也是重要的一环,涵盖面也广,因本书篇幅所限,有不够之处,还请读者朋友谅解。

有关环境牵挂的评论情怀,我主要表达了三方面的写作体会。

一、站在人类命运共同体的高度,从人与环境相依存的高度看待问题,判别是非,以共性来衡量具体的"个案"

《文化遗产遭劫是人类共同悲剧》这篇评论,就从上文提到的法国巴黎圣母院发生大火一事切入,并以巴西国家博物馆大火来举例,表明文物保护无国界的观点。提出不管哪个地方的文物,都要从中汲取教训,做好保护工作的观点。这个观点是从人类命运共同体的高度来提炼的,表达了关注人类命运的情怀。

《猪流感的"定时炸弹"是怎样引爆的》一文以 2009 年的墨西哥流感为切入点，反思了流感产生的原因，以公开报道的事例与数据为证，指出人类对环境的破坏，让自然界中的病毒日渐有机会接近人类，给人类健康造成威胁。评论表达了这样的一个观点，面对大自然的警告，如果不悬崖勒马、改弦易辙，只会悄然给人类自身埋下更多的"定时炸弹"，更大的灾难会在后面对人类狰狞冷笑。这个观点体现了对人类命运的牵挂与关怀，爱之深、望之重，有深厚的情怀在其中。

《亮化的城市需要有处安静的暗夜》一文以城市亮化中的形式主义与弊病为切入点，表达了避免因光污染破坏大自然生态的观点。这个观点站在人类命运与大自然休戚相关的角度，既新颖又有说服力。

二、把人类的社会活动与自然环境的影响结合起来看待问题，思考人与自然的和谐之道

本辑中《一只蜱虫咬出的乡村公共卫生困境》《每次灾难都让国人忧心远方的困顿》都是这样的作品，从自然环境散发到社会环境，从社会环境又拓展到自然环境，开阔的思路、跳跃的思维，让评论写出了深广内涵。

能够如此联想，并自如切换，只因自然环境与社会环境本是相通的，人类社会的行为模式作用于自然环境，自然环境反过来又影响着人类的生产生活，二者相辅相成，又相互制约。聚焦人与环境的问题，可以万变不离其宗，即始终以对人类生存发展之道的审视，来关切人类自身的命运，就能找到破题之道：将人类的生产生活与环境保护结合起来，才能实现二者的和谐共处。

比如《一只蜱虫咬出的乡村公共卫生困境》一文从近年来频发的蜱虫伤人事件这一自然灾害，想到应对之道，并发现现实中的一处短板，即基层医疗条件不足，不能及时准确防治，导致延误治疗的病例不断出现，人为加剧了蜱虫之害。为此，提出加强乡村公共卫生及应急系统建设这一课题，就是从自然灾害想到了社会环境，提出以社会环境的优化来应对自然灾害。

三、旗帜鲜明肯定保护环境的行为，对破坏环境的行为进行批评，以强化大家的环境保护观念

本辑中《记住为保护丹顶鹤牺牲的姐弟》《别辜负比大禹还早的治水奇迹》《每一棵古树都是我们的乡愁》《银杏雨预警晒着怎样的得意》《神农架

申遗成功后保护责任更大》都属于从正面阐述保护环境的重要性，缅怀了那些保护环境的有功者与先贤，肯定了前人的贡献，为今人与后人提出希望，警醒人们当沿着前人的脚步，把环境保护工作做得更好。

《"要钱不要命"要的是别人的命》《请读懂"黄昏天"的烟火味》《"水怪"乌龙折射垃圾污染之痛》等文则是就现实中的环境损毁之痛，呼吁保护环境的重要性。文章针对性强，直击要害，也因此能震撼人心。

□ 文化遗产遭劫是人类共同悲剧

当地时间15日晚，法国巴黎圣母院发生大火，标志性塔尖倒塌，建筑损毁严重。（据2019年4月17日《楚天都市报》）

这座有着800多年历史的建筑，被列入法国历史遗迹，也入列世界文化遗产名录，每年吸引超过1200万名游客。当火灾发生时，不少巴黎人失声痛哭，也引来全世界的刷屏。

这场大火让人想起半年前的巴西国家博物馆大火。这座拉丁美洲最大的自然历史和人类学博物馆，拥有超过2000万件文物和53万种书籍，包括古埃及、古希腊和印第安人艺术品，以及巴西500年来的历史文献资料等。2018年9月发生的这次大火震惊了世界，火灾后该博物馆馆藏仅存10%，损失不可估量。

巴西国家博物馆大火被称为全人类的悲剧，因为文化遗产是人类共同财富，而且不可复生，一旦被毁，全人类的记忆都会因此缺失一块拼图。巴黎圣母院失火后，圆明园遗址公园通过官微发文，祈愿文物都能够远离灾难，代代传承。因为"文物的损毁、消失不仅带走了文物本身，更带走了文物所承载的千年文明。每件文物都是文化的象征，每座博物馆都是人类文明的宝库"。因此，一场文化之殇，当带来世人对于文物保护的警醒与重视，以尽力地守护及传承它的精神。

巴西国家博物馆火灾，据称系馆内空调系统短路所致，而该馆根本没有消防系统，距离最近的两个储水设备都是干的，起火只能从附近的湖中取水施救。巴黎圣母院失火，有报道称顶楼的电线短路可能是火灾原因。另外，1996年意大利威尼斯的凤凰剧院被大火烧毁，原因系两名电工的疏忽；1994年西班牙巴塞罗那利塞欧歌剧院失火，原因是在例行修整期间，火花飞溅到了窗帘上。

可见，灾难会猝然来临，又并非猝不及防。所谓祸患常积于忽微，平时任何的防范不周都可能酿成大祸。而防患重于救灾，保护文化遗产，做好防护工作十分必要。日前，我国文博系统都在第一时间紧急行动起来，对照检查消防工作，这是应有的题中之义。只有将保护工作做到万无一失，才能对得起全人类的共同托付。

（2019年4月18日《楚天都市报》）

巴黎圣母院发生大火，网络意见不一，有网友感到惋惜的，也有人表示这是报应。网友幸灾乐祸的情绪表达，乃是出于圆明园曾被八国联军焚毁的惨痛激愤，如今法国的文物遭劫，给人天道轮回之感：祸害他人者，也当尝尝灾难的滋味。历史当然不能忘记，圆明园被劫掠到海外的文物，至今仍被堂而皇之地摆在西方国家的博物馆里，被非法占有者炫耀着，刺痛着国人的神经。但巴黎圣母院发生大火，与当年圆明园的火灾又不是一码事，不必用为历史复仇的眼光来看待此事。

无论哪个国家的文物，都是全人类的共同历史遗存与记忆，都须好好保藏，不可毁于一旦，保护文物也是保护人类文明赖以传承的社会环境。本文从文物保护的角度，评论了巴黎圣母院大火的影响，客观理性的分析实是出于对人类命运的牵挂。

□节能概念，武汉也应有大作为

在3月最后一个周六，全球80多个国家和地区，上千座城市，近10亿人，在各地晚上8:30至9:30一起熄灯，以仰望自然与心灵的星空，珍惜共同的地球母亲。

这一小时让人激动，也让人凝思。"地球一小时"是WWF（世界自然基金会）为应对全球气候变化所提出的一项倡议，首次活动于2007年3月31日晚在澳大利亚悉尼展开。当晚，市民反映，看到的星星比平时多了几倍。

想起来是那么遥远，一下子却在眼前。WWF在悉尼的这一小步，以令人惊讶的速度很快席卷全球，2009年便来到了中国！

有"中国电谷"之称的保定率先响应，北京、上海、南京、长沙等地随后加入。

于是，今年我们看到3月28日晚上一个个炫丽的场面：北京鸟巢、上海东方明珠，同旧金山的金门大桥、巴黎的埃菲尔铁塔一道接力关灯，熄出了"黑暗中的美丽"。

武汉也见证了这一动人时刻。可口可乐等商家和武汉大学等高校不约而同地做了节能宣示。这些民间自发的活动，虽赶不上外地的大阵势，也是让人欣喜的。

诚然，熄灯一小时"对节能来说只是杯水车薪"，但这场"有史以来最大型的展示公众关注气候变化的活动"，呼唤的是节能意识与习惯，能得到迅速而波澜壮阔的共鸣与响应，本身即说明了这一活动"人心所向"的现实意义。

"熄灯一小时"不仅让我们多看到了几颗星星，更看到社会对环保的热情与需求，也给我们带来了启示。

武汉城市圈是"两型社会"综合配套改革试验区，资源节约和环境友好是试验的主题。这条路如何"闯"与"试"，有种种探索的途径。

保定是"中国电谷"，武汉则是"中国光谷"，"熄灯"于光谷是一个绝妙的活动题材，正好可以借力使力。如果相关部门能出面造势，其影响一定会大不一样！

悉尼借"世界最早能看见日出"的符号，成功策划了全球性的熄灯活动，武汉作为肩负"两型社会"使命的"光谷"，能不能受此启发，策划出如此一炮走红又"不花钱"的创意环保活动？

若如此，于城市形象，于招商引资，意义不言而喻。

"熄灯一小时"，于武汉，或许还可以看到其他更有意味的内容……

（2009年3月30日《楚天都市报》）

2009年，地球一小时活动首次来到中国，武汉作为"两型社会"试点城市，在资源节约与环境友好上破题，是时代赋予的使命。本文借地球一小时活动，提出了一个方向性的思考议题：武汉能不能策划出与试点使命相符合的好活动？一晃十年过去，地球一小时活动已持续开展，且深入人心，武汉的发展也迈上了新台阶，东湖绿道让城市进入慢生活节奏，人与环境的关系日益和谐，回头再看这篇文章，当时提出的命题仍有时代意义。

亮化的城市需要有处安静的暗夜

近日，安徽省住建厅出台了"生态修复城市修补"新标准，指出要严禁打着"城市双修"的旗号脱离实际搞"面子工程"、过度"美化"城市出入口和"亮化"城市夜景。（据2019年8月21日《安徽商报》）

城市亮化的好处显而易见，现代灯光技术能让建筑物熠熠生辉，让街头流光溢彩，营造出梦幻的人居环境，提高城市的整体形象，也促进观光、休闲、购物的夜经济，助推城市的繁荣发展。城市亮化工程一度大行其道，推进过程中也暴露出一些弊端，有些亮化工程沦为形象工程劳民伤财，除了耗费资金与能源，造成的光污染也影响生态环境、影响动植物的生长，甚至影响人类自身的休息。测试表明，城市璀璨的灯光中只有5%的光线照到路面，其余95%的光线都射到天上去了，这种逸散实是浪费。

近年来，已有越来越多的地方跟安徽一样认识到过度亮化的危害，出台文件规范城市的灯光照明建设。2017年1月，深圳出台了《深圳市城市照明专项规划（2013—2020）》，除了打造国内领先、国际一流的山海城市夜景，也提出要严格控制景观照明的范围、亮度和能耗密度，防止不切实际的过度亮化工程。2019年5月，《杭州市区城市照明总体规划（修编）》通过杭州市政府批复，着力打造"一轴·两廊·三心·多点"的城市照明结构，同时又提出"黑天空"概念，要在西溪湿地公园等9类与生态环境有关的区域，让夜晚暗下去，除了功能性照明路灯，不设置景观照明灯。

城市需要亮化，也同时需要暗夜，这是以人为本，打造舒适的人居环境，又是尊重自然，给生态环境留一处可自由呼吸的空间，避免因光污染破坏了大自然的宁静。前不久，北京一家动物园为了夜经济，延长闭园时间，以迎合部分客人的夜游需求，就受到舆论诟病，认为此举使动物被迫加班，休息权益受到侵犯，不利于其身心健康。事实上，在一些"黑天空"保护区，灯具都会有一个不透明的灯罩，以防止灯光溢出，在4米以外就看不到灯具里的光源了，这是对大自然的应有关怀。

眼下，夜经济正成为热门，但夜经济只是为了开发部分群体的夜间消费需求，不等于让城市成为不夜城，毕竟大多数人白天要工作，晚上是要休息的，生态环境也一样需要有个安静的独处。如此，"让城市诗意地亮起来，优雅地暗下去"已越来越成为城市建设的共识。这是发展理念的进步，无节制的亮化已显得老土了。

西方哲人康德说：有两样东西令人永远赞叹和敬畏——头顶的灿烂星空和心中的道德法则。防止过度亮化，既是敬畏星空，也是敬畏自然法则。在生态文明理念深入人心的今天，相信众多城市除了在主城区亮起来，也会有更多的生态区暗下去，如此相得益彰，才是人与自然的和谐之道。

（2019年8月22日红网）

从地球一小时到"黑天空"保护区的提出，已是十年时间，这时对关灯的诉求、对暗夜的向往，已不再只是为了节能，而是对自然生态的保护。过度的亮化浪费能源不说，还影响动植物作息，还生态区以黑夜的本来样子，让生物不受外界的打扰，是观念的进步，也是时代的要求。

写这篇评论时，南美巴西的亚马逊森林大火已经持续了近20天。浓烟笼罩在距离火灾现场1700千米的圣保罗上空，有当地居民形容，"就像白天变成了夜晚"。亚马逊雨林是全球最大的雨林，占世界雨林总面积的一半，生产着大气层20%的氧气，因此被誉为"地球之肺"。雨林物种丰富，被视为减缓全球暖化的重要帮手。正如亚马逊丛林中的一只蝴蝶扇动翅膀，会掀起密西西比河流域的一场风暴，亚马逊雨林火灾也必然引起全世界的关注。不仅是森林涂炭，也是生灵涂炭，生活在丛林中的物种在劫难逃。熊熊森林大火的光亮是刺眼与揪心的，让人多么怀念虫鸣鸟宿的暗夜啊！专家们指出，亚马逊雨林的火灾有99%是人为造成。这更显环保意识的重要性。

亚马逊雨林火灾引起国际社会担忧不已，纷纷表示"我们的家起火了"。人类只有一个地球，没有谁安全生活在孤岛上，亚马逊森林大火跟每一个人都息息相关，无论身处何方，都能感同身受，感受到后院起火的忧心，保护亚马逊雨林就是保护自己的家园。

在自然环境面前，每一个人都属于命运共同体，为了共同的家园，该熄灯的地方自是要熄灯，该灭火的地方也是要灭火才是。

此文在红网红辣椒2019年度佳作评选上受到评委好评，评委认为"在以亮为美的现代性审美中反向思考，提出了一个好观念，评论需要这样不同角度的静能量"。此文立意好，道出人之所未道。

□ 每次灾难都让国人忧心远方的困顿

玉树地震，举国驰援。当灾难又一次猝然降临，我们唯有以一方有难，八方支援的光荣传统，在众志成城、同舟共济的奋勇拼搏中，将损失降到最小，将生命挽回最多。此时此际，唯愿玉树坚强，救援顺利，日子一天天地好起来。

每一次灾难都让父老乡亲蒙受无辜的不幸，也让我们心手相牵。我们在灾难中成长，更加懂得生命的可贵，对自然重怀敬畏，倍加珍爱自然的恩赐。

从汶川地震到西南大旱再到玉树地震甚至山西矿难，每一次灾难把我们的目光拉向那些土地时，让人揪心的除了灾难，更有背后的困顿。

据报道，玉树县城（现为玉树市）有很多土木结构的房屋，抗震性较差。需要救援的地方特别多，可什么工具都没有，只能靠双手。玉树既缺乏大型机械、帐篷、医疗器械、药品、医务人员，又缺电，玉树是由当地的小电站进行水力发电，地震造成全州停电，给救援带来很大不便。

一场地震暴露出偏远地区的基础条件之差，让人为之牵肠挂肚。

西南大旱时，我们同样目睹这样的困顿，旱灾来临凸现水利设施的不足，针对城区、工业的供水体系，很少兼顾农村灌溉需求。抗旱需要水，想修条管道，建水窖，购买水泵，但村民没有钱，看得见水却喝不到。"需要资金，需要技术支持，需要专业人员，需要帮助。"一位女大学生村干部如此发帖求助。

救灾展现出的力量是感人的，也是辛酸的。广西那隆镇王沙村都义屯屯长黄仁忠带领村民到处寻找水源、砌蓄水池，因劳累过度而与世长辞，年仅44岁。

每一次灾难，都让我们为偏远乡村的困顿而流泪。这种困顿不仅是物质的匮乏，亦有精神层面与基层治理上的。村民为争水源打架、"跪求修路"……即使在地震灾区的重建中，也传出购买豪华车、斥巨资建地震博物馆、建别墅式的样板房等让人心疼的荒唐事。虽然这些不是主流，却反映出困顿的因素所在。

当务之急是全力救灾，与玉树同呼吸、共命运。而审视灾象背后的困顿，并不影响我们的救灾热情。

面对困顿，思考如何夯实那片土地上的基础设施，包括房子、电力、通信、水利、医疗等所有的生命保障，让我们在拥有超强救灾能力的同时，更像日本、智利等国一样，具有较强的防灾、减灾、抗灾能力，让我们抵御灾害的能力也达到世界一流水平，如此，灾难的洗礼才能让我们更加成熟。

越是生态脆弱、自然条件较差的地方，各类灾害往往越是多发。因此，在发达地区强者恒强的同时，对偏远乡村需要押注更多的资源以让这些土地生动起来、自救的能力强大起来。如此，灾难来临时，方能少一点悲怆，多一点从容。

（2010年4月16日《中国青年报》，2010年第5期《杂文选刊（下旬版）》）

写这篇文章缘于从多起灾难中发现，灾难过后的救灾与重建工作，因设施的落后，显得异常无力。这种困顿不仅是物质的匮乏，亦有精神层面与基层治理上的。每起灾难所暴露出的短板，比灾难本身更令人揪心。因为防灾、减灾、抗灾能力的薄弱，基础"硬件"与人文"软件"的缺失，会放大灾难带来的损失。只有增强抵御灾害的能力，才能更好地保一方平安。

本文从灾难中透出的忧患意识，充满着以人为本的关怀之情，刊发后引起较大的社会反响，被众多媒体转发。

□一只蜱虫咬出的乡村公共卫生困境

位于大别山区的河南商城县，今年夏天有多人被蜱虫咬伤后感染疾病致死，引发恐慌。8日晚，河南省卫生厅通报，共监测发现此类综合征病例557例，死亡18例，重点集中在信阳市商城县、浉河区、光山县和平桥区。（据2010年9月8日新华网）

蜱虫是一种黑色虫子，只有芝麻粒大，有八个爪，钻到人肉里抠都抠不出来，吸血后会胀大几十倍，比黄豆还大。专家说，全国大部分地区有蜱虫存在，蜱虫本身无毒，但跟蚊子一样，会携带病原体而让人畜染病。

蜱虫确实比较常见，笔者幼年在山村时就没少和这种虫打交道。我们叫它牛蜱，它喜欢趴在牛身上吸血，我们常用棍子将虫拨下来后踩死。现在想起来有点后怕，当时真是无知者无畏。虽然蜱虫咬人后导致的疾病可防可控，临床死亡率为2%～8%，与流感差不多，但村民谈之色变。毕竟，人命关天，1%的可能对个体而言，就是100%的不幸。

蜱虫也许不可怕，可怕的是乡村医疗条件的缺失和简陋、公共卫生投入的不足以及基层政府应急水平的低下。记者探访的7起疑似病例死亡者，初发病时首先找的都是村医，且都被诊断为感冒，可治疗此病的关键是不要误诊。"只要不被误诊耽搁的话，这病太好治了"；"一旦误诊，出现并发症就很难救回来"。但问题恰恰出在这里，商城县人民医院一位负责人说，农民往往想省钱，只好去找村医；而输液是村医赚钱的主要项目，不排除有村医为了赚钱，"先挂几天水再说"。不明真相的群众，不明就里的就医，让延误治疗的病例不断出现，人为加剧了蜱虫之害。

这就是乡村的现实困境。相较于城里对非典、甲流的抗击，每天实行疫情报告、查体温、隔离、免费治疗等措施，在河南农村对蜱虫疫情的群防群治就显得相形见绌。信息的闭塞让群众缺乏应有的警惕与防治知识，外界对此无从知晓，也不能据此监督当地的疫情防控进展。同时，蜱虫疫情不能引起广泛关注，也让当地失去了获得外来帮助的机会。

困难并不可怕，困境中的无助与看不到希望，才让人恐惧与绝望。小小蜱虫成为乡村的"恐怖大王"，正是其作恶后缺乏有效防护网所致。于是，这种担忧就会被放大，蜱虫就会被妖魔化。中国蜱虫病治疗专家郑元春说，他所在的医院每年要收治1000多例被蜱虫咬伤的患者，但长久以来，一些医院对蜱虫致病并不重视，"无形体病国外有分离到病毒，我们也在做，但是科研投入差"。

对乡村潜在流行病重视不够，正是一只蜱虫咬出的问题，值得我们深刻反思。这个问题不解决，还会出现下一波的无妄之灾与恐慌。因为乡村处于大自然的一线，潜伏着众多与蜱虫一样的致病源、疾病传播媒介，任何一种昆虫或老鼠之类的动物，都可能引发危及农民健康的疫情，那些熟悉的自然界伙伴都会突然变得陌生与可怕。对乡村公共卫生及应急系统的建设，该给予足够的重视了。切不可小洞不补，而让生命蒙受戕害。

（2010年9月10日《中国青年报》，此文入选2010年第19期《青年记者》）

笔者从小生活在农村，对蜱虫并不陌生，印象中，还没有害怕过这种在畜生身上常见的小虫子，因为并没有见谁被咬过，或因此发病。而现在蜱虫开始侵害人类了，更让人担心的是，乡村医疗机构的应对能力有限，不能及时确诊，并给以正确的治疗。本文对此进行了剖析，指出了担忧所在，引起了比较好的社会反响。

此文入选2010年第19期《青年记者》，获评9月份媒体优秀评论，文中指出：作者从蜱虫咬人致死这一事件切入，对当前国内乡村医疗条件的缺失和简陋、公共卫生投入的不足以及基层政府应急水平的低下等问题做了探讨。作者认为，对乡村潜在流行病重视不够，正是一只蜱虫咬出的问题，值得深刻反思。这个问题不解决，还会出现下一波的无妄之灾与恐慌。文章点评认为：这篇评论由小及大，将人们从对一件具体事件的关注引导到对更高层次问题的关注，这就是当前我国乡村公共卫生的现实困境。

评论由小及大，由近及远，并非为了放大问题，增加公众的忧虑，实是出于对生命的关爱。只有正视问题，及早解决，才能避免下一个生命遭受无妄之灾。

猪流感的"定时炸弹"是怎样引爆的

一夜之间,墨西哥、美国惊爆猪流感,引发全球性卫生紧急事故。

在全力应对威胁时,我们或不得不发问,是谁打开了潘多拉的盒子,"放出"了这些病毒?

诚然,病毒有其自身的发展规律,但不可否认的是,人类对抗病药物、对疫苗的滥用,加速了病毒的变异;人类对生态环境的破坏、毒害,加速了原本潜伏、休眠于自然深处的病毒的释放与激活。

抗生素的滥用,已"锤炼"出多种有金刚不坏之身的"超级细菌"。

据《中国新闻周刊》(2009年3月25日)报道,如今"超级细菌"的名单越来越长,包括产超广谱酶大肠埃希菌、多重耐药铜绿假单胞菌、多重耐药结核杆菌。其中,最著名的一种是耐甲氧西林金黄色葡萄球菌(简称MRSA)。

1978年,医务人员在上海抽检了200株金黄色葡萄球菌,分离出的MRSA还不到5%。"而现在,MRSA在医院内感染的分离率已高达60%以上。"——这对人类来说,原本只是不难对付的"金黄色葡萄球菌",如今变成了棘手的耐药"超级细菌"。

给禽类注射疫苗被认为是防止禽流感的一种有效方法,但有观点指出,这种方法就像"定时炸弹",有可能加大禽流感在禽类与人之间传播的危险。

新华社曾援引《新科学家》杂志的报道说,疫苗失效的情况下,大量病毒仍可能在禽类体内繁殖，并有机会变种，使疫苗不再起作用。

事实上，给猪用的兽药，本身就是"人药"，诸如"清开灵注射液""盐酸林可霉素""强效阿莫西林"，随便一搜索，就能查到这样的"处方"。

人类不光自身滥用药物与疫苗，还把这种习惯强加给了禽畜。禽畜抵抗力的下降，必然导致疾病的频发与不可控，进而增加传给人类的风险。

于是，我们不得不面临这样的怪圈：疾病—用药、疫苗—新的疾病—新的药物、疫苗。人类道高一尺，病毒魔高一丈，人类与病毒洪水的斗争，步入不停筑高防洪堤坝的误区与险境，久而久之，病毒的洪水形如一条悬河，高悬在人类健康的头顶，一有不慎，就有灭顶之灾。

滥用药物与疫苗，破坏环境，不仅让医学的努力白费，而且这种筑堤式的被动防守更让人既疲于奔命又不保险。

从某个方面说，猪流感实是人类自己早就种下的一颗病毒"定时炸弹"被引爆了而已。

我们是该痛定思痛了。保护好我们的环境，让致病因子涵养于自然的生态水土中，减少病毒之河的来水量，不让它泛滥，才是正道。同时，唤醒我们的身体包括与我们朝夕相处的禽畜的自身抵抗力，才是上策。

不难想象，不停给体内注射疫苗的防疫系统，就跟打了很多加固桩给弄得百孔千疮的堤坝一样，会是一道固若金汤的大堤吗？

面对大自然的警告，如果不悬崖勒马、改弦更张，只会悄然给人类自身埋下更多的病毒"定时炸弹"，更大的灾难会在后面对人类狰狞冷笑。

（2009 年 4 月 28 日人民网）

这篇评论是对2009年席卷全球的一场"猪流感"的反思，这种新发现的流感很快就从墨西哥席卷到世界各地，给众多生命带来危害与威胁（后来排除了猪作为此次流感的传染源，改称为甲流）。没有谁是生活在孤岛上，在地球村中，人与人之间，人与动物之间，人与自然之间，都有千丝万缕的

联系，一荣俱荣，一损俱损，可谓命运共同体。而滥用药物与疫苗，破坏环境，不仅让医学的努力白费，而且这种筑堤式的被动防守更让人既疲于奔命又不保险。

本文对"猪流感"暴发的原因，从生存环境与社会环境都进行了举一反三的"自查自纠"，指出能保护人类的只有人类自己，唯有尊重自然，保护环境，敬畏生灵，才能少遭一些无妄之灾。

□ "要钱不要命" 要的是别人的命

去年曾遭受特大泥石流灾害的甘肃舟曲，因众多无证水电站加剧地质灾害再次让人忧心。无序开发造成白龙江断流，河床干涸，农房裂缝，农田塌陷，植被被毁，被专家斥为"要钱不要命"。

不光是舟曲，陕西的岚河干流、福建的九龙江、四川的岷江，等等，都因水电站四处截流而多处断流，鱼虾灭绝。小水电跑马圈地，"大水电"也当仁不让。2004年，溪洛渡水电站因环评手续不完备被原环保总局叫停；2009年，鲁地拉水电站和龙开口水电站没办环评手续就开工，招来严厉罚单。（据2011年8月3日《央视经济半小时》）

不光是水电，类似这种危险的"火中取栗"并不少见。血铅污染事故、矿业污染、无证煤窑、三聚氰胺奶粉之类，触目惊心又层出不穷。发展"乱弹琴"无非为了钱，水电营业税给舟曲地方财政带来一年2000万元左右的收入，占比达40%以上，可谓支柱。但经济效益的蝇头小利与灾害带来的损失不可同日而语，去年的一场泥石流灾害给舟曲造成1471人死亡，294人失踪，中央和甘肃省为此投入50亿元用于灾后重建与生态恢复。太湖治污，十数年间投资逾百亿元；淮河治污，官方认可的投入为193亿元，收效却异常缓慢。（据2011年8月4日《东方早报》）

明知破坏性的发展不可持续，为什么一些地方仍然那么急功近利，无视子孙的安危福祉？只能说，之所以要钱不要命，是因为带血的经济账通常要的是别人的命,对决策者、实施者毫发无损,没有切肤之痛,自然敢逆天而行。项目是谁投资谁受益,破坏环境的代价却由百姓承受,所以,"在我赚钱之后,哪管洪水滔天"便成了一些人的投资哲学。

8月2日,国资委公布了2010年度央企负责人经营业绩考核结果,中海油、中石化和中石油分列第二、第三、第四名。显然,去年的中石油大连火灾事件并未影响其成为业绩好看的"靓仔"。业内人士说,利润总额和经济增加值是央企经营业绩考核的主要标准,安全事故以及环境污染事故属于扣分项,无关宏旨。因此可以预见,蓬莱漏油事件恐难以影响中海油的"优秀"。(据2011年8月4日《证券日报》)

不仅是对央企,对地方政府的考核何尝不是重经济指标而轻社会责任。反正,经济账带不带血,相关决策者、执行者都有成就,灾难也能变成荣誉,对"要钱不要命"棒喝不住就不奇怪了。

整治"要钱不要命"的发展怪圈,关键是让要钱的人与普通百姓的命连在一起。比如,让领导下井与矿工同生共死之类,让大家成为一条绳上的蚂蚱,官员在布局要钱的项目时,就不得不考虑自己的命,就不得不重视影响他人的公共安全。因此,对那些带血的经济账,要让决策者、执行者感到流血的可怕后果,从制度上让他们与群众血脉相连,将环境保护、安全生产与个人荣辱、前途命运相联系,一旦有差错出事故即严厉追究其责任。唯有如此,才可有效防止"要钱不要命"的疯狂行为。

(2011年8月5日《中国青年报》 2011年第9期《杂文选刊(上旬版)》)

 复盘手记

"要钱不要命"是一种畸形的政绩观在作怪,本文对这种现象进行了剖析,指出问题的根源在于官员或资本因利益驱使而无视民生疾苦,若将官员或资本的前途与老百姓的命运捆在一起,就如"领导带班下井"一样,"要钱不要命"会要自己的命时,自然会心存敬畏。"要钱不要命"要的是别人的命,这个命题可谓一针见血,也如当头棒喝,足以让人反思警醒,岂能听

任"以邻为壑"式的简单粗暴与自私自利。

党的十八大后,对官员或地方发展的考核,不再强调国内生产总值,而是倡导"绿水青山就是金山银山"。如此回归正道,从根本上遏制了"要钱不要命"式的发展冲动,对本文的疾呼也算是种告慰。

请读懂"黄昏天"的烟火味

早上还好好的,头天下过雨的武汉,除了有点闷热外,天气格外晴朗清爽,不料,到9点左右,天色居然渐渐暗了下来,变得雾蒙蒙与昏黄,如沙尘暴一般——很不幸,刚在网上看到的南京"黄昏天"现象,在武汉上演了。

读者纷纷打进报社的报料电话证实了这一判断,读者们说这雾怪怪的,有烟火味、焦煳味。报道称,6月10日,南京出现了严重的空气污染,城市始终笼罩在灰霾中,监测显示黑炭最大浓度超出正常浓度值近4倍,表现出秸秆焚烧影响的显著特征。安徽、江苏、山东、河南大部分地区出现了重污染情况。

灰霾造成的危害是显而易见的,不仅导致恶性交通事故频发,还可使航空、公路交通、河流航运等陷于停顿;大雾也可能使输变电设备绝缘性能下降,导致高压线路短路和跳闸,造成"污闪灾害";更为严重的是,大雾导致污染物难以扩散,严重威胁人们的健康乃至生命。环保专家进行了估算,在这种有烟火味的"黄昏天",一个人24小时待在户外的话,其呼吸的空气相当于抽了15包香烟。(据2012年6月11日人民网)

秸秆年年烧,烧成这样的却还是第一次见到。不过,将"黄昏天"的污染板子光打在秸秆身上恐有失公平,工业污染、特定的气候条件与烧秸秆污染的种种因素叠加,才有可能导致这么严重的污染事故。

联想到去年 12 月上旬，笼罩在京城以及华北平原上空的那场持续数天的大雾，空气质量也是严重超标，个别地区甚至达到中度重污染。大雾这种灾害天气已越来越频繁地出现，不能不说是一种警示。虽然我们对空气质量的监测已日益进步，对 PM2.5 已不再避讳，但再科学的监测也只是雨后送伞。污染已经发生，除了得到一串数值外，监测本身是并不能减少污染物的。对空气污染，除了知其然，更要知其所以然，从源头上严加治理。否则，空气质量监测只是如民间的老皇历一般，告诉你今日污染严重否，宜不宜出行，并不能从根本上带来生活上的好运。

灰霾天里，从汽车尾气造成的光化学烟雾到烧秸秆带来的烟火味，已是越来越刺鼻呛人。问题是，谁来读懂这大雾的烟火味？指责农民将秸秆一烧了之的不负责？斤斤计较于 PM2.5 的话语权？这些都无助于大雾的消散。

面对节能减排的繁重任务，我们扪心自问，在利用秸秆生物发电的推广应用上，在对农村的科技投入对农民现代化生产的指导引导上，我们又做了多少。同样，对一些污染项目，地方政府又痛下决心关停了多少、改造了多少？在稳增长与调结构之间，在转变经济发展方式、促进产业转型升级上，又该如何取舍？

环境面前，没有哪个地方是一座孤岛，不管城乡的发展保障之类是否一体化，每一个生活在城乡上的生命，其健康福祉都是一体化的，同呼吸共命运。农村环境的品质，决定农产品的品质，决定城市生活的品质，多一份对乡村的关怀、多一份对底层生活的关怀，就是多一份对城市、对社会的关怀。各级政府的每一项决策，多一点对民情的体恤、对现实的观照，我们的空气、我们的生活就会少一点呛人的烟火味。

(2012 年 6 月 12 日《中国青年报》)

这是对生存环境的忧思，自从雾霾频频闯进公众的生活后，空气污染问题引起各方关注。为治理雾霾，各地方没少出招，在减少污染排放上，也有

不问青红皂白搞一刀切的，诸如关闭餐馆让市民买不到馒头、不让收割机进地收麦以免扬尘影响监测数据等。这种只盯着空气质量数据的形而上学与形式主义，做表面文章的结果是影响民生，与治污宗旨背道而驰。

　　本文提出，请读懂"黄昏天"的烟火味，就是呼吁治霾要懂得人间烟火，站在民生立场行动，措施要接地气，不能靠拍脑袋来蛮干。对于农民烧秸秆，除了申明治霾大义，晓之以理，动之以情，更要示之以利，从经济利益上让秸秆的处理有其他途径可替代。如果没有比烧秸秆更便捷、更实际的处理方式，农民要为治霾背负代价，就难有配合的动力。治霾是为了群众利益，治霾措施也只有与群众诉求相向而行，才能得到有效的落实。

□别辜负比大禹还早的治水奇迹

日前,全国最顶尖的考古专家和水利专家齐聚杭州验证了一件事:良渚古城外围水利系统是迄今所知中国最早的大型水利工程,也是世界最早的水坝系统。(据2016年3月15日《钱江晚报》)

此前,中国水利史的第一课,是从大禹治水讲起,距今有4000年左右。良渚的水利系统时间则还要早些,且"证据确凿",发现的水坝有11条,以封堵山谷里的来水,起到为古城防洪的作用。

这个发现当然令人振奋,我们的祖先很早就懂得治水之道,既见证了筚路蓝缕的不易,也体现了征服自然的智慧。我们相信没有最早,还有更早,因为趋利避害是人类生存的本能,有良渚的水坝,也会有其他地方的早期水利工程。

每次这类发现,不仅是光荣的谈资,更增加我们骄傲与自豪的资本,对今人更是警醒与鞭策。

中国的治水史上有诸多令人称道的壮举,都江堰、灵渠、郑国渠、大运河等都是彪炳千秋的杰作,有的至今还在惠及子孙。抚今追昔,感佩先人的卓越,更显今人治水、爱水的责无旁贷。遗憾的是,虽然现在治水手段更先进,有些人的责任心却是退化的。我们常羡慕赣州的宋代排水系统,能让古城千年不涝,面对现代化的城市"逢雨就看海"却只能苦笑。

大禹治水以疏为功,如今一些地方却肆意侵犯河堤,给治水添堵;都江堰之类让一泓清水惠及良田，有的地方却搞得河流臭不可闻，甚至干涸断流。如果对大自然失去敬畏，必然遭到惩罚。

先人的功德不是用来显摆的，而是当见贤思齐。在治水方面，在其他方面，我们都应学习先人且做得更好，只有不辜负比大禹还早的治水奇迹，才能问心无愧。

(2016年3月17日《楚天都市报》)

良渚古城外围水利系统被证实为迄今所知中国最早的大型水利工程，也是世界最早的水坝系统，这是令人自豪的事，中华民族的治水史与水文明又往前大大推进了一步。本文在写作时，没有止步于这种傲人纪录，而是以反向思维发问，面对先人的壮举，后人是不是应该做得更好？只有继承先人的遗志，不辜负前人的开拓，才是对得起那些曾经的荣耀与光辉。

这种发问，也是提出一个保护环境的命题，如何化害为利、兴利除弊，尊重自然、敬畏自然，仍是今人所面临的任务。

□记住为保护丹顶鹤牺牲的姐弟

30年前姐姐徐秀娟为保护丹顶鹤，牺牲在沼泽里。30年后不幸再次降临，接过她事业的小弟徐建峰，同样因公殉职在沼泽里。如今，徐建峰的女儿徐卓，又放弃保研机会回到了扎龙自然保护区护鹤。（据2017年12月24日新华网）

徐家三代人都以养鹤为业，一生只在做两件事，10月送它们离去，春天迎它们归来。所谓梅妻鹤子，莫过如此。但这并非只有浪漫的守望，反而充满着以命相搏的风险。1987年，应邀到江苏盐城工作的徐秀娟，为寻找一只幼鸟，淹没在沼泽里再也没有起来。2014年，她的弟弟徐建峰同样为看护小鹤，而倒在了沼泽地。姐弟二人有着爱鹤如命的坚定责任与情怀，能与鹤同生共死，这是一种人间大爱，是人类与自然同呼吸共命运的必然担当。

徐家姐弟为守护丹顶鹤双双殉职，谱写了生命的悲歌与壮歌。徐秀娟曾被追认为我国环保战线第一位烈士，有一首为她而写的歌流传不息，湿润了不少人的眼睛。每当风儿吹过，鹤类飞过，是当想起，有一位女孩，也有一位男士，为了保护丹顶鹤，走过芦苇坡，走过小河，为环保事业羽化成仙成鹤，依然在天堂在天空守护着这群他们曾一致挚爱过的精灵。他们来过这世界，却并不曾离开，他们的无私大爱与奉献精神永远在风中起舞，随鹤声呼唤我们一起前行，共护美好家园。

且永远铭记姐弟俩的护鹤深情，铭记那些为保护大自然、为保护人类家园默默奉献并牺牲的生命。从徐秀娟到可可西里守护藏羚羊的索南达杰,都是以生命为代价守护着人类的伙伴,他们永远值得缅怀与尊敬。

"万物各得其和以生,各得其养以成。"中华文明历来强调天人合一、尊重自然,在大力建设生态文明的今天,唯有守护好绿水青山,方能不负环保烈士们的牺牲,不负大自然的恩馈,不负文明的千年传承。

(2017年12月26日《楚天都市报》)

从小听过一首歌《丹顶鹤的故事》,歌声凄美悠扬,却不知歌中藏着一个真实的感人故事,有一位姑娘为保护丹顶鹤,牺牲在沼泽里。30年后,她的弟弟同样为保护丹顶鹤,重复了这个悲剧。为保护环境而殉职,让人想起可可西里为守护藏羚羊而献身的索南达杰,他们都是以生命为代价守护着人类的伙伴。这种无私奉献的大爱,已超出了人类之间的感情,而是对地球生灵、对生态环境的赴汤蹈火在所不惜,这是真正的博爱,是令人肃然起敬的真爱。

社会发展至今,人类命运共同体的观念已深入人心,这个共同体不仅是人类之间,而是包含了地球的整个生态圈,万物唇齿相依,唇亡齿寒,唯有相互关心热爱,才能相互依存。生态文明也不仅是要留住绿水青山,同样包括了对待自然环境的态度,对待其他生物的态度,从大开发到大保护,只有观念的进步才会让人与自然的关系变得生动起来。

每一棵古树都是我们的乡愁

湖北通山县九宫山镇彭家垅村有一棵马尾松,系林业部门挂牌保护的国家二级古树,已有400多年历史,近来遭受病害困扰,当地村民心急如焚,省市县三级林业部门专家闻讯前往会诊抢救。(据2018年9月11日《楚天都市报》)

树下即门前,树古棠阴在。中国人的成长记忆离不开树木,无论是现代化的都市,还是古朴的乡村,门前屋后,树木丛生,树影到依窗,枝头叫归禽,一派人与自然的和谐景象。而在乡村,这种印记就更为突出,不少村口都有大树挺拔环绕,看到古树,便是看到了故乡。树是感情的载体,也是乡愁的化身,记住大树,就是记下了乡愁。

村民们说,祖辈从浠水迁来,这棵树就是那时栽的,已有数百年历史。村里世世代代都护着这棵树,树也守护着村庄,看着他们一代一代生生不息。著名报人梁衡曾专门寻访有故事的古树,为树立传,也是为文化立碑,为祖先的历史存照。他认为记录历史有三种形式:语言文字、文物和古树。而这三种形式中,只有古树是有生命之物。古树既是一个活着的历史坐标,也是一个有生命的地理坐标。

古人云,树犹如此,人何以堪。树与人共生共长,年轮所刻录的,是一代代人顽强不屈的生存壮歌,保护古树就是保护我们自己的历史,保护我们的精神家园与伴侣。晴川历历汉阳树,芳草萋萋鹦鹉洲。每一个故乡,都有这样的文化符号与生存之根。

我们欣慰地看到,彭家垅村这棵古树牵动着省市县三级林业部门专家的心。这种"树在深山有远亲"的牵挂与关爱,反映了全社会对保护古树名木的可贵认识:没有一棵树是生活在孤岛上的,这片土地的每一棵树都与我们息息相关,一树有难,当八方支援。更令人欣慰的是,湖北全省超过78万株古树名木,基本上都采取了挂牌、围栏、护坡、装避雷针等保护措施,落实专人看管。

记得先人手自栽,森然千尺尽成材。翠线结作思人树,他日儿孙岂忍摧?保护古树人人有责,愿每一棵古树都能得享天年,成为我们不老的记忆。

(2018年9月12日《楚天都市报》,原题:《保护古树就是保护生存之根》)

中国人的情感记忆常常离不开村口的古树,这尤其是以山西洪洞县的大槐树最为有名,移民离开故土,在大槐树下集结,这棵树便成了乡愁的符号与化身。大槐树只是一个代称,每个故乡都有这样一棵令人挂念的古树,人们往昔常在树下吃饭、乘凉、聊天、议事。中国人向来讲究天人合一,房前屋后有植树的习惯,树即代表着自然的庇佑,爱树敬树,视若神明,实际上也是对大自然的敬畏。

有古树的地方才是故乡。树木是人与自然、与故乡的感情纽带,保护古树也就是保护大家的精神家园。有树在,就有故乡在,就有记忆在。本文对一次护树行动的肯定,道出了树木在中国人精神后院中的份量。

□家里有矿还真不如家里有树

年初还在说"车厘子自由",现在的热门话题则是"香椿自由"。近期,香椿芽开始上市,价格高的每斤达百元计,让人直呼吃不起,有网友说,家里有矿不如家里有树。(据2019年3月17日《每日经济新闻》)

物以稀为贵,每年香椿上市时,新叶初发,供不应求,价格一直就高,吃不起香椿并非现在才这样。家里若有香椿树,吃香椿芽当然就不用发愁。我老家的菜园里,就有上辈人栽的香椿树,想吃时到树上去摘就是,即便现在,每年清明回老家,也能顺手采一大袋带回。超市里昂贵的香椿芽,我不会羡慕嫉妒恨,反正家中有树嘛,难不倒咱。前人栽树,后人享受,自古如此。

家中有矿,是有钱的底气所在,但开矿只能发一时的横财,任何矿山都有资源枯竭的时候,管不了长远。家中有矿,还真不如家中有树。民间早懂这个道理,素有栽树发家的古训与传统,诸如"三十栽杉,能保自家""千棵棕,万棵桐,世世代代不受穷"等,棕树与油桐都是经济林木,家中有树,可保衣食无忧。如今这个道理更是日益凸显,无论从经济效益、生态环保效益,还是人与自然的和谐相处、可持续发展方面,家中有树的重要性深入人心。

绿水青山就是金山银山,这不仅是一句至理名言,更是看得见的收获。拿塞罕坝林场来说,建场55年来,国家投入和林场自筹资金累计约10.2亿元,如今,林木总蓄积1012万立方米,资源总价值为202亿元;年均无霜期增加14.6天,降水量增加66.3毫米,大风天数减少30天,每年提供的生态服务价值超过120亿元;森林公园每年吸引游客50多万人次,门票收入可达4000多万元。(据2017年8月4日《北京青年报》)以前的林区以伐木为生,如今依托林业资源发展旅游,正成为各地林场转型的新模式,草木不少一棵,钱却越挣越多,这种良性循环写下绿色发展、生态脱贫的新篇章,于国于民都是有利无害的大好事。

香椿上市了,有人在网上做了一个换算表:1斤香椿的价格等于39只小龙虾,10只鲍鱼,2只大闸蟹,1只波士顿龙虾……养香椿树不用耗费多少成本,反倒有益于生态环境,家中有矿是真不如家中有树啊!当然,不一定非要种香椿树,只要绿色发展的观念深入人心,都来爱护绿水青山,家中有树,家中有河,家中山水如画图,我们就不缺大自然的慷慨馈赠,什么香椿芽之类的原生态山珍海味就能遍及餐桌,让大家都吃得起,丰俭由人,各取所喜,永葆健康。

(2019年3月17日红网)

2019年春夏的水果比较贵,有人调侃,想吃水果不如回家种几棵树。无论香椿或水果的价格是贵还是便宜,种树都不会有错。生态环境的经济效益与社会效益并不是如提供蔬菜与水果这么简单,难以用物质来衡量。本文借"香椿自由",因势利导表达了对保护环境的呼吁,说服力强,也能入脑入心。

□银杏雨预警晒着怎样的得意

12月3日,武汉大学官微发布"黄色预警",一大片银杏雨来袭,并配以长诗描述校园银杏美色。此微信迅速被一些网媒转发,感叹武汉大学真是太奢侈了,竟如此矫情晒幸福。

"黄色预警"多与风沙水旱灾害有关,武汉大学拿来发布银杏雨,假装情况严重,你说气人不气人,羡慕嫉妒恨啊!武汉大学的银杏确实也多,图书馆、樱花大道、工学部、湖滨,处处黄叶飞,美得让人哭。青蓝瓦的校园,飞舞着樱花一样的烂漫,铺着一层金黄色的温暖,在北方雾霾预警频发的季节,此景越发让人眼馋。

前几天北京雾霾时,网上纷纷晒心情:幸好回到了成都,多亏出差上海。咱这也有编辑做标题:大风那个吹,别吹到武汉来啊!污染之下,没有哪个地方是孤岛净土,在庆幸调侃中,大家更多的是担心与期待,希望蓝天白云常在。武汉大学银杏雨引起众多转发关注,即是触景生情,在他处的诗意中满足自己对小清新的向往。

武汉大学校园之美,凝结着几代人的洒扫庭院之劳,前人栽树,才有今天的满目姹紫嫣红。这也启示今人,如何手下留情,为后人留一方青山绿水,这既是对良知的检验,也是一项自然保护课题。

我们的祖先讲究天人合一,是很注重人居环境的,青山横北郭,白水绕东城,可谓住房标配!山西洪洞县那棵老槐树,即是所有故乡的名号,在每一个故乡的村口，都立着一棵倚门凝望游子的古树，它风雨无阻，不离不弃。树比人长久，望见树，便是望见了家，望见了一路陪过的亲人与亲情。

树是我们美好生活的保护伞，也是内心情愫的所系。面对污染，真要找回青山绿水，也没有什么能够阻挡。希望每一个地方都能飘起幸福的银杏雨，滋润彼此忙碌的心灵，愿更多地方春有百花冬有雪，让武汉大学银杏雨臭美不起来。

（2015年12月6日《楚天都市报》）

　　武汉大学成为全国最美的大学之一，离不开几代人的努力，尤其是创建者拓荒，依山傍水建起这么一座天造地设般的学府。当武汉大学今天为银杏雨而自得之情溢于言表时，当不能忘记前人的栽树之功。

　　说起银杏，随州的银杏也很有名，成为当地的一张文化名片，随州高铁站站内和站外，到处可见金黄色的银杏叶片元素，连站房设计都恰似古树古村交相辉映。随州银杏无论是数量还是质量，都是首屈一指。这里现有银杏树500多万株，千年以上的都有308株，是世界四大密集成片的古银杏群落之一。

　　园林手种唯吾事，桃李成荫归别人。目前我们所能看到的银杏美景，无一不是前人留下的财富。这些树或散布于原野，或环绕村前屋后，能成长到现在，都静静沉淀着光阴的故事，也映照着人与自然和谐相处的美景。

　　因此，秋天的银杏美景入眼来，当念前人种树护树之功，当思今人爱护树木、保护环境之责。每棵大树能够枝繁叶茂到现在，不知道经历了多少风雨沧桑，尤其是要避免刀砍火削之灾。随州的银杏树就有不少民间传说。像有名的盆闷树曾因雷击差点遭到灭顶之灾，住在树边的村民想了个办法，拿个铜盆盖在被雷"斩首"的树顶上，让树心免遭暴雨侵蚀而腐烂，树木得以重焕生机。这棵银杏由此被称为"盆闷"树，据传，相邻百姓在河流里、水井里、水缸里，都能看见盆闷树的倒影。神奇传说体现的是村民爱树之情，心中牵挂银杏，到哪都能在眼前浮现银杏的影子。当地人对银杏情有独钟，许多人家添丁进口，都会种下一棵银杏，作为孩子的"同龄树"。

正是这种爱树护树之情，才有随州银杏谷的大美风景。同样，武汉大学的银杏之美，也是前人栽树、后人乘凉的结果。武汉现存的一棵"汉阳树"，就是树龄长达500多年的银杏树。

本文由武汉大学银杏雨，写到保护生态的重要性，由近及远，由小见大，体现了对保护环境的念兹在兹，可谓三句话不离所念。对青山绿水的向往之心，让文章的立意有了高度。

□ 神农架申遗成功后保护责任更大

在7月17日的第40届世界遗产大会上，湖北神农架成功入选世界遗产名录。至此，神农架已成罕有的三冠王，集人和生物圈保护区、世界地质公园、世界自然遗产三大称号于一身。（据2016年7月18日《楚天都市报》）

三年申遗，一朝成功，可喜可贺。这靠的是神农架天赋异禀的自然条件：世界中纬度地区唯一的一块绿色宝地，拥有世界上最完整的垂直自然带谱，其生物多样性弥补了世界遗产名录中的空白。

越是独特的越显珍贵，也越难保护。申遗有画上句点之时，保护之路却永远没有终点。申遗是为了得到更好的保护，而不是以此作为炫耀的资本。任何借机生财，都是浅薄无知的短视。神农架申遗成功，既是对过往保护工作的最好肯定，又是一个更高保护层次的开始，意味着进入一个保护世界遗产的新时代，责任重大，付出将更多。

世界遗产只是一面流动红旗，并非永久的桂冠，一旦名不副实，即会被取消。2007年6月，阿曼苏丹国的阿拉伯羚羊保护区因面积缩减，被取消世界自然遗产称号。2009年，德国德累斯顿易北河谷被除名，原因是建了一座"森林宫殿大桥"，破坏了自然风光。

在我国也有类似教训，2001年，张家界天子山因过度开发，受到黄牌警告，被要求限期拆除大小建筑，不得不斥资3亿元进行整改。2007年的世界遗产大会要求"三江并流"重新接受验收，如果过度旅游没有明显改善，可能被列入"濒危名录",吊销"世界遗产"称号。

申遗成功后,在开发上一招不慎,所有努力可能会化为泡影。这些前车之鉴,对神农架都是他山之石,须引以为戒。

神农架有很多神奇的传说与自然资源,这其实不足为奇,我们的星球原本不缺这些大自然的馈赠,神农架最大的神奇就是将这一切完好地保护了下来。20世纪80年代,曾有外媒预言,几年内神农架将从地球上消失,而几十年过去了,神农架的绿色生态越发枝繁叶茂,这比一纸遗产名录更显珍贵。

不忘初心,方得始终。实至名归的神农架,在申遗成功后需要更加注重保护,才不枉这一称号,也不枉神农尝百草造福于民的初衷。

(2016年7月19日《楚天都市报》)

神农架申遗成功,原本是可喜可贺的事,当说些漂亮话才合时宜。本文反其道行之,从有的世界遗产戴上桂冠后,不注意保护,又被摘了帽子的事例,提醒神农架要把申遗成功当成环境保护的契机,这并非泼冷水,实是忠言逆耳。

有些地方在申遗时,本身就带有功利目的,为的是提高名气与知名度,以促进旅游消费,并当成大兴土木与门票涨价的机会,动机不纯,搞得游客生怨,也砸了招牌。神农架在过去也曾走过开山伐木的"木头经济"之路,森林覆盖率迅速由85%下降到63%,森林可采资源量所占比例不足30%,濒临枯竭。曾有外媒预言,神农架将从地球上消失。所幸的是,1982年起,神农架相继建立各类"自然保护区",开始由资源消耗向资源保护转轨。2000年3月,神农架全面停止天然林采伐,彻底告别"木头经济",森林覆盖率渐渐回升到91.1%。(据2018年12月17日《湖北日报》)

神农架申遗成功,抚今追昔,当吸取历史教训,珍惜眼前的生态环境。近5年,神农架游客年接待量由400多万人次攀升至1300万人次,旅游经济总收入由 10 多亿元增至 40 多亿元,这是绿色发展之路的最好诠释与回报。游客的增多,同时也给环境保护带来了挑战,如何找到平衡点,既发展了旅游经济,又不造成破坏,在神农架申遗之后必须思考这个课题。本文的提醒,可谓一针清醒剂。

□江豚保护升级，更盼降级之日

6月19日，国家林业和草原局、农业农村部就《国家重点保护野生动物名录（征求意见稿）》，向社会公开征求意见。中华凤头燕鸥、勺嘴鹬、长江江豚等拟升级或新增为国家一级保护物种。（据2020年6月20日央广网）

江豚俗称"江猪"，是长江特有物种，被誉为"水中大熊猫"，更因为有"天使般的微笑"而受人喜爱，目前公布的数量只有千头左右，并正在以每年5%~10%的速度下降。"如果得不到很好的保护，估计再过10~15年，长江江豚就将灭绝。"

如今，江豚保护升级，从国家二级保护物种提升到一级，可以说，这是对江豚保护的提速，进一步拉响对江豚保护的警报。早在2014年，农业部（现为农业农村部）发布通知，要求"长江江豚按照国家一级重点保护野生动物的保护要求，实施最严格的保护和管理措施"。如今拟从法律层面进一步明确，顺应了现实与民心。实际上，近年来，对江豚等长江渔业资源的保护，早已上升到国家层面，"共抓大保护、不搞大开发"，成为长江经济带的共同行动，把长江生态修复放在首位，已作为规矩给立下来，从2020年开始实施的十年禁渔计划，更是保护长江生态的百年大计。

江豚保护升级是责任升级、措施升级，警报进一步拉响之日，是为了更好地保护。危机也是转机，更期待有朝一日，保护出实效后，江豚的种群得到恢复，警报能降级。这方面，我国有成功的先例。大熊猫、藏羚羊、雪豹、麋鹿都曾是世界自然保护联盟确认的"极危"或"濒危"级的物种，是上了红色目录的，但在我国的大力保护下，这些物种的种群与栖息地都得到增长，被降级为"易危"。虽然我国的保护力度一如既往，不会因此放松，但国际组织的"降级"处理本身是对保护成果的肯定，说明这一物种的生存状况在向好发展。

对大熊猫、藏羚羊等动物的保护成绩来之不易，也是保护江豚的信心所在。以麋鹿来说，在湖北省的石首保护区就得到了很好的恢复。现在行动起来，避免江豚重蹈白鱀豚的覆辙，同样还来得及。只要措施到位，相信经过漫长而持续的努力，江豚再次"江中多有之"，恢复到繁盛时期，也未可知。

如今，江豚也是列入"极危"名录的物种，希望不久的将来能降到"濒危""易危"的层面，再到"近危"和"无危"就更好了。

(2020年6月21日《楚天都市报》)

长江是世界上水生生物多样性最为丰富的河流之一，有4300多种水生生物，鱼类424种。然而，研究人员在2017年到2019年的调查中，发现有130种鱼类未能采集到样本——更严峻的是，中华鲟、长江鲟、胭脂鱼、川陕哲罗鲑等珍稀鱼类都没有自然繁殖活动发生。

长江鱼类告急，珍稀物种濒危。对长江江豚的保护升级，就是进一步拉响了警报，评论对此提出了期望，希望哪天这警报声能降低一点，长江江豚能走出危机。这种立意给人以信心，同时又点出了保护江豚的重要性，表达了美好的期待。这种角度的选取，也是基于长江启动十年禁渔的"利好"，而且，过往也有成功实施保护后，珍稀物种保护降级的例子。

这篇评论提出的期望，对环境保护的努力也是一种鼓励，可谓望之重、盼之切。

"水怪"乌龙折射垃圾污染之痛

日前,网传一段视频称,湖北省宜昌市三峡坝区疑似出现巨型神秘生物"三峡水怪",引发人们关注和猜测。9月15日真相揭开,安徽省池州市长江汽车轮渡管理所一位负责人告诉记者,所谓水中巨型神秘生物其实就是一个大型的黑色塑料网袋,被码头下的大石块挂住了,被水流冲得像一个动物在游动一样。(据2019年9月16日澎湃新闻)

世上原本就没有"水怪",任何"水怪"最后都会真相大白,有的是水下生物在兴风作浪,有的可能系误认。这次的"水怪"被证实为一片防晒网,拍摄地点就是贵池区江口轮渡码头。视频被人传到网上后,被以讹传讹,成了"三峡水怪",这也并不奇怪。不一定是有人要恶意造谣,也可能只是当段子随口一说,想娱乐搞怪一下,从而引起不明就里的传播。"水怪"事件迎合了某种猎奇心理,也反映了一种社会期待,即对长江发现珍奇水生物的盼望,宁愿信其有,哪怕是条大鱼,也是好事啊!有网友就分析,此"水怪"可能是巨型水蛇、鳗鱼或中华鲟。这就是一种对水下生物的美好期待。

众所周知,长江流域的水域面积占全国淡水总面积的50%,是重要的淡水水生生物基因库。但由于受多种因素影响,这里生物资源持续衰退,白鱀豚已功能性灭绝,中华鲟野生群体的数量急剧减少。人们望眼欲穿,苦苦寻找那些国宝级的生物,偶有发现,即奔走相告,近年来,发现江豚都常令人兴奋。"三峡水怪"的网上流传,应是人们这种情绪的投射,反映了对"宝物"出现的热望。

"水怪"原系防晒网,虽然这弯拐得有些急,却道出水上垃圾的污染之痛。正是因为水域污染、过度捕捞、挖砂采石等人类活动的影响,才导致长江生物多样性的持续下降。没有找到"水怪",却发现了水中漂有防晒网,就是这一现实的反映。江面上、海洋上,漂浮的污染带被拍下后常触目惊心,被垃圾困住、缠死的生物,令人不忍直视。这些垃圾有来自个人的随手丢弃,也有企业的违法倾倒。每到汛期,一些水域就会有大量漂浮物涌入。长江下游近年多次发现,有垃圾清运公司开着运输船将垃圾径直往长江水域倾倒。2016年查处的一起,即发现有3万吨垃圾被抛入长江南通段、太仓段等地。"这仅是有据可查的,实际抛撒入江的垃圾可能远多于此。"公诉人员表示。

"水怪"只是防晒网,真相大白了,同时揭出环境保护之路的任重道远。只有珍惜每一条河流,不要让污染物横流,让水中没有防晒网之类的垃圾,才能少些疑似"水怪"的误会,才能多一些真正的水生物在水中自由自在搞怪的奇观。

(2019年9月17日红网)

"水怪"后来被安徽省池州市长江汽车轮渡管理所工作人员打捞上岸,经查看,该黑色物体是某一造船厂废弃的气囊(打捞后发现,防晒网原是气囊),系橡皮材质。这个废弃物在水中随着水流浮动,还真有点像生物。无论是防晒网,还是橡胶气囊,都是水上垃圾的一种。"水怪"真相大白,虽然是个笑话,却也令人思考,反过来说明水上垃圾污染现象不可轻视。正是因为人类活动的影响,一些水中生物才消失了,人们希望看到"水怪",无非是对水中宝贵生物重现的热望寄托。

本文没有就"水怪"谈"水怪",而是以逆向思维,从"水怪"联想到垃圾污染与环境保护,以及人们对水下生物的期待,既别出心裁,又有深厚的情怀。